权威·前沿·原创

皮书系列为

“十二五”“十三五”“十四五”时期国家重点出版物出版专项规划项目

BLUE BOOK

智库成果出版与传播平台

黑龙江蓝皮书

BLUE BOOK OF HEILONGJIANG

黑龙江经济发展报告（2022）

ANNUAL REPORT ON ECONOMIC DEVELOPMENT OF HEILONGJIANG（2022）

主　编／闫修成
执行主编／孙浩进
副主编／赵　勤　王　刚

社会科学文献出版社
SOCIAL SCIENCES ACADEMIC PRESS（CHINA）

图书在版编目(CIP)数据

黑龙江经济发展报告．2022/闫修成主编．—北京：
社会科学文献出版社，2022.7
（黑龙江蓝皮书）
ISBN 978-7-5228-0142-1

Ⅰ．①黑… Ⅱ．①闫… Ⅲ．①区域经济发展-研究报
告-黑龙江省-2022 Ⅳ．①F127.35

中国版本图书馆 CIP 数据核字（2022）第 086233 号

黑龙江蓝皮书
黑龙江经济发展报告（2022）

主　　编／闫修成
执行主编／孙浩进
副 主 编／赵　勤　王　刚

出 版 人／王利民
责任编辑／丁　凡
文稿编辑／王　娇
责任印制／王京美

出　　版／社会科学文献出版社·城市和绿色发展分社（010）59367143
地址：北京市北三环中路甲 29 号院华龙大厦　邮编：100029
网址：www.ssap.com.cn
发　　行／社会科学文献出版社（010）59367028
印　　装／天津千鹤文化传播有限公司

规　　格／开　本：787mm×1092mm　1/16
印　张：18　字　数：233 千字
版　　次／2022 年 7 月第 1 版　2022 年 7 月第 1 次印刷
书　　号／ISBN 978-7-5228-0142-1
定　　价／128.00 元

读者服务电话：4008918866

《黑龙江经济发展报告（2022）》
编　委　会

主编简介

闫修成　黑龙江省社会科学院党组成员、副院长，分管东北亚战略研究院、中俄区域合作战略研究院、振兴发展研究院，以及俄罗斯研究所、东北亚研究所、犹太研究所、经济研究所、农业和农村发展研究所、院办公室工作。长期从事省市县各层级政策研究工作，对从理论与实践结合层面研究经济社会发展有独立的思考和见解。

摘要

2021 年，黑龙江省统筹疫情防控和经济社会发展，立足新发展阶段，全面贯彻新发展理念，主动服务和融入新发展格局，经济发展韧性不断增强，经济运行总体上呈现稳中有进、整体向好的态势。2021 年全省地区生产总值（GDP）实现 14879.2 亿元，按不变价格计算，比上年增长6.1%；第一产业增加值3463.0 亿元，增长6.6%，第二产业增加值 3975.3 亿元，增长 5.0%，第三产业增加值 7440.9 亿元，增长 6.3%；全省居民消费价格指数（CPI）上涨 0.6%，保持温和上涨趋势。总体上看，黑龙江省经济取得了来之不易的发展成就，实现了“十四五”阶段的良好开局。

2021 年，黑龙江省高度重视农业的发展，农业经济运行态势较好，粮食产量再创历史新高，畜产品供应充足，为保障国家粮食安全、食物安全做出突出贡献；林业和渔业也实现正向拉动全省农林牧渔业总产值。全省农林牧渔业总产值比上年增长 7.1%（按可比价格计算），增速居东北地区首位。2022 年，黑龙江省将着力优化现代农业“三大体系”，实现降本增效；继续优化粮食种植业结构，努力提高大豆的单产；做好玉米全产业链发展规划；推动畜牧养殖业降低成本；推动畜牧养殖业与畜产品加工业同步发展。

2021 年，黑龙江省工业稳中有进，要素保障有序。规上工业增加值增长 7.3%，两年平均增长 5.3%。全省 40 个行业大类、60 种重点监测的工业主要产品绝大多数呈增长趋势。四大优势产业中，装备产业增加值增长13.3%，能源产业增加值增长6.3%，石化产业增加值增长9.8%，食品产业增加值增长6.1%。2021年前三季度，全省规上高技术制造业增加值增长14.8%，增速高于规上工业4.7个百分点。黑龙江省优化完善有序用电方案，全力保障电网安全稳定运行；在确保生产安全前提下，积极释放优质煤炭产能；制定出台了《黑龙江省人民政府办公厅关于推动物流降本提质增效的实施意见》，实现了工业经济要素供给的有序保障。

2021年，黑龙江省虽然服务业实现恢复性增长、新动能表现比较活跃、发展韧性不断增强，但仍存在服务业下行压力加大、服务业劳动生产率偏低、结构性不平衡问题突出、新兴服务业发育不足、市场主体规模小且竞争力弱、人口减少和人才外流影响加剧等问题。2022年，黑龙江省服务业将继续保持恢复性增长的发展态势。实现服务业高质量发展，应大力推进服务业转型升级、扩大内需、培育壮大市场主体、促进服务业就业增长、强化人力资源支撑。

2022年是"十四五"关键之年，黑龙江省要坚持以习近平新时代中国特色社会主义思想为指导，贯彻落实好省委十二届十一次全会的决策部署，保持战略定力，坚定信心，应对各种压力和挑战，进一步正视问题，不畏惧困难风险，不因经济短期波动而彷徨，扬优势、补短板，干实事、开新局，把疫情对经济社会发展的影响降到最低，在构建以国内大循环为主体、国内国际双循环相互促进的新发展格局的背景下，科学谋划、理性应对、补齐短板、化危为机、助强扶弱、推陈出新，着力"在危机中育新机，于变局中开新局"，把握和利用好危机后的新机，贯彻新发展理念，自觉全面融入新发展格局，力争实现2022年全省经济的高质量发展。

关键词： 经济发展　新发展理念　新发展格局　黑龙江省

Abstract

2021, Heilongjiang will coordinate the prevention and control of the epidemic as well as economic and social development. They will base themselves on the new stage of development, fully and accurately implement the new concept of development, take the initiative to serve and integrate themselves into the new development pattern, and continue to strengthen the resilience of economic development, on the whole, the economy has been moving forward steadily and on the whole in a good direction. The Gross Domestic Product (GDP) of the whole 2021 province reached 1487.92 billion yuan, an increase of 6.1% over the previous year in constant prices; the value added of the primary industry reached 346.30 billion yuan, an increase of 6.6%, the value added of the secondary sector of the economy reached 397.53 billion yuan, an increase of 5.0%, and the value added of the tertiary sector of the economy reached 744.09 billion yuan, an increase of 6.3%; the provincial Consumer Price Index (CPI) rose by 0.6%, maintaining a moderate upward trend. On the whole, Heilongjiang's economy has made hard-won achievements in development and made a good start to the 14th five-year plan period.

2021, Heilongjiang attaches great importance to the development of agriculture, the agricultural economy is running well, the grain output has hit a record high again, and the supply of livestock products is sufficient, making outstanding contributions to ensuring national food security and food security; forestry and fishery also realize the total output value of agriculture, forestry, animal husbandry and fishery of the whole province. The total output value of agriculture, forestry, animal husbandry and fishery increased by 7.1% (in comparable price) over the previous year, ranking first in northeast China. In 2022, Heilongjiang will focus on optimizing the "three systems" of modern agriculture to achieve cost-saving and efficiency-increasing; continue to optimize the structure of grain-growing industries and strive to increase soybean yield; make a good plan for the development of the entire maize industry chain; push the animal husbandry and breeding industry to reduce costs to promote the simultaneous development of animal husbandry and animal product processing industry.

2021, Heilongjiang's industry is progressing steadily and its elements are in good order. Industrial added value increased by 7.3%, averaging 5.3% growth over the two years. Province-wide industry 40 categories, 60 key monitoring of the major industrial products, the vast majority of the growth trend. Among the four pillar industries, the value-added of the equipment industry increased by 13.3%, the energy industry by 6.3%, the petrochemical industry by 9.8% and the food industry by 6.1%. In the first three quarters of 2021, the province's high tech manufacturing added value increased 14.8%, outpacing the province's 4.7 percentage points. Heilongjiang has optimized and improved its orderly power consumption plan, and made every effort to ensure the safe and stable operation of the power grid; under the premise of ensuring production safety, it has actively released high-quality coal production capacity; it has formulated and issued *The Implementation Opinions of the General Office of Heilongjiang Provincial People's Government on Promoting Logistics Cost Reduction, Improving Quality and Efficiency*, realizing the orderly guarantee of the supply of industrial economic factors.

2021, Heilongjiang's service sector has recovered steadily, new drivers are relatively active and the resilience of development is increasing, however, there are still some problems, such as the increasing downward pressure on the service industry, the low labor productivity in the service industry, the prominent structural imbalance, the insufficient development of the emerging service industry, the weak strength of the small scale of the market main body, and the aggravation of the impact of the brain drain of population reduction. In 2022, the service sector in Heilongjiang will continue to resume the trend of growth. To promote the high-quality development of the service industry, we should continuously optimize and upgrade the industrial structure, effectively expand consumption, fully release the potential of domestic demand, foster and expand market players, effectively promote the employment growth of the service industry, and strengthen the support of human resources.

The year 2022 is the key year of the 14th five-year plan, Heilongjiang should follow the guidance of Xi Jinping Thought on Socialism with Chinese Characteristics for a New Era, implement the decisions and plans of the 11th Plenary Session of the 12th CPC Provincial Committee, and maintain strategic resolve and firm confidence, to cope with various pressures and challenges, to further face up to problems, not to be frightened by difficulties and risks, not to be confused by short-term fluctuations in the economy, to take advantage of advantages, to strengthen weak areas, to do practical work and to start new work, and to minimize the impact of the epidemic on economic and social development, in the context of building a new development pattern of double circulation both at home and abroad, scientific planning, rational response, making up for the shortcomings, turning crisis into crisis, helping the strong and supporting the small, pushing forward the old and bringing forth the new, and focusing on "cultivating new opportunities in a crisis and opening a new start in a change of situation", grasp and make good use of the new opportunities after the crisis, implement the new development concept, consciously and fully integrate into the new development pattern, and strive to achieve high-quality economic development of the province in 2022.

Keywords: Economic Development; New Development Concept; New Development Pattern; Heilongjiang Province

目 录

Ⅰ 总报告

Ⅱ 经济运行篇

Ⅲ　改革转型篇

Ⅳ　专题研究篇

CONTENTS

I General Report

II Reports on Economic Situation

Ⅲ Reports on Reform and Transformation

Ⅳ Reports on Special Subjects

总报告

General Report

B.1

2021~2022年黑龙江省经济形势分析与预测*

孙浩进　娄　峰　朱德鹏**

摘　要： 在“十四五”开局之年，黑龙江省持续向经济建设这个中心聚焦发力，经济发展韧性不断增强，经济运行总体上呈现稳中有进、整体向好的态势，经济取得了来之不易的发展成就，实现了“十四五”阶段的良好开局。当前黑龙江省正处于政策叠加、乘势而上的机遇期，激发潜力、振兴发展的关键期，但也要清醒地看到，全省经济运行中存在的问题、压力及不确定性仍然较大，传统产业多、新兴产

* 本报告为国家社会科学基金项目“东北地区资源型城市规模收缩问题研究”（21BJL048）的阶段性研究成果。

** 孙浩进，黑龙江省社会科学院经济研究所所长、研究员，博士，研究方向为发展经济学；娄峰，中国社会科学院数量经济与技术经济研究所研究员，博士，研究方向为数量经济学；朱德鹏，黑龙江省社会科学院经济研究所助理研究员，研究方向为产业经济、区域经济。

业少，低端产业多、高端产业少，资源型产业多、高附加值产业少等问题仍然存在，重点行业和领域下行压力大。2022年，黑龙江省唯有立足推动高质量发展，趋利避害、主动作为，坚持正确战略引领，遵循经济发展规律，把握好发展阶段特征，着力促进动力机制变革，才能实现效益更好、结构更优、优势充分释放，推动全面振兴、全方位振兴。

关键词： 经济形势 高质量发展 黑龙江省

近年来，黑龙江省深入贯彻党的十九大和十九届历次全会精神，着力处理好稳定与发展、危机与契机的辩证关系，坚持抗击疫情不放松、改革发展不动摇，取得了预期的发展成就。但客观、辩证地看，全省经济运行中存在的问题、压力及不确定性仍然较大。对此，黑龙江省唯有科学谋划、理性应对、补齐短板、化危为机、助强扶弱、推陈出新，着力“在危机中育新机，于变局中开新局”，把握和利用好危机后的新机，促进动力机制变革，推动高质量发展，才能在“十四五”时期走出效益更好、结构更优、优势充分释放的发展路径。

一 2021年黑龙江省经济形势分析

2021年，黑龙江省统筹疫情防控和经济社会发展，立足新发展阶段，全面贯彻新发展理念，主动服务和融入新发展格局，经济发展韧性不断增强，经济运行总体上呈现稳中有进、整体向好的态势。2021年全省地区生产总值（GDP）实现14879.2亿元，按不变价格计算，比上年增长6.1%；第一产业增加值3463.0亿元，增长6.6%，第二产业增加值3975.3亿元，增长5.0%，第三产业增加值7440.9

亿元，增长6.3%；全省居民消费价格指数（CPI）上涨0.6%，保持温和上涨趋势。总体上看，黑龙江省经济取得了来之不易的发展成就，实现了“十四五”阶段的良好开局。

2021年黑龙江省与全国主要经济指标增长率比较见图1。

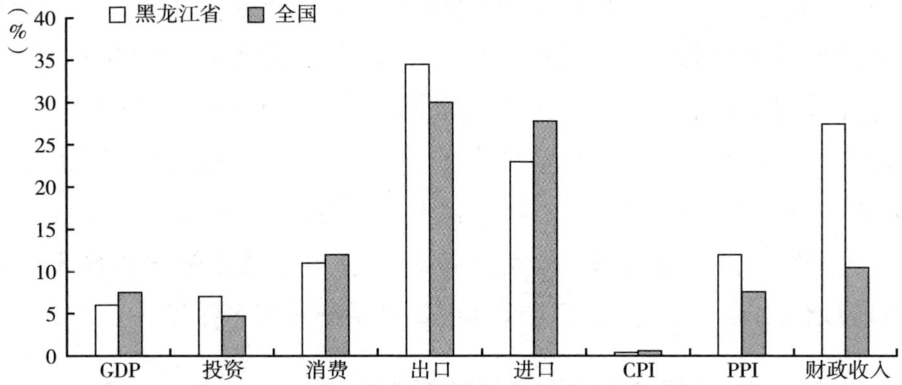

图1　2021年黑龙江省与全国主要经济指标增长率比较

说明：PPI指工业生产者出厂价格指数。

资料来源：国家统计局、黑龙江省统计局。

（一）农业增长较快，粮食产量创新高

2021年，黑龙江省农林牧渔业总产值实现6460亿元，增长7.1%（按可比价格计算），增速为2009年以来最快。全省粮食播种面积、产量实现较快增长。总播种面积2.2亿亩，同比增加169.4万亩；总产量1573.5亿斤，创历史新高，同比增加65.4亿斤，约占全国增量的1/4，实现“十八连丰”。经济作物种植结构不断优化，中药材成为全省经济作物播种面积最大的品种，播种面积增长38.6%。全省畜牧业生产持续增长，肉蛋奶供应充足，牛奶产量500.3万吨，与上年基本持平。

（二）工业稳中有进，要素保障有序

2021年，黑龙江省规上工业增加值增长7.3%，两年平均增长

5.3%。全省40个行业大类、60种重点监测的工业主要产品绝大多数呈增长趋势。四大支柱产业中，装备产业增加值增长13.3%，能源产业增加值增长6.3%，石化产业增加值增长9.8%，食品产业增加值增长6.1%。2021年前三季度，全省规上高技术制造业增加值增长14.8%，增速高于全省规上工业增加值4.7个百分点。前三季度，黑龙江省出台了煤电保供“十条”政策，及时调启发电机组590万千瓦，优化完善有序用电方案，全力保障电网安全稳定运行；在确保生产安全前提下，积极释放优质煤炭产能，规上工业企业原煤产量增长10.8%，用煤保障得到加强；制定出台了《黑龙江省人民政府办公厅关于推动物流降本提质增效的实施意见》，主要交通运输方式累计完成货运量增长14.1%，实现了工业经济要素供给的有序保障。

（三）重点领域投资实现较快增长

2021年，黑龙江省固定资产投资增长6.4%，增速高于全国平均水平，居全国第14位，比上年同期前进5位。第一产业投资增长5.6%；第二产业投资增长14.5%；第三产业投资增长2.2%；基础设施投资增长10.3%；高技术产业投资增长15.3%；民生事业投资增长19.8%。2021年前三季度，黑龙江省“百大项目”建设全面提速，完成投资1603.5亿元，投资完成率88.6%。

（四）消费市场逐渐实现恢复性增长

2021年，黑龙江省社会消费品零售总额实现5542.9亿元，增长较快，增速居全国第22位，比上年同期前进5位。商品零售额实现5004.5亿元，增长8.9%；餐饮收入实现538.4亿元，增长8.2%。能源类商品零售额大幅增长，限额以上单位煤炭及其制品类零售额、石油及其制品类零售额分别增长2.2倍和32.1%。全省电商零售额实现714.5亿元，增长30.0%，增速高于全国平均水平，居全国第9位，比上年同期前进19位。

（五）对外贸易实现新突破

根据海关数据，2021 年，黑龙江省货物贸易进出口总额 1995 亿元，增长 29.6%，增速高于全国平均水平 8.2 个百分点，居全国第 9 位。2021 年，黑龙江省前 3 位对外贸易伙伴分别为俄罗斯、欧盟和巴西。黑龙江省与俄罗斯贸易额实现 1313.4 亿元，增长 34.8%，占全省外贸总额的 65.8%。其中，对俄出口 106.9 亿元，增长 13.0%；自俄进口 1206.5 亿元，增长 37.2%。2021 年全省实际使用外资增长 10.8%，其中，第二产业实际使用外资增长 18.3%。

（六）财政金融保持平稳增长

2021 年，黑龙江省一般公共预算收入实现 1300.5 亿元，增长 12.8%，增速高于全国平均水平，居全国第 8 位；一般公共预算支出完成 5104.5 亿元，下降 6.3%。截至 2021 年末，黑龙江省金融机构本外币各项存款余额 34319.9 亿元，增长 8.6%；本外币各项贷款余额 24409.5 亿元，增长 8.1%。

（七）民生、就业、收入稳步改善

2021 年，黑龙江省实现城镇新增就业 41.9 万人，完成年度计划的 139.5%；失业人员再就业 26.7 万人，完成年度计划的 157.1%；全省城镇登记失业率 3.18%，同比减少 0.19 个百分点。2021 年，黑龙江省城镇常住人口人均可支配收入 33646 元，增长 8.1%；农村常住人口人均可支配收入 17888 元，增长 10.6%。城乡居民收入稳步提高。2021 年前三季度，全省财政民生支出占一般公共预算支出的 87%。城乡低保提标，惠及 148.2 万人；重点民生项目建设加快，改造老旧小区 1296 个，惠及 40 余万户居民；深入开展“我为群众办实事”实践活动，解决民生实事 1914 项；居民消费价格保持平稳，小幅上涨 0.3%。

（八）改革创新持续推进、走深走实

2021 年前三季度，全省营商环境监测结果显示，营商环境满意度为 97.2%，提高 9.4 个百分点；政务服务事项网上可办率省级达 98.2%、市县级达 90.1%。2021 年 1~10 月，落实国家减税降费政策，为市场主体减负 60.4 亿元。2021 年前三季度，黑龙江省开展省级招商活动 13 场，签约合作项目 273 个，签约投资额 3155.4 亿元；实际利用内资 1462.9 亿元，增长 93.8%；新登记市场主体 37.7 万户，增长 25.0%。2021 年前三季度，全省科技成果加快转化，登记技术交易合同 48 项，交易金额实现 275.8 亿元；强力推动省工研院机制创新，建设新型研发机构 17 家；统筹推进国企改革三年行动、高标准市场体系建设、“揭榜挂帅”科技攻关项目等 82 项重点改革任务。

（九）城市经济呈现竞相发展态势

黑龙江省各市（地）锚定目标持续用力，形成了相互赶超的局面。2021 年，有 4 个市（地）GDP 增速超过全省平均水平，其中，大庆市增速最高，为 13.9%，七台河市增速为 12.1%，伊春市增速为 8.0%，大兴安岭地区增速为 7.9%（见表 1）。2021 年前三季度，哈尔滨市的第一产业增加值增速和固定资产投资增速分别高于全省 0.6 个和 1.0 个百分点，齐齐哈尔市的第二产业增加值增速高于全省 0.4 个百分点，牡丹江市的第三产业增加值增速和固定资产投资增速分别高于全省 0.3 个和 22.1 个百分点，黑河市、双鸭山市的社会消费品零售总额增速分别居全省第 1 位和第 2 位，七台河市的固定资产投资增速、绥化市的建筑业总产值增速均居全省第 1 位。

表1　2021年黑龙江省13个市（地）GDP排名情况

单位：亿元，%

排名	市(地)	GDP	名义增速
1	哈尔滨	5351.7	3.2
2	大庆	2620.0	13.9
3	齐齐哈尔	1224.5	2.0
4	绥化	1177.7	2.4
5	牡丹江	875.0	5.2
6	佳木斯	816.2	0.5
7	黑河	637.1	3.7
8	鸡西	603.7	5.5
9	双鸭山	516.0	4.5
10	鹤岗	354.2	4.1
11	伊春	318.7	8.0
12	七台河	231.4	12.1
13	大兴安岭	153.1	7.9

资料来源：黑龙江省统计局。

二　黑龙江省经济运行面临的主要问题

尽管全省振兴发展取得阶段性成就，但综观全国平均发展水平和相关省份异军突起的态势，黑龙江省与先进地区的差距仍呈现越拉越大的态势。受长期存在的体制性、结构性、资源性矛盾制约，再加上疫情所带来的冲击，黑龙江省经济运行仍面临亟待解决的相关问题。

（一）农产品精深加工链条短、品牌效应弱

黑龙江省农产品精深加工链条尚需进一步延伸，加工的转化利用率低。黑龙江省稻米业整体处于初级加工阶段，大多数企业仍以单一制取大米为主，对碎米、稻壳等加工副产物的利用率低。尽管全省玉

米种植面积和产量均居全国首位，但玉米产业链短，玉米加工企业中的深加工企业仅占1/6。肉业的标准化、规模化水平偏低，特别是精深加工比重低，与河南、四川、湖南等畜牧大省相比还有不小的差距。大豆加工业规模较小，且以油脂加工为主，油脂加工产能占比高达87.2%。黑龙江省所产果蔬由于冷藏保鲜、冷链运输、商品化处理等配套设施不足，其加工还是以初加工为主，链条延伸不足。全省食品产业的拳头产品较少，处于品牌价值链的低端，知名品牌、驰名商标少，进入高端消费市场的不多，质量不优、效益不佳；而已经具备一定市场知名度的农林加工产品，由于品质趋同、市场趋同，组织化程度低，没有形成品牌合力，效益没有彰显。

（二）工业对经济运行的拉动力偏弱

黑龙江省工业经济增速较慢，落后于全国平均水平，对GDP的拉动力偏弱。2021年，全省规模以上工业增加值比上年增长7.3%，增速落后全国2.3个百分点；前三季度，全省工业增加值增长8.5%，增速低于全国3.5个百分点，工业对经济增长的贡献率低于全国9.4个百分点，导致黑龙江省GDP增速与全国GDP增速1.8个百分点的差距中，有1.4个百分点来自工业。主要表现在以下几个方面。一是产业结构不合理。煤炭开采和洗选业增加值、石油和天然气开采业增加值占规上工业增加值的比重在30%以上，但近年来受煤炭产能调减、原油减产等因素影响，行业增加值增速持续低位运行。二是总量小、成长性弱。前三季度，全省工业增加值2829.8亿元，占全国GDP的比重仅为0.3%，占全省GDP的比重为29.0%，其中成长性较强的制造业占比为58.3%，低于全国26.1个百分点。三是高技术产业引领作用不强。2021年，全省高技术制造业增加值增长9.5%，增速落后全国近9.0个百分点；前三季度，全省高技术制造业对规上工业增长的贡献率仅为6.1%，低于全国19.1个百分点，特别是全省高技术制造业增加值总量偏小，占全省规上工业增加值的比重仅为4.0%，其中，73.1%为医药制造业。同时，工业生产经营还面临多重困难。2021年以来，煤炭和钢铁等价格上涨、芯片紧缺、有序用电等新老问题交织，使企业成本上升，利润被挤压，产能受到影响。黑龙江省资源型产业占比高，高技术制造业增加值增速落后于全国平均水平，是工业对经济运行拉动力偏弱的主要原因。

（三）消费增幅回落，服务业增速低

2021年，受到新冠肺炎疫情局地散发影响，黑龙江省的哈尔滨、绥化、黑河、牡丹江、齐齐哈尔等城市较大范围较长时间停业闭店，尤其是住宿餐饮业和线下批发零售业受到较大冲击。受疫情影响，消费增幅回落，服务业增速放缓。2021年前三季度，全省社会消费品零售总额增速比上半年回落8.2个百分点，回落幅度大于全国1.6个百分点，批发零售业商品销售额增速比上半年回落5.1个百分点，住宿餐饮业营业额增速比上半年回落13.5个百分点，交通运输、仓储和邮政业呈现下滑态势，铁路旅客周转量、货运周转量增速分别比上半年回落17.7个和2.0个百分点，公路旅客周转量、货运周转量增速分别比上半年回落15.7个和9.2个百分点。房地产业降幅较大，受重点地区商品房销售量降幅较大等影响，商品房销售面积增速比上半年回落30.8个百分点，在全国排第21位，比上半年后退12位。同时，营利性服务业和非营利性服务业营业收入也出现回落。2021年1~8月，全省规模以上营利性服务业营业收入增长4.8%，增速低于全国18.8个百分点，比1~5月回落1.0个百分点。非营利性服务业中，受政策因素影响，教育、公共管理、社会保障和社会组织工资增速较低。总体上看，全省消费增幅逐季回落，制约着经济高质量发展。

（四）重点行业和领域的下行压力大

2021年，全省建筑业、金融业及固定资产投资增速回落，回落

幅度高于全国平均水平。2021 年前三季度，受新签合同额增长较慢、从业人员大幅减少、建筑合同完成率不高等因素影响，全省建筑业总产值增长 12.6%，增速比上半年回落 5.9 个百分点，回落幅度高于全国 1.0 个百分点。金融业人民币贷款增长 7.5%，增速低于全国 4.0 个百分点。固定资产投资受基数走高、项目接续不足等影响，增速比上半年回落 7.0 个百分点，回落幅度高于全国 1.7 个百分点，其中制造业和房地产开发投资增速回落幅度均超过 10.0 个百分点，面临很大的下行压力。

（五）中心城市对经济增长的拉动作用不够

2021 年，黑龙江省仅有 4 个城市的 GDP 超 1000 亿元，其中哈尔滨市超 5300 亿元、大庆市超 2600 亿元、齐齐哈尔市超 1200 亿元、绥化市超 1100 亿元。2021 年，在占全省经济总量近 83%的哈尔滨、齐齐哈尔、牡丹江、佳木斯、大庆、绥化 6 个城市中，除佳木斯外，齐齐哈尔、绥化的 GDP 增速大幅低于全省，牡丹江的 GDP 增速未达到全省平均水平，均向下拉动全省经济增长，哈尔滨的 GDP 增速与全省持平，大庆的 GDP 增速仅高于全省 0.1 个百分点，两市占全省经济总量的近 60%，虽然对稳住基本盘发挥了重要作用，但龙头作用发挥得不充分。其他 7 个市（地）中，鹤岗、鸡西、七台河、双鸭山四大煤城受采矿业影响，工业增速较上半年大幅回落；伊春、大兴安岭消费乏力，社会消费品零售总额均低于全省平均水平；黑河金融业增速居全省末位。进入第四季度后，基数抬高影响进一步凸显，各市（地）GDP 增速下行趋势持续，对全省经济持续增长的支撑力不足。

三　2022年黑龙江省经济形势预测

本报告课题组与中国社会科学院数量经济与技术经济研究所课题

组合作，依据2021~2022年黑龙江省现实情况和系统化预测的目标，对相关研究理论与方法进行甄别，重点运用宏观经济预测模型，对经济指标进行有针对性的筛选和设定，借此形成模型系统运行的变量体系，最终依据经验数据和综合研判方法给出模型的估计结果（见表2、图2、图3）。

表2　黑龙江省主要经济指标2020年统计值及2022年预测值

主要经济指标	2020年统计值	2022年预测值
GDP实际增长率(%)	1.0	5.8
工业增加值实际增长率(%)	3.3	5.2
社会消费品零售总额增长率(%)	-9.1	8.5
固定资产投资完成额(亿元)	11628	12950
固定资产投资增长率(%)	3.6	4.0
房地产开发投资完成额(亿元)	983	912
房地产开发投资增长率(%)	2.6	-4.8
出口总额(亿美元)	52.0	77.9
出口总额增长率(%)	2.7	11.4
进口总额(亿美元)	17.0	26.6
进口总额增长率(%)	-22.9	14.5
CPI上涨率(%)	2.4	2.1
PPI上涨率(%)	-6.5	5.5
地方公共财政收入(亿元)	1152	1643
地方公共财政收入增长率(%)	-8.7	12.0
地方公共财政支出(亿元)	5449	5155
地方公共财政支出增长率(%)	8.7	-1.6
各项存款余额(亿元)	31611	34953
各项存款余额增长率(%)	13.4	4.2
各项贷款余额(亿元)	22586	25441
各项贷款余额增长率(%)	5.0	5.3

据国家统计局分析研判，进入2021年第三季度以后，国内外风险挑战增多，全球疫情蔓延，世界经济恢复势头有所放缓，国际

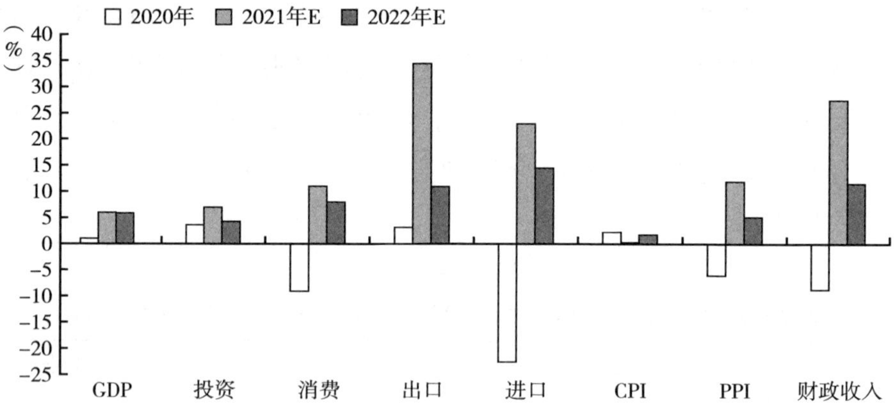

图 2　黑龙江省主要经济指标增长率 2020 年统计值及 2021~2022 年预测值

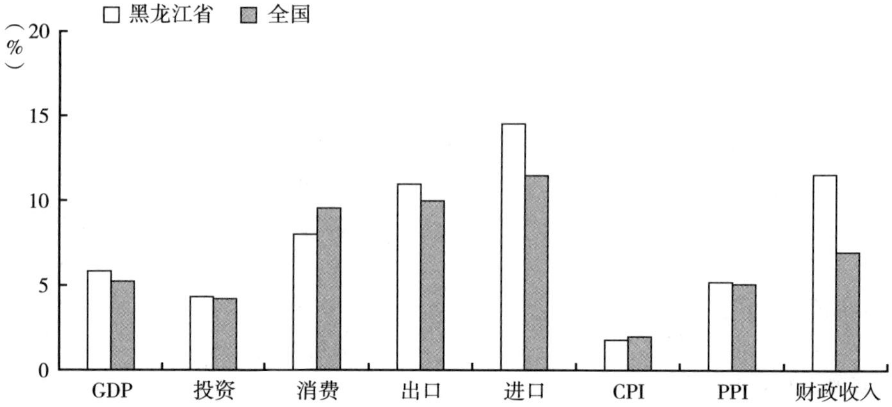

图 3　2022 年黑龙江省与全国主要经济指标增长率预测

大宗商品价格高位运行，国内部分地区受到疫情、汛情多重冲击，经济转型调整压力有所显现。国际货币基金组织（IMF）将 2021 年全球经济增长预期由 6.0%下调至 5.9%，对我国 2022 年经济增长的预期是 8.0%。黑龙江省确定的 2022 年 GDP 增长预期目标是 5.5%左右，根据 2021 年主要经济指标走势初步测算，黑龙江省机遇和挑战并存，省内仍有较大增长潜力和空间，全省 GDP 全年有望超过预期目标。

（一）投资增速从2021年高位回落

根据预测，2022 年黑龙江省固定资产投资增长率将为 4.0%，与 2021 年相比，回落较大。主要原因在于：房地产开发投资负向拉动作用较大，预测增长率为-4.8%；同时受基数走高、项目接续不足等影响，增速出现明显回落。

（二）消费增速与全国整体态势基本相同

根据预测，2022 年黑龙江省社会消费品零售总额增长率将为 8.5%（全国 9.6%）。随着疫情扰动边际效应进一步弱化，消费环境和居民活动方式总体大概率趋于改善；汽车、家电、餐饮等大宗消费和重点消费刺激政策将支撑消费继续恢复。另外，随着援企纾困政策持续发力，乡村消费市场持续开拓，传统消费与新型消费持续融合，全省消费将进一步恢复。

（三）外贸增长强劲但拉动作用有限

根据预测，2022 年黑龙江省进出口总额将达到 104.5 亿美元，其中出口总额将增长 11.4%，进口总额将增长 14.5%。由于基数不大，对经济增长的拉动作用有限。

（四）地方公共财政收入增长率到达高位后回落

根据预测，2022 年黑龙江省地方公共财政收入将达到 1643 亿元，增长 12.0%。黑龙江省地方公共财政收入的两项指标（GDP 增速和 PPI 增速）呈 2021 年度上升、2022 年度下降的波动趋势，因此 2022 年地方公共财政收入增长率将有所回落。

（五）CPI 温和上涨，PPI 高位回落

根据预测，2022 年黑龙江省 CPI 上涨率将达到 2.1%（全国 2.2%），依然处于温和上涨阶段。黑龙江省 PPI 上涨率将从高位趋于回落，2022 年将达到 5.5%。

四 促进黑龙江省经济发展的对策

2022 年是“十四五”关键之年，黑龙江省要坚持以习近平新时代中国特色社会主义思想为指导，贯彻落实好省委十二届十一次全会的决策部署，保持战略定力，坚定信心，应对各种压力和挑战，进一步正视问题，不畏惧困难风险，不因经济短期波动而彷徨，扬优势、补短板，干实事、开新局，力争实现 2022 年全省经济的高质量发展。

（一）做好农业现代化建设“排头兵”

一是巩固提升粮食综合产能。黑龙江省应抢抓中央持续加大对粮食主产区支持力度的政策机遇，稳步提升粮食综合生产能力，确保粮食播种面积稳定。深入实施黑土地保护工程，新建高标准农田，明确耕地保护示范面积。深入开展种业振兴行动，加大科技攻关力度。支持基层农技推广体系建设，提高农业科技进步贡献率。二是深化农业供给侧结构性改革。黑龙江省应充分发挥独有的寒地黑土优势，打造绿色有机、非转基因品牌，增加绿色有机食品认证面积。提高招商落地率，创新农业社会化服务体系，加大农业生产托管服务推广力度。提高农民生产积极性，增加农民收入。三是打造农业全产业链。重点发展农产品精深加工，发展壮大农村地区优势特色产业，做大做强本省优质农产品生产、加工、运输、销售等环节，提高农产品加工转化率。

（二）打造先进制造业集群，推动工业振兴

黑龙江省应围绕现有基础较好的能源、石化、食品、装备、冶金、医药等行业领域，重点培育石油化工、机器人及智能装备、电力装备、汽车、玉米加工、乳制品、肉类加工、生物医药、新一代信息技术、钢铁 10 个千亿级产业集群，加快形成航空装备、农机装备、石墨、汉麻、第三代半导体材料、传感器、被动式建筑、鹅及深加工、白酒酿造、大豆加工 10 个百亿级产业集群。加快补短板、锻长板，延伸产业链、提升价值链。推动发展以重大装备制造为牵引的零部件配套产业、以高端石墨为牵引的新材料产业、以中药材萃取为牵引的中药材深加工产业、以中高端饮品和功能食品为牵引的特色食品精深加工产业、以被动式建筑和装配式建筑为牵引的寒区建材产业、以绿色低碳发展为牵引的新能源装备产业、以打造哈尔滨通用航空枢纽为牵引的通航产业、以建设高水平消费品出口加工区为牵引的边境地区进出口加工产业等。抢抓国家实施战略性新兴产业集群发展工程的政策机遇，引进战略投资者，培育壮大航空航天、智能制造、轨道交通、新材料等战略性新兴产业，形成龙头企业引领、配套产业支撑的具有竞争力的产业集群。

（三）扎实推进重点产业项目建设

项目就是财源、税源、就业源。要把项目建设作为加快经济发展的总抓手。黑龙江省应实现用资源换产业、换项目、换市场，搞资源精深加工，摆脱“原字号”产品依赖。要“抓大不放小”，既抓顶天立地大项目，又抓铺天盖地小项目。要因地制宜，注重培育高技术、高成长、高附加值企业，力争“上一个‘三高’项目，带动一条产业链、培育一批骨干企业”，形成全产业链。发挥“百大项目”拉动投资作用，抢抓有效施工期，加快建设进度，保持投资强度、增速不

降。积极梳理投产达产项目，提供定向施策服务，形成新的增长点。应倾力开展招商引资，编制投资机会清单，做实招商策划，开展好专项招商行动，努力谋划推介一批、洽谈对接一批、签约落地一批重大项目，进一步挖掘有效投资。

（四）加强经济运行的全方位保障

一是保障煤源供应。黑龙江省应通过省内挖潜补缺、协调蒙东调增煤炭供应、扩大俄煤进口等方式，增加全省电热煤储备，保障发电企业正常运营。二是强化电力运行调度。黑龙江省应争取尽快结束有序用电，保障迎峰度冬期间电力供应稳定、能源供应安全。三是提高运输能力。黑龙江省应保障生产要素高效畅通，推动大宗货物运输“公转铁”，优化结构，降低成本。要强化金融服务，创新金融产品，落实好无还本续贷、展期、担保、贴息等各项政策，加强银企对接，加大对实体经济贷款投放力度，加快普惠小微贷款发放进度。加强企业上市培育，支持保险、期货等业务发展。四是恢复、提振消费。黑龙江省应组织开展大宗商品促销，加快发放消费券，提振消费信心。通过线上线下促销等方式，挖掘卖粮及返乡农民消费潜力。抓好冰雪旅游，采取优惠让利、景区联动等方式吸引游客，推动旅游市场加快恢复。

（五）加快产业数字化、数字产业化

一是推进产业数字化。黑龙江省应着力开展制造业数字化转型行动，建设一批智能工厂、数字化车间，培育智能制造和“5G+工业互联网”试点示范企业，培育引进一批智能制造系统解决方案供应商，加快传统产业数字化升级。开展中小企业数字化赋能行动，建设多层次工业互联网平台，推动中小企业上云、上平台，鼓励成立中小企业产业技术联盟，分担数字化转型成本，共享数字化转型成果。积极推进“智慧油田”“智慧矿山”建设，加速孵化“生态文明”新经济业态。二是推进数字产业化。黑龙江省应着力实施数字产品制造业倍增行动，围绕“导、器、芯、量”四大领域，培育壮大数字产品制造业，加快发展大数据、云计算、工业软件等数字产业，大力培育引进信息数字领域企业，支持数字经济头部企业全国性业务中心落地哈尔滨。着力建成哈尔滨国家级互联网骨干直联点，加快5G基站建设及应用，拓展“5G+”典型应用场景；推动哈尔滨成为全国一体化算力网络国家枢纽节点，打造国家新一代人工智能创新发展试验区。以黑龙江自贸区哈尔滨片区为依托建设数字经济产业园，形成数字技术成果集中落地展示区。

（六）推进平台经济、生物经济发展

一是推进平台经济发展。黑龙江省应加快建设跨境电商示范区，以北美保税进出口和对俄跨境供应链业务为重点，推进哈尔滨、绥芬河、黑河跨境电商综合试验区建设。优化跨境电商综合服务平台，构建面向境外供货商、境内代理商、电商平台和消费者的全流程服务链条，为企业提供市场分析、物流、智能通关、供应链金融等“一站式”服务。加强跨境电商海外仓建设，重点推进我国首个落地俄罗斯的正规、大型、合法的公共服务海外仓项目。二是推进生物经济发展。黑龙江省应着力培育生物产业，瞄准生物领域发展趋势和社会需求，组织开展关键核心技术攻关，培育建设生物领域创新型企业和高能级创新平台，力争在生物医药、生物制造、生物农业、生物能源、生物环保等方面实现快速突破。在类脑智能、量子信息、基因技术、未来网络、深海空天开发、氢能与储能等前沿科技和产业变革领域，依托黑龙江省高校、科研院所、企业创新中心等的技术积累，前瞻性谋划一批未来产业，推动未来产业孵化加速。

（七）持续优化营商环境，激发市场活力

一是构建新型政商关系。黑龙江省应推动有效市场和有为政府更好结合，形成以“亲”“清”为主要特征的新型政商关系，实现“人人皆为环境”，政府、企业、社会公众联动解决优化营商环境过程中的问题，为所有市场主体包括大中小企业提供公平竞争的环境。二是提升政府部门服务供给质量。黑龙江省各级政府及其各相关部门应不断推进“一站式”办公、简政放权等相关政策措施落地，把改善营商环境作为对口合作的重要内容，着力拓展“非接触式”办税缴费业务，优化规上工业企业专项服务，推行“简事快办”，提高企业便利度，使企业生产经营的自由度更高，为企业提供良好的创业、创新环境和氛围，激发各类企业活力。大力推进减环节、减材料、减时限、减费用，为市场主体提供更多高效集成服务场景，持续提高投资建设便利度，降低制度性交易成本。探索建立柔性执法清单管理制度，防止一关了之、以罚代管。三是着力建设法治化营商环境。黑龙江省各级政府应充分学习发达地区的做法，做到“法无禁止即可为，法无授权不可为”，提高各级干部运用法治思维和法治方式处理经济社会事务的能力，营造激励干事的法治氛围，以及依法保护企业家合法权益的法治环境。在优化营商环境的过程中将管理提升到法律法规层面，健全法治体系以杜绝破坏营商环境等情况的发生。

（八）提升对外开放合作层次、水平

黑龙江省应依托国家向北开放战略，加快构建以对俄合作为重点的全方位对外开放新格局。应扩大与俄罗斯在装备制造等领域的投资合作，拓展农业全产业链合作，鼓励发展边民合作社、边民互助组，扩大互市贸易进口商品落地加工试点范围并增加其种类。应抢抓《区域全面经济伙伴关系协定》签署带来的关税红利，扩大本省机电

产品对东南亚出口规模，加强与日韩在智慧农业、新能源、新材料、康养、文旅等领域的合作，加强与欧美在高端装备制造、生物科技、环保节能等产业方面的合作。应探索建立黑瞎子岛自由贸易岛，创新对外开放平台建设。

经济运行篇

Reports on Economic Situation

B.2
2021～2022年黑龙江省农业经济形势分析与预测*

陈秀萍**

摘　要： 2021年，黑龙江省高度重视农业的发展，农业经济运行态势较好，农林牧渔业发展都交出满意答卷；粮食产量再创历史新高，畜产品供应充足，为保障国家粮食安全、食物安全做出突出贡献；林业和渔业也实现正向拉动全省农林牧渔业总产值。2021年，全省农林牧渔业总产值比上年增长7.1%（按可比价格计算），增速居东北地区首位。2022年，黑龙江省农业发展面临的挑战包括：粮食种植业降本增效困难、抗御自然灾害的能力有待提高；

* 本报告为2015年国家社会科学基金项目“我国粮食主产区新型农业经营体系建设目标与培育机制研究”（15BJY107）的阶段性研究成果。

** 陈秀萍，黑龙江省社会科学院农村发展研究所副研究员，博士，研究方向为农业经济、区域经济。

畜牧养殖业面临降低生产成本、“猪周期”价格波谷压力加大；农业与第二、三产业缺乏深度融合；等等。因此，应着力优化现代农业“三大体系”，实现降本增效；继续优化粮食种植业结构，努力提高大豆的单产；做好玉米全产业链发展规划；推动畜牧养殖业降低成本；推动畜牧养殖业与畜产品加工业同步发展。

关键词： 农业经济形势　粮食产业　畜牧业　降本增效　黑龙江省

面临复杂的国际环境，保证我国粮食安全具有重大意义。2021年，黑龙江省高度重视农业的发展，全省农业经济运行态势较好，农林牧渔业发展都交出满意答卷，粮食产量再创历史新高，畜产品供应充足，为保障国家粮食安全、食物安全做出突出贡献。

一　2021年黑龙江省农业经济运行基本态势

2021 年，黑龙江省农林牧渔业发展都处于上升态势，农业经济发展形势较好，并为 2022 年农业的发展打下良好的基础。

（一）农林牧渔业总产值达历史新高

2021 年，全省农林牧渔业实现总产值 6460.0 亿元（见图 1），按可比价格计算，比上年增长 7.1%，增速为 2009 年以来的最高水平。全省第一产业增加值为 3463.0 亿元，比上年增长 6.6%，增速居东北地区首位，分别高于辽宁、吉林和内蒙古 1.3、0.2 和 1.8 个百分点，低于全国 0.5 个百分点（见表 1）。

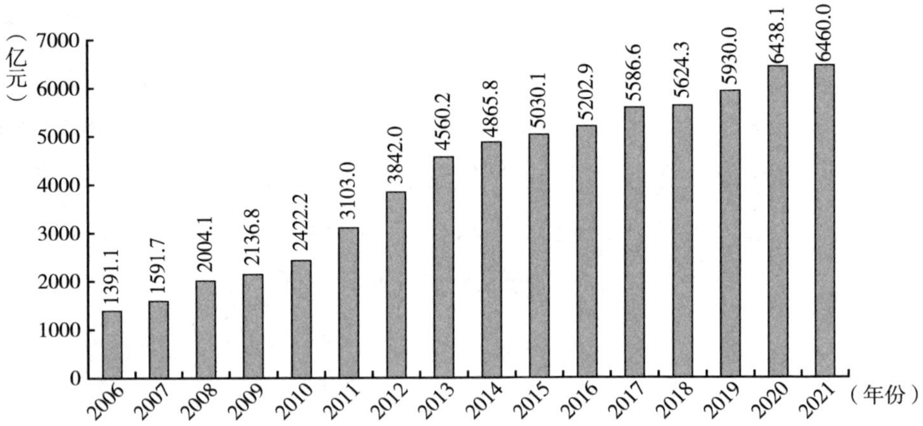

图1　2006~2021年黑龙江省农林牧渔业实现总产值

资料来源：2006~2020年数据来源于《黑龙江统计年鉴2021》，2021年数据来源于《2021年黑龙江省国民经济和社会发展统计公报》。

表1　2021年全国及东北四省区第一产业增加值及其增长速度

单位：亿元，%

	全国	辽宁	吉林	黑龙江	内蒙古
第一产业增加值	83086.0	2461.8	1553.8	3463.0	2225.2
比上年增长	7.1	5.3	6.4	6.6	4.8

资料来源：国家统计局、黑龙江省统计局。

（二）粮食生产能力持续增强

1.粮食总产量创历史新高

2021年，黑龙江省坚持早谋划、早部署、早推进，抓好粮食生产；积极落实惠农政策，“落实产粮大县财政转移支付和奖补资金70亿元，让重农抓粮的县不吃亏，落实强农惠农补贴资金477亿元”，[①]

① 《黑土又冒油花，黑龙江粮产有望再创新高》，《龙头新闻·生活报》2021年10月3日。

调动地方政府和农民种粮的积极性；在春耕备耕、防灾减灾等关键节点积极开展指导服务，助力粮食生产。在各级地方管理部门的重视下，在各项措施政策的支持下，在各类粮食产业经营主体的努力下，2021 年全省粮食产量达到 7867.7 万吨，创历史新高，比上年增加 326.9 万吨（见图 2)，占全国增量的 24.5%。粮食产量占全国总产量的 11.5%，连续 11 年位居全国第一，实现“十八连丰”。

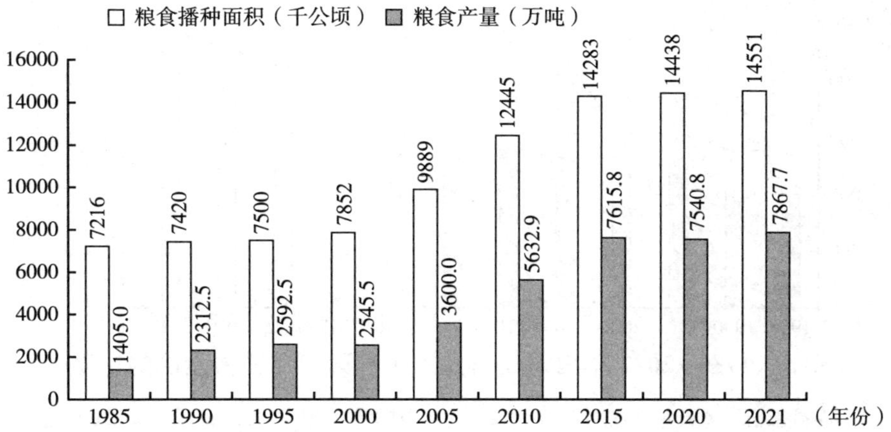

图 2　1985~2021 年黑龙江省粮食产量和粮食播种面积

资料来源：1985~2020 年数据来源于《黑龙江统计年鉴 2021》，2021 年数据来源于《2021 年黑龙江省国民经济和社会发展统计公报》。

2. 粮食播种面积保持小幅增长

2021 年，全省粮食播种面积达到 14551 千公顷，达历史新高，占全省耕地总面积的 91.00%，占全国耕地总面积的 12.37%，全国排名第一；比上年增长 113 千公顷，占全国新增粮食播种面积的 13.1%。全省粮食播种面积的不断扩大保证了粮食产量的稳步提升。

3. 粮食种植业结构不断优化

“十三五”期间，我国提出农业供给侧结构性改革，以“减玉米增大豆”为方向，减少“镰刀弯”地区玉米的播种面积。黑龙江省作为全国最大的大豆生产基地，按照国家农业供给侧结构性改革的方向“减玉米增大豆”，大豆播种面积实现快速增长，在全国的占比从2015年的39%上升到2020年的49%（见图3），2020年全省大豆播种面积达到4832.2千公顷，2021年为3888.0千公顷，虽播种面积比上年减少944.2千公顷，但黑龙江依旧为我国农业供给侧结构性改革做出突出贡献。

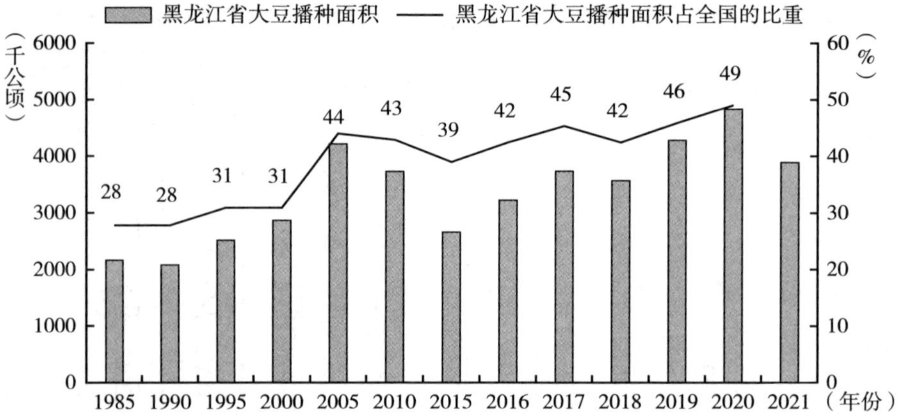

图3　1985~2021年黑龙江省大豆播种面积及其占全国的比重

资料来源：《黑龙江统计年鉴2021》、《中国统计年鉴2021》及《2021年黑龙江省国民经济和社会发展统计公报》。

4. 粮食种植业经济效益出现分化

2021年，我国粮食价格[①]整体保持增长态势，大豆和玉米[②]的价格涨幅较大，黑龙江粳稻的价格有所回落。从全国来看，2020~2021年，玉米的价格在2021年3月份涨到最高点，然后开始回落，但仍然高于上年同期，2021年9月、10月玉米的价格分别比上年同期上涨20%和15%；大豆价格保持上涨势头，2021年11月份达到近2年的最高点，9月、10月大豆的价格分别比上年同期上涨12%和18%；粳稻的价格在2021年2月达到近2年的最高点，然后呈现回落的态势。近2年，随着粮价的上

① 该部分指“国有粮食企业标准的收购价”。

② 该部分大豆、玉米均指三级。

涨，地租、人工费和农业生产资料的价格都出现一定程度的上涨，导致粮食的生产成本上升。2021 年，玉米和大豆种植业因价格上涨幅度大于生产成本的上涨幅度，产业经济效益实现小幅增长；但水稻种植业因为粳稻价格上涨幅度小于生产成本的上涨幅度，产业经济效益出现下滑。

（三）林业经济发展态势向好

截至 2020 年末，全省森林覆盖率达 47.3%，森林面积达到 2147 万公顷，位居全国第三。2021 年黑龙江省植树造林补贴标准比上年提高，激发了经营主体植树造林的积极性，全省林木培育发展良好。“营造林补贴标准由上年 500 元/亩提高到 800 元/亩，森林抚育补贴标准由 100 元/亩提高到 200 元/亩。”① 全省新封山育林面积同比增长 11.9%，人工更新面积同比增长 20.9%，木材产量同比增长 22.8%。2021 年全省林业实现产值 208.0 亿元，林业产值占全省农林牧渔业总产值的比重上升到 3.2%，增长 0.2 个百分点（见图 4）。

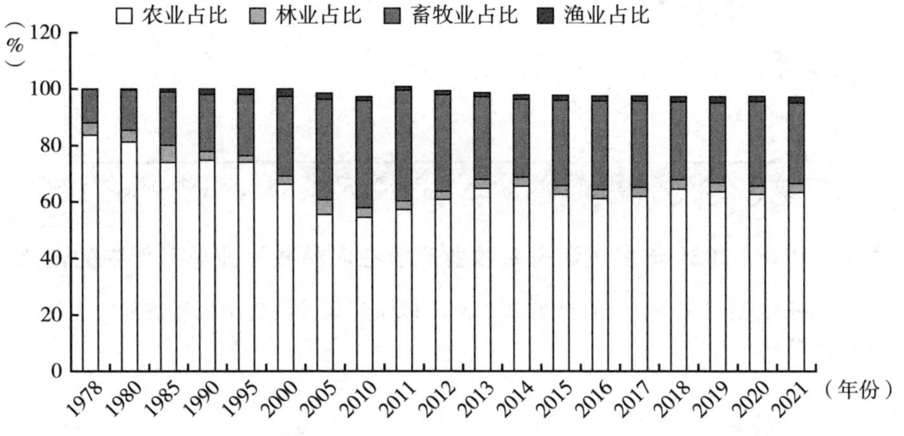

图 4　1978~2021 年黑龙江省农林牧渔业总产值中各产业所占比重

资料来源：《黑龙江统计年鉴 2021》《2021 年黑龙江省国民经济和社会发展统计公报》。

---

① 《前三季度全省农业经济持续向好发展》，黑龙江省人民政府网站，2021 年 11 月 11 日，https：//www. hlj. gov. cn/n200/2021/1111/c591~11024839. html。

（四）畜牧业发展态势较好

2021年，全省畜牧业发展态势较好，畜产品供应充足。2021年，全省猪牛羊禽肉类产量299.2万吨，增长18.8%；牛奶产量500.3万吨，与上年基本持平。生猪产能继续释放，全年出栏生猪2228.1万头，同比增长24.5%，已超过非洲猪瘟前的常年最好水平。2021年畜产品产量增幅较大，但生猪的市场价格下滑幅度较大，导致生猪养殖业的经济效益下降，负向拉动了全省畜牧业的经济效益。2021年全省畜牧业实现产值1833.1亿元，比上年减少79.9亿元，占农林牧渔业总产值的比重为28.4%，同比减少1.3个百分点（见图5）。

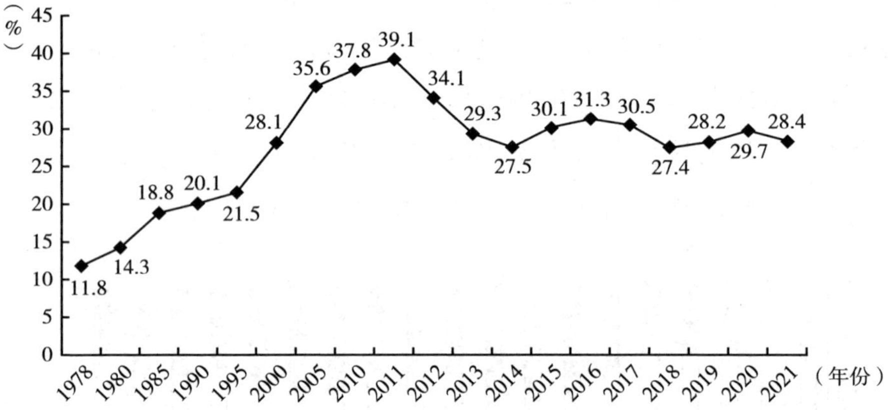

图5　1978~2021年黑龙江省畜牧业产值在农林牧渔业总产值中的占比

资料来源：《黑龙江统计年鉴2021》《2021年黑龙江省国民经济和社会发展统计公报》。

（五）渔业发展态势好于上年

2021年全省水产品总产量71.9万吨，同比增长6.6%，其中渔业实现产值135.9亿元（增长6.8%），在农林牧渔业总产值中的比重为2.1%，同比增长0.3个百分点。主要原因是水产品价格高于常年水平，养殖淡水鱼类价格同比上涨 7.1%，名特优鱼价格上涨幅度要高于鲤、鲢等常规鱼价格的上涨幅度。

（六）农业现代化水平不断提升

黑龙江省积极推进“藏粮于技”战略，通过良种化、机械化、数字化、科技化等手段提升了农业现代化水平，北斗卫星、5G 技术、无人机航化耕种服务等已经进入黑龙江省农业领域。2021 年，全省农业科技贡献率达到67.7%，已组建大豆、水稻、玉米等17 个产业技术协同创新体系，主要作物良种覆盖率达到 100%，耕种收综合机械化水平达到 98%，高标准科技示范园区达到 560 个。全省新型农业经营主体达到 15.77 万个，带动规模经营面积达到 1.47 亿亩。农业生产托管服务正在全省推进，全程托管服务面积已达到 2042 万亩。黑龙江省积极推进“藏粮于地”战略，保护黑土地，累计落实黑土地保护面积达 1000 万亩。全省耕地平均等级为 3.46 等，土壤有机质平均含量为 36.2 克/千克。2021 年，全省大力推进农作物秸秆还田，秸秆还田面积达 1.3 亿亩；全年新增高标准农田面积 1010 万亩，截至 2021 年末，全省累计建设高标准农田 9126.5 万亩，亩均产量提高 100 斤。

（七）绿色农业发展成效显著

全省 2.39 亿亩耕地中有典型黑土地 1.56 亿亩，占东北黑土地面积的 56%。黑龙江省冬季气候寒冷，发生病虫害的概率低，农药使用量少，具备发展绿色农业的天然优势。从 20 世纪 90 年代初，黑龙江省就开始发展绿色农业，目前成效显著，农业“三减”（减农药、减化肥、减除草剂）稳步推进。2021 年，全省深入推进农药化肥减量行动和有机肥替代计划，绿色食品和有机食品认证面积将达 8800 万亩。绿色农业的发展带来优质农产品供给的持续增加，“寒地黑土、绿色有机和非转基因”已成为黑龙江省粮食的 3 张“金字招牌”。黑龙江省“十四五”规划提出，到 2025 年“建成全国绿色粮仓、绿色菜园、绿色厨房和国家重要的高品质乳肉禽蛋制品加工基地”。今后黑龙江省绿色农业的发展将步入快车道。

二　黑龙江省农业发展面临的挑战

2021 年，黑龙江省农业经济形势较好，从产品产量到产业效益都取得了良好成绩。展望 2022 年，黑龙江省农业将面临如下挑战。

（一）粮食种植业面临挑战

1. 降本增效困难

产业的发展离不开经济效益的激励，粮食种植业的经济效益只有达到农业的平均水平，经营主体才具有种粮的积极性，产业才具有较强的发展动力。2021 年，大豆、玉米价格上涨，必将引起 2022 年地租上升。同时，化肥、农药等农业生产资料的市场价格涨幅较大。以化肥为例，自 2021 年 6 月起，化肥价格上涨势头明显，11 月我国化肥批发价格创下近 10 年来的新高，达到 3144 元/吨。2021 年 12 月 13 日的中国化肥批发价格同比上涨 958. 12%。由于国际市场价格的拉动，2022 年我国化肥的价格仍然会保持在高位。地租和农资两项费用的上涨必将导致 2022 年粮食种植业生产成本继续上涨。受生产成本上涨负面影响最大的是粳稻种植业。近 2 年粳稻的生产成本在上涨，但其价格没有上涨，导致经济效益出现下滑。总体上看，2022 年粮食的生产成本必然会上涨，但粮食价格的上涨空间非常有限，粮食种植业实现降本增效比较困难。

2. 抗御自然灾害的能力有待提高

随着全球气候变暖，极端天气出现的频率增高。2019 年和 2020

年黑龙江省农作物播种面积分别占全国农作物播种面积的9%和11%，但受灾面积占全国的比重分别达到18%和16%（见表2），明显高于全国平均水平。2021年，全省局部地区农业受到台风“烟花”、伏旱等自然灾害的影响。要实现粮食种植业稳产增产，农业抗御自然灾害的能力有待继续提高。

表2　2019~2020年黑龙江省农作物受灾、绝收面积及其占全国的比例

单位：千公顷，%

年份	受灾面积		绝收面积	
	黑龙江	占全国的比例	黑龙江	占全国的比例
2019	3541	18	737.5	26
2020	3179	16	212.4	8

资料来源：依据2020~2021年《中国统计年鉴》和《黑龙江统计年鉴》中的数据整理得出。

（二）畜牧养殖业面临挑战

1.生产成本压力加大

黑龙江省畜牧养殖业以“两牛一猪”为主，奶牛和肉牛养殖业在全国占有重要地位。2020年全省牛肉产量占全国的7.2%，在全国排第4位；牛奶产量占全国的14.5%，在全国排第2位。近2年，随着玉米、大豆、饲草价格的上涨，饲料价格一直处于上涨态势。粗饲料成本上涨幅度也较大，根据国家奶牛产业技术体系的统计，2021年玉米青贮收储完全成本每吨比2020年上涨150~300元，2021年已成为我国玉米青贮收储完全成本涨幅最大的年份。进口干草价格持续上涨，以苜蓿草为例，2021年10月其到岸价达到中美贸易摩擦以来的新高，为392美元/吨，2021年的最低价格也上涨12%。在奶牛、肉牛养殖成本中，饲料费用所占比例较大，约占每头牛生产成本的

2/3。饲料价格大幅度上涨，加大了“两牛”养殖业的成本压力，如果畜产品的价格不能实现同步上涨，生产者的利润空间将被大幅度压缩，畜牧养殖业的发展速度将受到一定程度的影响。

2.“猪周期”价格波谷压力加大

当前，我国生猪养殖业处于“猪周期”与饲料价格上涨的叠加期。一方面，我国猪肉价格明显进入第5次“猪周期”，并处于“猪周期”的波谷阶段，猪肉价格较低。2021年2~10月我国白条猪肉批发价格一路下滑（见图6）。“‘猪周期’导致猪价上下波动幅度大，产业链上下游环节的利润极不稳定，大幅度增加了生猪养殖业的风险。”① 另一方面，粮食价格的上涨导致饲料生产成本上升、饲料价格大幅度上涨。2021年9月我国“猪粮比”已经低于5∶1的警戒线，出栏一头肥猪亏损在700元以上。国家发展改革委发布一级预警，启动临时储备收储。进入10月下旬以后，我国“猪粮比”有所回升，达到6∶1以上，但是经营者的效益依然很低，出栏一头肥猪

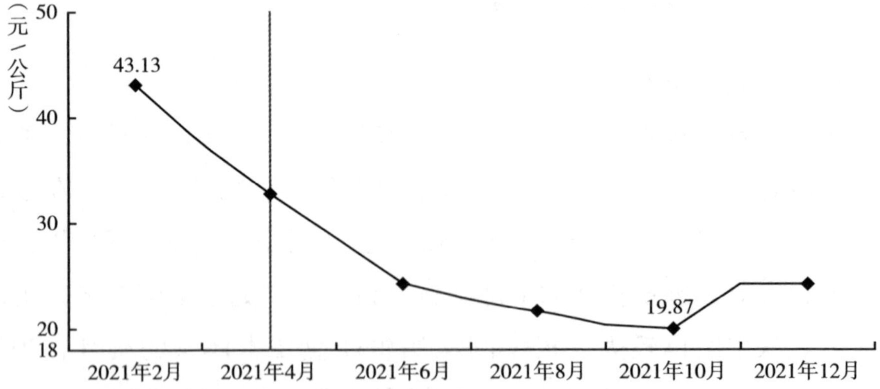

图6　2021年2~12月我国白条猪肉批发价格

资料来源：中国农业信息网。

① 陈秀萍、梁启东：《东北三省生猪养殖业发展影响因素及政策选择》，《经济纵横》2020年第9期，第126页。

的收益仅在 100 元左右。与全国相比，黑龙江省生猪养殖业的“猪粮比”和经济效益更低。2022 年，帮助生猪养殖业消除“猪周期”带来的负面影响，保持生猪养殖业持续健康发展，是一巨大挑战。

（三）农业与第二、三产业深度融合面临挑战

黑龙江省提出的“十四五”时期经济社会发展目标包括“农村一二三产业全面融合发展”和“推动农业全产业链融合发展”。目前在以下方面存在挑战。

1. 农业与第二产业深度融合的推进

2020 年，全省农产品综合加工转化率为 63.0%，比全国（67.5%）低 4.5 个百分点。黑龙江省“十四五”规划农产品综合加工转化率达到 70%以上，这一目标与全国“十四五”规划的 80%也具有较大的差距。2020 年，全省农产品加工业生产总产值与农业生产总产值之比为 0.5∶1，远低于全国 2.3∶1 的平均水平，与发达国家3∶1~4∶1 的比值相比差距更大。2020 年，全省第一产业增加值为 3438.3 亿元，农产品加工业营业收入为 2961.0 亿元，二者合计为 6399.3 亿元，与“十四五”规划的“万亿级”目标尚有一定的差距。

2. 农业与第三产业深度融合的推进

电商发展比较滞后。2021 年前三季度，全国农村网络零售额同比增长 16.3%，黑龙江省农村网络零售额同比增长 13.6%；全国农产品网络零售额 3043.0 亿元，黑龙江省农产品网络零售额 45.3 亿元，不足全国的 1.5%。农业与旅游业融合深度不够，特色农产品开发不足，缺少品牌效应，旅游业对农产品销售的带动力很弱，农业与旅游业未能实现相互促进。

（四）实现全国农业现代化建设“排头兵”目标面临挑战

黑龙江省“十四五”规划提出，到2025年“成为全国农业现代化建设‘排头兵’，国家粮食安全‘压舱石’地位进一步巩固提升”；到2035年“农业现代化稳居全国领先地位”。在我国农业现代化目标实现过程中，部分省份制定了农业现代化目标和发展规划，也有其他省份提出争当现代农业“排头兵”。农业现代化目标是一个综合性指标体系，各指标之间相互关联。对于人口外流严重、财政收入不高、产业层级较低的黑龙江省来说，要实现全国农业现代化建设“排头兵”目标，任务是艰巨的，需要投入更多的人力、物力和财力，需要提高生产要素的现代化水平，需要提高农业的综合生产能力，这都是挑战。

三　2022年黑龙江省农业经济形势预测

2022年，全球农产品供求市场仍然会受到新冠肺炎疫情的负面影响，农产品流通仍然会受到一定程度的阻滞。在全球经济一体化背景下，我国农业面对的是继2020年和2021年之后的特殊贸易环境。在此环境之下，我国农业内循环尤为重要。

（一）2022年我国仍将高度重视粮食安全

在新冠肺炎疫情及极端天气的负面影响下，2021年全球粮价涨幅达40%。“联合国粮食及农业组织（FAO）的数据显示，11月国际食品价格指数已上升至134.4点，为2011年以来的最高纪录。”① 各国为保障本国粮食安全，一方面会努力增加粮食的产量，另一方面会

① 《2021全球市场大盘点｜全球粮食供应链问题仍未缓解，明年国际粮价继续上涨?》，“第一财经”百家号，2021年12月30日，https://baijiahao.baidu.com/s?id=1506307679757205470&wfr=spider&for=pc。

缩减粮食贸易的数量，因此2022年全球粮食产量会继续增加，但是粮食贸易量不会同步增长。同时，农产品国际贸易中还存在供应链断裂、极端天气、化肥价格上涨等制约因素，所以2022年国际粮食供需矛盾不会有明显缓解，粮食安全仍然会得到各国的高度重视。2021年中央农村工作会议提出，“应对各种风险挑战，必须着眼国家战略需要，稳住农业基本盘、做好‘三农’工作”，“措施要硬，执行力要强”，粮食主产区、主销区、产销平衡区都要保面积、保产量。预计在不出现大型自然灾害的情况下，2022年全国粮食总产量会继续小幅增长。因市场供需缺口的存在，国内玉米、大豆价格会维持目前的高位，下跌的可能性较小。各项保障粮食产业稳产增产的措施和政策会继续保留。2022年，黑龙江省农民种植粮食的积极性仍然较高，粮食的播种面积和产量都会保持小幅增长。

（二）全省大豆和玉米的播种面积将会出现“一增一减”

中央农村工作会议提出2022年我国要“大力扩大大豆和油料的生产”，这必须要保证大豆播种面积和产量。为保障我国初级产品的供给，2022年黑龙江省不仅要保证粮食的产量，还要实现大豆播种面积和产量的增长。黑龙江省委经济工作会议提出2022年要“深化农业供给侧结构性改革”，全省将新增大豆播种面积1000万亩、增产大豆26亿斤。2021年，国产大豆的市场价格较高，加上大豆生产者补贴，大豆的经济效益比前些年大幅度提升。2022年，玉米价格将继续保持当前的高位，很难回到2020年之前的价格。受2021年全国玉米价格上涨的环境影响，加上玉米种植业省时、省力、产量高，2022年农民种植玉米的积极性也会较高。黑龙江省的主要旱田农作物是大豆和玉米，二者具有“争地”现象。大豆播种面积增加会挤压玉米的播种面积，所以2022年玉米播种面积会小幅缩减，即出现“一增一减”。

（三）全省生猪养殖业发展速度将会出现小幅下滑

按照前4次“猪周期”的规律，在“猪周期”价格谷底的次年，即2007年、2011年、2015年和2018年，生猪出栏量增长速度大幅度下滑。与全国相比，黑龙江省生猪养殖业经济效益下滑幅度更大，例如2021年9月20~24日当周，全国平均猪粮比为4.93∶1，黑龙江省为4.28∶1。2021年前三季度，黑龙江省生猪产能快速释放，出栏量高速增长，恰恰处在“猪周期”下行期，部分养殖户出现亏损，这必然影响养殖户的积极性，也会阻碍新的养殖户或养殖企业的步入。2020年生猪养殖业经济效益较高，吸引了一批大型生猪养殖企业落户黑龙江省，其产能将会在2022年释放。因此，2022年全省生猪的存栏量和出栏量都会出现小幅下滑。

（四）全省林业经济发展潜力释放速度会加快

我国“双碳”目标的确立将会带来发展理念、发展方式、产业结构、评价制度和消费方式等一系列的转变。“双碳”目标的实现，一方面要求“降碳减排”，另一方面还要注重“固碳增汇”。森林资源是“固碳增汇”的重要载体。随着我国碳汇交易制度的完善，森林的生态效益在经济上会有更明显的体现，这将增强林业发展的动力。自2022年起，全省人工林面积将会快速增长，林业经济发展潜力将实现快速释放。

（五）全省农业数字化发展将加速

近几年，黑龙江省高度重视数字经济的发展，先后成立以省政府主要领导任组长的数字龙江建设领导小组和大数据产业领导小组，相继出台“数字龙江”建设的意见、发展规划及“数字经济20条”政策措施，力争到2025年全省数字经济核心产业增加值占GDP比重达到

10%。“数字经济 20 条”中包括推动智慧农业建设，提升省级农业大数据平台功能，完善农业大数据共享开放体系；开展数字农业示范试点，推广物联网、大数据、人工智能等技术在农业领域的应用，推动数字农业高质量发展；等等。2021 年末，以加快探索黑龙江省数字农业和数字乡村发展路径为目标的黑龙江省数字农业发展促进会成立。在此背景下，自 2022 年起黑龙江省农业数字化发展将步入快车道。

四 促进黑龙江省农业高质量发展的对策建议

黑龙江省委十二届十一次全会暨省委经济工作会议提出 2022 年经济工作具体安排包括“坚决当好维护国家粮食安全‘压舱石’，巩固提升粮食综合产能，深化农业供给侧结构性改革，争当农业现代化建设‘排头兵’”。立足于此，应从以下方面开展工作。

（一）优化现代农业“三大体系”，实现降本增效

一是优化农业经营体系。从实践来看，合作经营、托管服务等经营方式不仅通过规模经营实现了农业现代化水平的提升，也更有利于实现降本增效。建议黑龙江省继续扶持合作社、家庭农场等新型农业经营主体的发展，提升农业经营体系的现代化水平，实现降本增效。依托合作社的发展，推进农业生产托管服务，实现节约农业劳动力、优化粮食品种、提升粮食单产，把小农户带入现代农业发展轨道，通过规模经营实现降本增效。二是优化农业生产体系。黑龙江省的耕地状况更适合发展现代化大农业，所以应鼓励合作社、企业等新型农业经营主体发展数字农业、智慧农业，提高生产体系的现代化水平；发展精准农业，实现优质粮食工程建设目标，实现降本增效。以本省建三江为例，“2021 年开展水旱田全过程累计无人化作业 430. 4 万亩，通过全程无人化

作业，整地收获减少劳动力80%以上、插秧减少劳动力50%以上，亩节省人工成本30~50元，综合节本1.57亿元”。① 三是优化农业产业体系。不同产业体系带来的经济效益具有较大的差异。黑龙江省应在保证粮食总产量的前提下，逐步优化农业产业体系，包括农林牧渔业之间的结构和各产业内部的结构。通过不断优化产业结构，形成产业层次合理、特色突出、高质高效的产业体系，努力实现粮食增产、农民增收的双赢目标。

（二）继续优化粮食种植业结构，努力提高大豆的单产

黑龙江省提出2022年将扩种大豆1000万亩。黑龙江省主要种植玉米、粳稻和大豆三大作物，三大作物占全省粮食播种面积的98%以上。作为旱田作物，玉米和大豆存在相互“争地”现象，农民会在玉米和大豆之间进行比较和选择。要增加大豆播种面积，帮助农民选好大豆品种从而提高单产是关键。从2021年玉米和大豆的经济效益来看，如果种植普通大豆，亩产不足300斤，即使加上大豆生产者补贴（2021年每亩补贴248元），大豆的经济效益也不如玉米的经济效益好。但是，如果大豆亩产能够达到400斤以上，加上大豆生产者补贴，其经济效益就会超过玉米。近年来，黑龙江省已经培育出一些优质高产大豆品种，一些地区已经在大规模推广这些品种。例如，黑龙江省农垦系统的友谊农场、哈阳农场，2021年大豆单产已经超过500斤。如果大豆单产普遍能够达到这一水平，加上大豆种植成本低、产品易于保存等优势，大豆种植业对农民的吸引力就会增强。为了提高土地的利用率，还可以采纳玉米—大豆带状复合种植模式。我国农业农村部提出，2022年在全国16个省份推广玉米—大豆带状复

① 《粮食“十八连丰”！看北大荒集团现代大农业里的“数字科技”》，《黑龙江日报》2021年12月14日。

合种植模式1500万亩以上。这一模式能够同时提高玉米和大豆的产量，特别适合种植玉米大豆混合青贮饲料。《黑龙江省乡村产业发展"十四五"规划》提出，畜牧业产值占农业总产值之比将由2020年的29.7%提升到2025年的40.0%。随着畜牧业的恢复和增长，其对青贮饲料的需求量将大幅度增长。建议在青贮饲料种植业推广玉米—大豆带状复合种植模式，这不仅可以提高大豆和玉米的产量，也更有利于畜牧产品的产出。

（三）做好玉米全产业链发展规划，促进产业协调发展

从我国玉米供求来看，国内市场玉米缺口在扩大，2020~2021年我国进口玉米数量大幅度增长（见表3）。2021年1~10月份我国进口玉米数量已经达到2623万吨，同比增长236.4%。2021年全国玉米播种面积比上年增加3090万亩，玉米总产量比上年增加238亿斤，但仍然难以满足国内玉米需求。玉米需求量大幅度增长的重要原因是下游玉米加工业的发展。从黑龙江省内来看，截至2020年末，全省"玉米深加工产能将超过2600万吨，居民自用和饲养玉米消耗量在1600万吨左右，总计已经超过4200万吨"。[①] 2021年全省玉米播种面积比上年增长800万亩以上，玉米总产量在2015年之后重新回到4000万吨以上。可以看到，黑龙江省内玉米供需基本平衡，但必然会有一部分玉米外运，这意味着省内玉米加工企业面临原料玉米不足的状况。建议黑龙江省调整玉米加工业扶持政策，适当控制玉米的加工能力，特别是控制新增玉米加工项目的数量、玉米初加工项目的数量，以免形成同质低价竞争。

---

① 陈秀萍：《2020~2021年黑龙江省农业经济形势分析与预测》，《黑龙江蓝皮书：黑龙江经济发展报告（2021）》，社会科学文献出版社，2021，第38页。

表 3　2015~2021 年我国玉米产量及进口玉米数量

单位：万吨，%

年份	我国玉米产量	我国进口玉米数量	我国进口玉米数量占供给总量的比重
2015	26499	473	1.75
2016	26361	317	1.19
2017	25907	283	1.08
2018	25717	352	1.35
2019	26078	479	1.80
2020	26067	1130	4.15
2021	27255	2835	10.40

资料来源：2016~2021 年《中国统计年鉴》、国家统计局 2021 年度数据、中国海关公布的数据。

（四）优化各生产环节，推动畜牧养殖业降低成本

首先，在饲养品种选择上，应尽量选择个头大、生长发育快、产肉性能高、产奶量高、经济效益高的品种。其次，在饲料选择上，面对饲料价格大幅度上涨的环境，在保证营养均衡的前提下科学设定饲料比例，更多使用本地秸秆替代进口饲草。黑龙江省是玉米种植大省，玉米秸秆产量丰富、价格低廉。“两牛”养殖业应提高玉米秸秆饲料的加工、发酵等技术，提高玉米秸秆饲料的适口性和消化率，替代进口饲草，不仅可以降低草料成本，还有利于实现降碳减排。最后，在养殖模式上，要提高养殖技术，优化养殖模式，降低生产成本，实现利润最大化。

（五）延长产业链，推动畜牧养殖业与畜产品加工业同步发展

2021 年，全省畜牧经济发展形势较好，黑龙江省应根据“两牛一猪一禽”发展规划，保持当前畜牧业的发展态势，保护好养殖户

的积极性，开发畜禽养殖业的潜力，推动畜牧业高质量发展。同时，要注重畜产品加工业的发展。按照市场经济规律，畜产品一定是在供求不平衡之间波动。畜产品属于鲜活产品，不适宜长期保存，这导致畜牧养殖业的市场风险较大。我国生猪养殖业的价格波动周期就是典型案例。为了降低这一风险，应注重上下游产业的联动发展。当前，黑龙江省畜牧养殖业发展进入高速轨道，应鼓励企业延长畜产品加工业的产业链，加快畜产品加工业的发展，提高畜产品加工业品牌的影响力，为畜牧养殖业发展提供蓄水池，使畜牧养殖业实现产量增长、产业增效、产品畅销。

（六）多措并举，提高农业抗御风险的能力

针对黑龙江省农业自然风险出现频率较高的情况，提出如下建议。一是加强基础设施建设，保证高标准农田建设。加强水利基础设施建设，提高灌溉、排水的能力，增强抵抗水灾、旱灾的能力，保证“旱能浇、涝能排”，大灾少减产，小灾不减产，一般年景多增产，确保粮食稳产高产。二是注重农作物品种选择，根据近几年黑龙江省秋季常出现的自然风险，建议选择具有抗倒伏、抗旱、矮株、早熟等特点的农作物品种，增强农作物抗风险的能力。三是充分利用农业保险政策，减少粮食产业的风险。2021 年，黑龙江省出台《黑龙江省三大粮食作物完全成本保险和种植收入保险试点工作方案》，在延寿县、桦川县、汤原县、林甸县 4 个县开展水稻、小麦、玉米完全成本保险试点，在依安县开展玉米种植收入保险试点。这标志着黑龙江省政策性农业保险由“保生产部分成本”向“保总成本、保收入”转变，这一保险的保障能力大幅度提高。2022 年，黑龙江省应继续扩大试点范围，鼓励农民积极投保，减少粮食产业的受灾面积。

参考文献

郝迎灿、张艺开：《黑龙江省实施藏粮于地、藏粮于技战略　大力发展智慧农业》，《人民日报》2021 年 12 月 17 日。

《黑龙江省农业农村厅厅长王金会作主旨发布》，人民网黑龙江频道，2020 年 7 月 9 日，http：//hlj. people. com. cn/n2/2020/0709/c397798 - 34144769. html。

陈秀萍：《东北三省保障国家粮食安全问题研究》，《东北蓝皮书：中国东北地区发展报告 2020》，社会科学文献出版社，2020。

《前三季度全省农业经济持续向好发展》，黑龙江省人民政府网站，2021 年 11 月 11 日，https：//www. hlj. gov. cn/n200/2021/1111/c591-11024839. html。

《2021 年黑龙江省地区生产总值同比增长 6. 1%》，《黑龙江日报》2022 年 1 月 24 日。

B.3

2021~2022年黑龙江省工业经济形势分析与预测

朱德鹏*

摘　要： 2021年，黑龙江省工业经济运行平稳，工业经济的质量和效益得到提升，规模以上工业企业数量突破4000家、产值突破万亿元，规模以上工业增加值增速连续两年超过全省GDP增速，工业利润增速超过全国平均水平。与此同时，黑龙江省工业经济仍然面临着传统产业占比多、新兴产业占比少规模小增速慢、科技创新和研发投入偏少、中小企业科技创新能力偏弱等问题。本报告提出，应进一步优化调整工业产业结构，持续加大招商引资力度，加力推进工业项目建设，不断壮大先进制造业集群，加力培育“专精特新”中小企业，推动数字经济和生物经济加快发展。

关键词： 工业经济　数字化　智能化　产业结构

一　2021年黑龙江省工业经济运行情况分析

（一）规上工业增加值增速稳步回升

2021年，黑龙江省规上工业增加值增速稳步回升，已经连续两

* 朱德鹏，黑龙江省社会科学院经济研究所助理研究员，研究方向为产业经济、区域经济。

年超过全省 GDP 增速，达到 2017 年以来最高水平（见表 1）。规上工业产值突破万亿元，新增规上工业企业超过 300 家，总数 6 年来首次突破 4000 家，百亿级企业达到 20 家。工业利润大幅增长，增速超过全国平均水平。高技术制造业增加值增长 9.5%；全省工业固定资产投资同比增长 12.6%，增速排全国第 13 位；技改投资同比增长 18.2%。工业经济显现良好发展态势。

表 1 2017~2021 年全省 GDP 增速和规上工业增加值增速

单位：%

年份	全省 GDP 增速	全省规上工业增加值增速
2021	6.1	7.3
2020	1.0	3.3
2019	4.2	2.8
2018	4.7	3.0
2017	6.4	2.7

资料来源：《黑龙江省国民经济和社会发展统计公报》（2017~2021 年）。

（二）四大优势产业加速发展

2021 年，四大优势产业增加值保持较高速度增长，装备、石化、食品、能源优势产业增加值分别增长 13.3%、9.8%、6.1%、6.3%（见表 2）。新能源汽车产量增长 90%，发动机等产品产量实现 20%以上高速增长。哈电集团研制的单机容量世界最大百万千瓦机组在白鹤滩水电站成功运行。一重集团营业收入、利润总额实现两位数增长。大庆古龙陆相页岩油国家级示范区揭牌。

（三）招商引资和项目建设持续推进

作为老工业基地，黑龙江省立足工业发展传统优势，加大招商引资和项目建设力度。2021 年，全省组织重大招商活动 81 次，新签约

表 2　2019~2021 年四大优势产业增加值增速

单位：%

年份	装备产业增加值增速	石化产业增加值增速	食品产业增加值增速	能源产业增加值增速
2021	13.3	9.8	6.1	6.3
2020	13.5	10.5	2.0	0.0
2019	11.0	—	8.7	—

资料来源：《黑龙江省国民经济和社会发展统计公报》（2019~2021 年）。

千万元及以上利用内资项目 1393 个，项目合同金额 6163 亿元，实际利用外资增长 10.8%。成立省工业和信息产业项目招商工作专班，聚焦产业链招商，建立投资机会清单、招商目标企业库，借助亚布力论坛首次发布全省产业招商电子地图和产业链全景图谱；瞄准国内 500 强企业、行业头部企业和产业链上下游配套企业，协同各市（地）组织招商对接洽谈 940 次，签约工业项目 476 个，签约金额 2600 亿元，开工项目 258 个。

230 个省级重点项目完成投资 1890.8 亿元。牡佳客专、京哈高速等重大基础设施工程竣工投用。铁伊客专、北黑和佳鹤铁路加快建设。吉黑高速、鹤大高速佳木斯过境段等项目进展顺利，维修普通国省道 1800 公里，改造高速公路路面 880 公里。哈尔滨机场二期扩建项目全面开工，鸡西、漠河支线机场改扩建等项目加快建设。

（四）网络化、数字化、智能化引领工业生产

在数字经济方面，新建 5G 基站 1.8 万个，累计建设 5G 基站 3.69 万个，建成运营大数据中心 30 个。积极对上争取，突破性建成全省首个工业互联网标识解析二级节点平台。哈尔滨国家级互联网骨干直联点获批建设。制定出台“数字经济 20 条”政策措施。认定首

个省级智能工厂①，数字化车间累计达到175个。哈电集团发电设备数字孪生项目成功中标工信部创新发展工程。21个项目成为工信部工业互联网、大数据等领域试点示范。一重、哈电、建龙西钢分别成为“5G+设备数据采集监控”“5G+机器视觉质检”“5G+智能天车”场景应用典型，龙煤鸡西、五矿鹤岗加快打造智能矿山示范样本，北大荒6个农场“无人化”走在全国前列。

数字化（智能）示范车间②是制造业发展的趋势，在制造业企业数字化转型方面具有引领作用。2021年，完成了省级数字化（智能）示范车间和智能工厂的申报认定工作。8家企业的智能工厂入选全省重点培育智能工厂库，其中包括航天海鹰（哈尔滨）钛业有限公司“航天关键零部件智能工厂”、东北轻合金有限责任公司“高端铝合金材料产业化智能制造工厂”、牡丹江恒丰纸业股份有限公司“特种纸智能工厂”、建龙西林钢铁有限公司“优质建筑钢材智能工厂”等；哈飞工业有限责任公司“飞机结构件数控加工数字化车间”、哈尔滨电机厂有限责任公司“发电机冲片自动叠装车间”等全省47个车间获评全省数字化（智能）示范车间。

（五）大力扶持民营中小企业发展

创新推进“免申即享”惠企政策27项，落实国家减税降费政策，助企纾困为市场主体减负突破63亿元。新增省级“专精特新”中小企业180家、国家级“专精特新”小巨人企业22家；省级隐形冠军企业

---

① 智能工厂是具有智能制造自感知、自学习、自决策、自执行、自适应等典型特征的现代化工厂，可为企业实现快速响应、降本增效、提升竞争力提供有力支撑。智能工厂需建立工业互联网级工厂内网，网络覆盖率需达90%以上。

② 数字化（智能）示范车间是企业独立生产单元的车间，在智能制造中取得明显成效，车间建立设备之间的工业通信网络，可以充分采集生产现场的信息，与车间生产管理信息系统实现数据集成、分析以及产品制造过程的可视化管理，产品信息能够贯穿于设计、制造、质检、物流等环节，实现产品的全生命周期管理。

达到32家，国家级单项冠军企业达到4家。58家行业领军和“专精特新”企业进入上市企业后备库。新登记市场主体54.5万户，增长28.7%。

二　黑龙江省工业经济发展面临的挑战

（一）工业结构性问题有待进一步解决

黑龙江省工业经济面临着传统产业占比多、新兴产业占比少规模小增速慢等问题。有些传统产业技术水平相对落后，导致产品创新程度偏低、竞争力偏弱、与高端市场需求存在较大差距。一些工业企业对内部以及本行业领域内的高新科技应用、生产管理和生产工艺改进、科研技术人才引进和培育等没有足够重视，导致企业生产管理粗放、生产工艺落后、缺乏具有竞争力的高端产品和服务、资源及能源消耗过大等问题。

（二）规模以上工业增加值增速低于全国平均水平

传统产业增长乏力，在一些新兴产业领域虽然有所突破，但整体规模较小，对工业经济增长的拉动力还不够强。2017年以来，全省规上工业增加值增速虽然整体有所回升，但除2020年外仍然落后于全国平均水平（见表3）。

表3　2017~2021年全国和全省规上工业增加值增速对比

单位：%

年份	全国规上工业增加值增速	全省规上工业增加值增速
2021	9.6	7.3
2020	2.8	3.3
2019	5.7	2.8
2018	6.2	3.0
2017	6.6	2.7

资料来源：中华人民共和国及黑龙江省国民经济和社会发展统计公报（2017~2021年）。

（三）科技创新投入有待进一步加强

2020 年，黑龙江、吉林、辽宁三省研究与试验发展经费（以下简称“R&D 经费”）投入强度分别低于全国平均水平 1.14、1.10、0.21 个百分点；黑龙江省 R&D 经费投入强度落后对口合作省份广东省 1.88 个百分点，R&D 经费低于广东省 3306.7 亿元（见表 4）。如果按 R&D 经费由高到低排列，在全国 31 个省、自治区、直辖市中，黑龙江省列第 21 位；如果按 R&D 经费投入强度由高到低排列，黑龙江省同样列第 21 位。由此反映出，黑龙江省研发经费投入不足，大幅度落后于国内发达省份；民营工业企业存在科技研发中心偏少、科技创新能力不强、高水平科技创新人才不足等问题，因而难以为工业经济高质量发展提供坚强有力的支撑。

表 4　2020 年全国及部分省份 R&D 经费与 R&D 经费投入强度情况

单位：亿元，%

地区	R&D 经费	R&D 经费投入强度
全国	24393.1	2.40
辽宁	549.0	2.19
吉林	159.5	1.30
黑龙江	173.2	1.26
江苏	3005.9	2.93
浙江	1859.9	2.88
广东	3479.9	3.14

资料来源：《2020 年全国科技经费投入统计公报》。

（四）民营中小企业发展面临较大压力

面对国家“碳达峰、碳中和”目标和工业节能减排降耗的切实需要，一方面企业进行生产技术改造需要较大的资金投入，另一方面企业还面临着新冠肺炎疫情散发可能带来的产品市场需求萎缩、原材料成本上升、产品流通和人员服务受阻等问题。一些民营中小企业一方面要做到产品畅销有市场、服务及时到位，另一方面要保证员工薪资福利按月足额发放，可能存在资金等方面的压力。

（五）民营中小企业科技创新能力整体偏弱

从整体上看，与国内发达省份相比，黑龙江省民营中小企业还存在自主研发设计能力偏弱、创新能力不足、研发投入不够、核心产品竞争力不强等问题。从事初级加工或者原材料直接输出的企业占比高，具有核心技术和高附加值产品的企业偏少。面对数字经济势不可当的发展趋势，一些企业尚未将数字技术引入企业生产、运营和服务的场景之中，尚未体会到数字技术给企业生产流程、产品质量、生产效率、生产效益方面带来的提升。

三　2022年黑龙江省工业经济发展趋势预测

2022 年，黑龙江省将全力实施工业振兴计划，对接国家先进制造业集群发展专项行动，加快产业结构优化升级，提升制造业核心竞争力，提高工业在全省经济中的比重，推动工业高质量发展。黑龙江省将围绕《黑龙江省工业强省建设规划（2019—2025 年）》，优先发展绿色食品、高端装备、新材料、生物医药四大战略性产业，重点培育新一代信息技术、新能源、节能环保三大先导性产业，优化提升化工、汽车、传统能源三大基础性产业，着力构建现代工业新体系。黑龙江省将全力抓好“百千万”工程，全力培育百亿级企业、千亿级产业和万亿级产业集群。黑龙江省将全力抢抓战略性新兴产业发展机遇、抢抓数字经济和生物经济发展机遇，着力培育工业经济新增长点，运用5G、工业互联网、大数据、云计算、人工智能等现代信息技术改造提升传统优势产业。

2022年是黑龙江省全力实施工业振兴计划的开局之年，全省上下将全力实施工业振兴计划，以发展壮大数字经济、生物经济等战略性新兴产业为引领，着力优化企业发展环境，加大力度做好稳存量扩增量工作，确立了全省规上工业增加值增长8%、规上工业企业新增800家的目标任务。预计全省工业企业网络化、数字化、智能化水平将进一步提升。“5G+工业互联网”、5G智慧车间、5G智慧矿山等数字化项目将加快建设，数字技术在不同工业领域和更多场景中的应用，将助力更多工业企业降本提质增效、实现绿色低碳发展。

四　黑龙江省工业经济高质量发展的对策建议

（一）持续加大招商引资力度，加力推进工业项目建设

要系统梳理全省工业产业发展现状，研判产业发展趋势，统筹产业基础、资源环境、区位条件，明确产业定位和空间布局，绘制黑龙江省产业地图。要结合本省工业产业发展现状，持续加大招商引资力度，坚持“招大引强”，按照产业链关键环节和协作配套分类梳理，将支撑千亿级产业发展的企业和项目细化为招商引资清单，通过精准招商、高效招商，积极引进社会资本和战略投资者，吸引更多的优质企业和大项目、好项目在黑龙江省落地，推动千亿级产业集群加速形成。

应主动对接国家规划导向，围绕数字经济、生物经济、智能制造和先进制造产业集群，深度谋划一批具有产业牵动力的好项目、大项目。将招商引资重点放在产业链招商上，完善产业招商

地图，梳理招商目标企业、投资机会清单，利用中国新材料产业博览会、中俄博览会、亚布力论坛等重大招商平台精准招商，形成一批签约线索，落地一批签约项目。实施新一轮工业项目“双百工程”。

（二）做好工业运行监控调度，编制企业梯度培育方案

要聚焦重点市（地）、行业、项目、企业，强化月分析、季调度、年考评，以旬保月、以月保季、以季保年。推动建立突出工业振兴导向考核机制，压实主体责任。建设工业经济（网格化）监控调度服务平台。加力推进绿色低碳发展。编制全省工业领域碳达峰工作方案，加快推广先进节能技术装备应用，持续推动工业节能降碳，实现能耗“双控”向碳排放总量和强度“双控”转变，力争使工业在全省各领域率先达峰。实施绿色制造工程。引导企业开展绿色设计、开发绿色产品、创建绿色工厂和绿色园区。推进循环综合利用。开展工业固废综合利用评价，加快工业固体废物综合利用基地建设，推动秸秆工业化利用。

围绕培育壮大黑龙江省“433”现代工业新体系，重点培育“专精特新”中小企业和单项冠军企业，支持龙头企业、单项冠军企业、“专精特新”小巨人企业梯次培育、协同发展。要以“百千万”工程为抓手，培育壮大百亿级企业、千亿级产业和万亿级产业集群。建立产业链“链长制”，让省内龙头企业担任产业链链长，组建产业链上下游企业共同体，及时协调解决产业链上出现的困难和问题。

（三）建立健全协同创新体系，推动企业技术改造升级

聚焦重点领域前沿技术和关键共性技术研发供给、成果转化和产业化应用，创建一批省级制造业创新中心，推进绿色食品、高端装

备、新材料、生物医药、新能源、新一代信息技术等重点领域的科技成果产业化。积极创建产业创新联盟，加快企业创新需求与省内外重点高校、科研院所创新资源的深入对接，围绕产业重大共性需求和关键核心技术，开展联合攻关，引导企业优化生产流程，鼓励企业开展新技术、新工艺和新产品的创新。大力支持首台（套）重大技术装备、首批次材料、首版次软件、首套件基础零部件及元器件的研发和推广应用。

要大力持续做好改造升级“老字号”、深度开发“原字号”、培育壮大“新字号”这三篇“大文章”。支持重点行业、高端产品、关键环节进行技术改造，引导企业采用先进适用技术，优化产品结构，全面提升设计、制造、管理水平，推动工业企业开展数字化、网络化、智能化和绿色化技术改造升级。推广绿色设计、绿色制造和清洁生产技术，促进企业节能减排降耗。

（四）加力培育“专精特新”中小企业

要提供优惠政策和一流营商环境，吸引国内外知名科技领军企业到黑龙江省投资、创业和开展科技合作。要引导高等院校、科研院所和企业的科技创新成果转化，支持和鼓励专业技术人员参与创办科技型企业。要支持企业建立科技创新基地，鼓励引导省内科技型企业自建或与省内外高等院校、科研院所合作组建技术创新中心、重点实验室、企业院士工作站等科技创新平台。引导一批主营业务突出、核心竞争力强、成长性好、专注于某一细分市场的企业，走“专精特新”发展之路。对入选国家级“专精特新”小巨人企业名单和单项冠军企业名单的企业，加大奖励和补贴力度。

（五）加力推进数字经济和生物经济发展

推进产业数字化。开展制造业数字化转型行动和中小企业数字化赋能行动，培育建设数字化车间和智能工厂；开展大数据应用、“5G+工业互联网”、新一代信息技术与制造业融合等试点，以数字赋能装备制造、石油化工、食品加工等传统产业。推进数字产业化。建设哈尔滨、大庆等数字经济产业园和中电科49所传感器创新中心。加快发展平台经济，建成省级工业互联网安全态势感知平台、工业互联网平台应用创新推广中心及哈尔滨国家级互联网骨干直联点，启动建设齐齐哈尔工业互联网标识解析二级节点。大力发展生物经济。加快推进生物科技创新和产业化应用，积极引进生物科研机构、领军企业、创新人才。谋划建设玉米发酵产业工程中心、生物质基新材料研发中心，加快建成全国重要的生物医药中间体生产基地、北药研发制造基地，推动哈尔滨新区建设生物产业链集聚区。

（六）加强质量、品牌建设

大力实施增品种、提品质、创品牌专项行动计划。鼓励企业适应、满足、创造和引领消费需求，提升工业设计水平，积极开发推广适合在本省域内使用的特色产品。在高端装备、新材料、化工、能源等领域，引导企业联合研究机构梳理并研究攻克一批长期困扰产品质量提升的基础工艺和关键共性技术难题，加强可靠性设计、试验与验证技术开发应用。鼓励企业采用并推广先进生产工艺技术及检验检测设备，强化质量管理，提高重点产品的质量稳定性、可靠性和环境适应性。引进和扶持一批高质量的品牌培育和专业运营服务机构，参与品牌培育创建、市场推广和品牌化管理服务。引导企业制订品牌培育计划，建设品牌文化，打造一批竞争力强、美誉度高、信誉好的区域产品品牌。

参考文献

《2022 年黑龙江省政府工作报告》，2022 年 1 月 23 日。

《黑龙江省工业强省建设规划（2019—2025 年）》，2019 年 6 月 4 日。

B.4

2021~2022年黑龙江省服务业形势分析与预测

赵　勤*

摘　要： 2021年，黑龙江省虽然服务业实现恢复性增长、新动能表现比较活跃、发展韧性不断增强，但仍存在服务业下行压力加大、服务业劳动生产率偏低、结构性不平衡问题突出、新兴服务业发育不足、市场主体规模小且竞争力弱、人口减少和人才外流影响加剧等问题。2022年，黑龙江省服务业将继续保持恢复性增长的发展态势。实现服务业高质量发展，应大力推进服务业转型升级、扩大内需、培育壮大市场主体、促进服务业就业增长、强化人力资源支撑。

关键词： 服务业　高质量发展　黑龙江省

2021年，面对复杂多变的国内外环境，黑龙江省坚持稳中求进的工作总基调，统筹推进疫情防控和经济社会发展，服务业实现恢复性增长、新动能表现比较活跃、发展韧性不断增强，实现了“十四五”良好开局。

* 赵勤，黑龙江省社会科学院农村发展研究所所长、研究员，研究方向为产业经济、农村区域发展。

一　2021年黑龙江省服务业运行情况分析

（一）增速由“逆”转“正”

2021 年以来，黑龙江省服务业强势复苏，增速由“逆”转“正”（见图 1），主要指标不断改善。全年累计实现服务业增加值 7440.9 亿元，同比增长 6.3%，增速比上年同期提高了 7.3 个百分点，但低于全国平均水平 1.9 个百分点，低于辽宁省 0.7 个百分点，低于吉林省 1.5 个百分点。分季度看，受多轮疫情防控、市场主体经营困难加大等影响，下半年服务业增速比上半年有所下降。2021 年，服务业增加值占比为 50.0%，分别低于辽宁省、吉林省 1.6、2.2 个百分点，低于全国平均水平 3.3 个百分点。

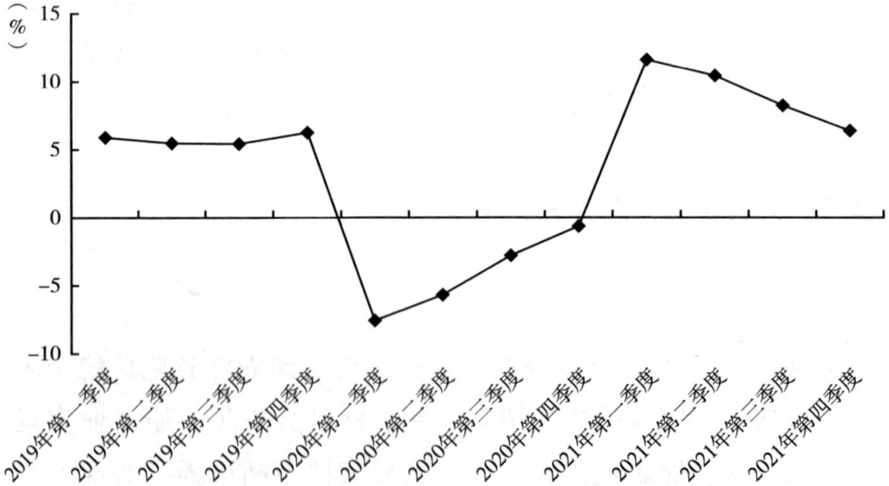

图 1　2019~2021 年黑龙江省服务业增长速度

资料来源：《黑龙江省统计月报》（2019~2021 年）。

（二）内部各行业稳步恢复

2021 年，服务业内部各行业发展情况逐步好转，表现出较为明显的恢复性增长。上半年，各行业复苏势头迅猛，多个行业保持高速增长；下半年，受多轮疫情防控等影响，线下服务业企业受到较大冲击，各行业增速逐步回落。2021 年，服务业内部六大行业全部实现了正增长，除金融业、房地产业外，其他行业增幅比较明显，其中住宿和餐饮业同比增长 18.0%，批发和零售业同比增长 10.6%，交通运输、仓储和邮政业同比增长 8.3%（见表 1）。服务业内部结构有所变化，批发和零售业占比达到 17.46%，比 2020 年、2019 年分别高出 2.94、2.56 个百分点；金融业占比为 14.96%，虽然比 2020 年低了 0.58 个百分点，但比 2019 年高出 0.42 个百分点；其他行业所占比重均低于 2020 年、2019 年。

表 1　2021 年黑龙江省服务业内部各行业增长情况

单位：亿元，%

行业	增加值	比上年同期增长	占服务业增加值比重
批发和零售业	1299.0	10.6	17.46
交通运输、仓储和邮政业	549.8	8.3	7.39
住宿和餐饮业	210.7	18.0	2.83
金融业	1112.9	0.5	14.96
房地产业	761.1	1.5	10.23
其他服务业	3286.9	6.3	44.17

资料来源：《黑龙江省统计月报》（2021 年）。

分行业看，交通运输业总体增长较快，累计完成货运量 62317.2 万吨、货物周转量 2076.0 亿吨公里，分别增长 11.2%、8.2%，货运量、货物周转量均超过疫情前水平；累计完成客运量 15184.1 万人、旅客周转量 508.0 亿人公里，分别增长 8.4%、6.2%，客运量、旅客周转量均未恢复到疫情前水平。邮电业增长明显，累计完成业务总量379.1亿元，同比增长22.2%，互联网用户达到4107.4万户，其中移动互联网用户3093.9万户，固定互联网用户1013.5万户。金融业持续发展，截至2021年12月末，金融机构本外币存款余额34319.9亿元，同比增长8.6%，本外币贷款余额24409.5亿元，同比增长8.1%。房地产业持续低迷，房地产开发投资完成额936.0亿元，同比下降4.8%；房屋施工面积10740.9万平方米，同比下降4.6%；商品房市场成交量继续萎缩，商品房销售面积和销售额呈双下降态势，分别较上年同期下降9.8%、19.4%。旅游业复苏乏力，上半年，旅游业复苏势头比较明显，“五一”全省共接待游客880.93万人次，同比增长670.4%，恢复至2019年的107.1%；下半年，虽然成功举办了第四届旅发大会，但受疫情反复影响，旅游业复苏受到一定限制，全年接待游客1.63亿人次，实现旅游收入1345.09亿元，仅相当于疫情前的50.22%。

（三）新兴产业加快发展

互联网、大数据、云计算等新一代信息技术的应用和疫情的不确定性，促进了软件和信息技术服务、快递、网上购物、线上教育等新行业、新业态持续发力，服务业发展的新动能正在集聚。软件和信息技术服务业运行态势良好。2021年1~11月，规模以上企业139家，累计完成软件业务收入385804万元，同比增长18.8%。其中软件产品收入86469万元，同比增长19.8%；信息技术服务收入223798万元，同比增长5.2%；信息安全产品和服务收入32210万元，同比增长365.0%；嵌入式系统软件收入43328万元，同比增长31.9%。此外，实现利润总额31114亿元，同比增长270.9%。快递服务业逆势发力。2021年，全省快递服务业企业完成业务量60491.0万件，同比增长31.8%；实现业务收入83.4亿元，同比增长18.9%。受疫情影响，国际/港澳台快递业务量大幅萎缩，同比下降57.4%；国内异地业务量较快增长，增幅达39.0%，同城业务量也增长15.6%。电子商务快速扩张，截至2021年底，全省共有电商产业园113个，入驻企业达3472家，示范县网店总数达到9.9万个；全省网上零售额实现714.5亿元，同比增长30.0%，增速高于全国平均水平，居全国第9位，比2020年提升了19个位次。

（四）固定资产投资稳中有进

2021年，全省服务业固定资产投资同比增长2.2%，增速比上年同期提高0.5个百分点，但分别比农业、工业低了4.4、10.4个百分点。从投资领域看，房地产开发投资增速下降，而交通运输基础设施、教育、卫生、高技术服务业、冷链物流等领域投资增长明显，成为稳投资的关键。其中，道路运输业投资增长13.9%，公共设施管理业投资增长41.0%，教育投资增长37.5%，卫生投资增长93.0%，高技术服务业投资增长9.7%。特别是一批服务业基础设施项目建设成效比较显著，肇东大庄园、富锦锦大等肉类冷链物流基础设施项目加快推进；牡佳客专、京哈高速竣工并投入使用，铁伊客专、北黑和佳鹤铁路加快建设，吉黑高速、鹤大高速佳木斯过境段等项目进展顺利，哈尔滨机场二期扩建项目全面开工，鸡西和漠河支线机场改扩建项目加快推进。

（五）消费潜能不断释放

坚定实施扩大内需战略，不断完善消费政策、优化消费环境、稳定消费预期、有效释放消费潜能。2021年，全省社会消费品零售总额实现5542.9亿元，增长较快（见图2），增速低于全国平均水平3.7个百分点，居全国第22位，全国排名提升了5个位次。从商品形态看，商品零售额5004.5亿元，增长8.9%；餐饮收入额538.4亿元，增长 8.2%。从地域看，乡村消费潜能继续释放，乡村社会消费品零售总额 689.1 亿元，同比增长 11.4%，增速高于城镇 2.9 个百分点。从商品类别看，2021 年前三季度限额以上单位体育娱乐用品类、文化办公用品类、新能源汽车等升级类商品零售额分别增长 36.7%、11.2%和 1.6 倍；能源类商品增势强劲，限额以上单位煤炭及其制品类、石油及其制品类零售额分别增长 2.2 倍和 32.1%。

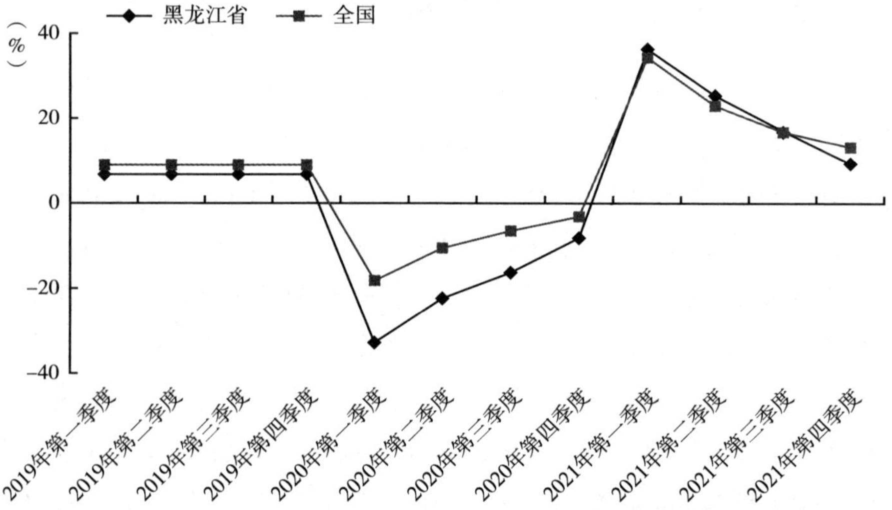

图 2　2019~2021 年全国及黑龙江省社会消费品零售总额各季度累计增速

资料来源：国家统计局网站和《黑龙江省统计月报》（2019~2021 年）。

（六）产业用电量快速增长

受经济恢复发展、上年用电量低基数等因素影响，全年服务业用电量 210.9 千瓦时，同比增长 14.9%，高于全社会用电量增速 7.6 个百分点，高于工业用电量增速 8.4 个百分点，低于农业用电量增速 3.9 个百分点。从行业看，服务业内部各行业用电量均有所增加，其中，住宿和餐饮业、批发和零售业用电量增速高速增长，分别为

28.2%、22.8%；公共管理和社会组织，信息传输、计算机服务和软件业，交通运输、仓储和邮政业用电量也保持较快增长，增速分别为18.2%、16.6%、10.3%；金融业用电量同比增长7.6%；房地产业用电量同比增长4.0%；租赁和商务服务业用电量同比增长0.5%。

二 2021年黑龙江省服务业运行中的主要问题

（一）服务业下行压力加大

尽管2021年全省服务业总体呈现稳步恢复的发展态势，但也应看到，服务业增速与同期服务业总量基数偏低密切相关。产业增速逐季收窄回落，从第一季度的11.5%，逐季下降至10.3%、8.1%和6.3%；服务业增加值在三次产业中的比重也同比降低8.7个百分点。疫情及其他各种外部冲击，对消费链产生较大的影响，终端消费型服务业，特别是餐饮、住宿、旅游等聚集类服务业难以全面恢复。同时，受原材料价格上涨、市场主体经营困难、新增动能不足等因素影响，服务业发展仍然面临较大的下行压力。

（二）服务业劳动生产率偏低

劳动生产率是反映就业人员创造社会财富能力的重要指标。受从业人员素质、技能水平和科技、装备、管理水平影响，黑龙江省服务业劳动生产率一直偏低。2020年，黑龙江省服务业劳动生产率为9.75万元/人，低于全国平均水平（10.58万元/人），仅相当于第二产业劳动生产率（14.51万元/人）的67.2%。从东北三省来看，黑龙江省服务业劳动生产率最低，仅相当于辽宁省（12.16万元/人）的80.2%，相当于吉林省（10.63万元/人）的91.7%。

（三）结构性不平衡问题突出

一是生产性服务业供需不匹配。尽管“十三五”以来，黑龙江省生产性服务业增加值占服务业的比重不断提高，但从细分行业来看，呈现明显的结构性失衡。金融业增加值占服务业的比重由2015年的11.1%提高到2021年的15.0%，但软件和信息技术服务业，租赁和商务服务业，科学研究、技术服务和地质勘查业等知识密集、附加值较高、对价值链高端具有控制作用的行业发展速度和贡献率明显偏低。[①] 生产性服务业区域集聚性不强，与现代农业、先进制造业融合程度不够，数字经济对产业引领作用不强，服务供给不能有效满足服务需求，供需不匹配问题突出。二是生活性服务业发展质量不高。随着城乡居民收入水平的持续提升，居民对高品质生活和多样化服务的需求日益增加。从供给结构看，黑龙江省生活性服务业多集中在居民吃、住、行等“刚需”行业，而高端生活性服务业规模较小、供给不足，规范化、标准化、品牌化程度低，特别是个性化、特色化、定制化的服务供给严重不足，生活性服务便利化、精细化程度也有待提升，这些都在一定程度上影响了人民生活品质的提高，无法满足人民群众日益增长的美好生活需要。

（四）新兴服务业发育不足

总体来看，黑龙江省新兴服务业产业基础薄弱，规模偏小，业务也多处于中低端，缺乏市场竞争力，对经济的服务能力和拉动作用不强，与发达省份相比还有较大差距。以软件和信息技术服务业为例，2021年1~11月，全省规模以上软件和信息技术服务业企业仅有139

① 宣烨、杨青龙：《生产性服务业助推制造强国建设》，《中国社会科学报》2020年11月4日。

家，居全国第25位，分别比辽宁省、吉林省少1534家、281家；累计完成软件业务收入385804万元，居全国第27位，仅相当于辽宁省的2.12%、吉林省的8.47%，哈尔滨市的软件业务收入在15个副省级城市中排名倒数第一。2020年，黑龙江省规模以上企业营业收入占服务业增加值的比重仅为0.68%，远低于14.73%的全国平均水平，也分别比辽宁省、吉林省低了13.63、6.18个百分点。此外，软件和信息技术服务业的业务也大多处于中低端的基础行业，缺少高精尖信息技术服务供给。

（五）市场主体规模小且竞争力弱

黑龙江省服务业市场主体众多，但总体来看发展水平不高、规模偏小且竞争力偏弱。一是企业规模小。根据第四次全国经济普查结果，黑龙江省共有服务业产业活动单位26.9万个，个体经营户90.3万户，绝大多数企业规模偏小。2021年，黑龙江省服务业企业100强的最低入围门槛为营业收入6.78亿元，仅比2020年提高0.08亿元，仅相当于同期中国服务业企业500强入围门槛的11.24%；入围的100强企业中，有4家企业营业收入超过300亿元，有18家企业营业收入在100亿元和300亿元之间。二是企业竞争力弱。多数企业行业间业务内容相似度较高，在国内外市场上缺少知名度，创新性服务少，市场竞争力不强。2021年，全省只有2家企业入围中国服务业企业500强，且排名靠后，黑龙江倍丰农业生产资料集团有限公司排在第328位，比2020年下滑11位，黑龙江省农业投资集团有限公司排在第369位。

（六）人口减少和人才外流影响加剧

一方面，人口减少影响服务消费的增加。服务业既包括需要大量劳动力的劳动密集型行业，又包括需要专业人才支撑的知识技术密集型行业，人口密度、人口结构、劳动力流动与服务业发展密切相关。

根据第七次全国人口普查资料，黑龙江省人口3185万人，与2010年第六次全国人口普查（以下简称“六普”）相比，减少了646万人。人口老龄化加剧，0~14岁人口328.65万人，占比10.32%，比六普下降1.62个百分点；15~59岁人口2116.79万人，占比66.46%，比六普下降8.57个百分点；60岁及以上人口739.57万人，占比23.22%，比六普上升10.19个百分点；65岁及以上人口497.29万人，占比15.61%，比六普上升7.33个百分点。人口大量减少，降低了人口密度，在很大程度上限制了居民服务消费的增加；人口结构的老龄化，在某种程度上促进了消费结构变化，在城乡居民收入水平不高的前提下，会影响服务消费的增加。另一方面，人才外流制约服务业健康发展。人才是服务业创新发展中最积极、最活跃的因素。经济下行压力加大、服务业发展质量不高、人才待遇不优厚、引才用才机制不活等原因，导致一批服务业专业人才，特别是中高端技能型、创新型、经营管理型专业人才外流，这成为黑龙江省服务业高质量发展的主要障碍。

三　2022年黑龙江省服务业形势预测

2022年是“十四五”规划实施的关键之年。从国际看，疫情仍是影响世界经济的最大不确定性因素，地缘政治事件频发，单边主义、保护主义、孤立主义抬头，民粹主义大行其道，世界经济有望保持恢复性增长，但不确定性、不稳定性明显增强，服务业发展的外部环境更趋复杂严峻。从国内看，经济发展面临着需求收缩、供给冲击、预期转弱的压力，疫情对经济影响仍存在不确定性，中国经济能否完全实现正常化尚不确定，服务业发展面临的挑战也明显增多。但同时应看到，中国经济韧性强、潜力大、前景广阔，长期向好的基本面没有改变，宏观政策仍有较大空间，支撑服务业发展的有利因素和条件仍然不少。从省内看，黑龙江省振兴发展仍处于重要的战略机遇期，国家继续制定促进经济稳定、加快推进东北地区全面振兴、加大对粮食主产区支持力度、适度超前开展基础设施投资等政策措施，将有利于服务业发展，但也处于各种矛盾风险累积交织的凸显期，面临着“爬坡过坎”转型升级的诸多挑战，将不利于服务业发展。综合来看，2022 年黑龙江省服务业发展总体上将保持恢复性增长态势。

服务业增速将恢复至 5%左右。2021 年，国家相继发布了《中华人民共和国国民经济和社会发展第十四个五年规划和 2035 年远景目标纲要》《东北全面振兴“十四五”实施方案》《“十四五”冷链物流发展规划》《“十四五”数字经济发展规划》《“十四五”旅游业发展规划》《“十四五”现代流通体系建设规划》《“十四五”现代综合交通运输体系发展规划》《“十四五”大数据产业发展规划》《“十四五”软件和信息技术服务业发展规划》《“十四五”服务贸易发展规划》等文件，加强和完善宏观调控，加大政策支持力度。黑龙江省也制定出台了《商务发展“十四五”规划纲要》《内贸流通“十四五”发展规划》《电子商务“十四五”发展规划》《养老服务业“十四五”发展规划》《“十四五”公路水路交通运输发展规划》《“十四五”优化营商环境规划》《“十四五”综合交通运输体系发展规划》《“十四五”促进养老托育服务健康发展实施方案》《推动“数字龙江”建设加快数字经济高质量发展若干政策措施》《加快农村寄递物流体系建设若干措施》《金融开放招商若干政策措施（试行）》等规划及指导性文件。这些文件的落地、宏观政策的执行、相关项目的实施，将会不断优化营商环境，提振服务业企业信心，激活服务需求，有效促进服务业创新、融合、开放发展，加快服务业基础设施的完善、公共服务的快速发展、服务业的数字化。2022 年，黑龙江省服务业将继续保持恢复性增长，预计增速在 5%左右。

社会消费品零售总额增长 9%左右。随着扩大内需战略的深入实施，对中小微企业和个体工商户、受疫情影响严重服务业企业的减免房租、增值税加计抵减、优惠信贷等支持政策的延续，消费热点的继续培育，消费场景的逐步拓展，县乡消费的不断激发，将会有效释放内需潜力，促进居民消费加快恢复。预计 2022 年全省社会消费品零售总额增长 9%左右。

房地产业仍将在艰难中前行。房地产业景气状况仍不容乐观，信贷环境收紧，开发商融资渠道受限，空置房数量增多，购房者情绪疲软，购房者住房需求将更加合理、购房行为将更加理性，房地产业将继续处于调整期。预计 2022 年房地产开发投资完成额、商品房销售额仍将保持负增长。

旅游业将保持恢复性增长。新冠肺炎疫情冲击仍将持续，旅游业发展依然艰难，难以恢复到疫情前水平。跨境游还将受到一定限制，国内旅游特别是近距离周边游、户外游、乡村游，将成为推动旅游业复苏的重要力量。综合考虑宏观经济形势、疫情持续影响、旅游消费市场等因素，预计 2022 年旅游业仍将保持恢复性增长。

四　对策建议

2022 年是“十四五”规划实施的关键之年。在疫情防控常态化的大背景下，要着眼长远，统筹发展和安全，坚持稳字当头、稳中求进，多措并举，加快推进服务业稳定增长。

（一）大力推进服务业转型升级

把握国家重大战略、重大政策实施及开放合作机遇，积极融入新发展格局，以高质量的服务供给为引领，加快推动服务业朝平台化、数字化、融合化方向转型升级。一是推进平台化建设。依托服务行业龙头企业，打造生产性服务业发展平台，[①] 依托互联网、大数据、云计算等，打造生活性服务业发展平台，将服务供给与服务需求有机结合，提高服务资源配置效率，降低交易成本，提高研发、制造、服务等多环节的协同及集成发展能力。二是推进数字化转型。进一步推进数字技术在生产生活领域和公共治理领域中的应用与发展，推进服务贸易数字化，实施数字贸易优先发展战略；推进传统服务业数字化改造，不断提高传统服务业生产效率，降低交易成本；推进公共服务业数字化，强化基本公共服务领域的数字化改造，缩小城乡基本公共服务差距。三是推进融合化发展。顺应产业融合的趋势和规律，深化制造业与服务业融合，加快制造业服务化转型，培育服务业的“智造”元素，大力发展服务型制造；深化现代农业与服务业融合，引导农业向生产服务一体化转型，推动农业“接二连三”；深化服务业内部融合，推进消费升级和产业升级，支持服务业企业拓展经营领域，以技术创新、业态创新、商业模式创新为驱动力，重点推动“互联网+”“设计+”“旅游+”“养老+”“文化+”等跨界融合发展，提升服务业信息化、市场化、社会化发展水平。

（二）扩大内需，释放消费潜力

要把深化供给侧结构性改革同实施扩大内需战略有机结合，从供给侧、需求侧协同发力，统筹兼顾疫情防控和消费促进，推动消费扩容提质升级，充分释放消费潜力。一是加快构建城乡消费促进体系。全力支持哈尔滨建设国际消费中心城市，推进国际旅游、会展、美食、文化、音乐名城建设，优化商圈业态布局，提高消费资源集聚能

---

① 夏杰长：《迈向“十四五”的中国服务业：趋势预判、关键突破与政策思路》，《北京工商大学学报》（社会科学版）2020 年第 4 期。

力，增强消费引领功能。坚持下沉和上行相结合，因地制宜加快以县城为中心、乡镇为重点、行政村为基础的商业体系建设，加大县域商贸服务中心、农产品交易市场和仓储保鲜冷链物流等基础设施建设力度，补齐商业体系短板，促进流通节点有效衔接，改善消费环境。加大对县域商业从业者、市场主体的专业技能培训力度，引导支持商贸流通企业向数字化、连锁化转型；挖掘农村商业人才，鼓励开展农村新型商业带头人培育计划，提升县域就业创业服务水平；继续壮大新型农业经营主体，支持其开展专业化、社会化服务。二是提升传统消费能级。要坚持扩大内需，稳住消费回暖势头，继续推动绿色消费、循环消费，加大政府消费券支持力度，开展新能源汽车促销，扩大二手车消费；促进家电家具家装消费，开展绿色智能家电下乡和以旧换新，加快健全废旧家电回收处理体系；促进餐饮消费恢复，鼓励餐饮企业创新大众化服务模式。三是支持培育发展新型消费。顺应消费升级发展趋势，鼓励支持消费模式创新和业态升级，推动线上线下消费深度融合。加快平台经济发展，推动数字商贸、直播经济、在线教育、数字文旅、“互联网+医疗健康”和智能体育等发展，激活消费新需求。四是不断优化消费环境。加强5G网络、物联网、数据中心等新型消费基础设施布局和服务体系建设，培育建设多层级消费中心，建立健全数字化商品流通体系；制定完善促进新业态新模式带动新型消费的税收、金融、社保、就业等政策，强化消费信用体系建设。

（三）培育壮大市场主体

“市场主体是我国经济活动的主要参与者、就业机会的主要提供者、技术进步的主要推动者。”[①] 实现黑龙江省服务业高质量发展，

---

① 《激发市场主体活力弘扬企业家精神推动企业发挥更大作用实现更大发展》，“人民网”百家号，2020年7月22日，https：//baijiahao. baidu. com/s? id=1672863903327563132&wfr=spider&for=pc。

必须培育壮大服务业市场主体，激发其创新创业活力。一是关注企业成长，做大做强龙头骨干企业。龙头骨干企业是服务业高质量发展的关键支撑。聚焦龙头骨干企业培育，不断完善企业发展环境，分类别、按梯队培育壮大，增强企业核心竞争力。要充分发挥政府引导和帮扶作用，因企施策，积极支持限额以上批零住餐企业、规模以上服务业企业和上市企业建立现代企业制度，助力其做大做强。二是关注企业寿命，做优做精中小企业。中小企业是提高服务业发展韧性的重要基础。聚焦中小企业“出生多、存活少”的问题，强化政策措施精准性，深入实施民营企业梯度成长培育计划和中小企业成长工程，不断提升中小企业专业化、精细化、特色化及创新水平，着力打造一批在某一细分服务市场、细分服务行业、细分服务领域独树一帜、成长性好、竞争力强的“专精特新”企业，助力中小企业做优做精。三是关注主体活力，大力发展新个体经济。聚焦个体经济活力不足等问题，着力发挥线上销售、知识传播、经验分享等各种互联网平台对个体经济的赋能和效益倍增作用。积极培育新个体，支持微商、网络直播等多样化的自主就业、分时就业；大力发展微经济，激发各类主体的创新动力和创造活力，鼓励通过数字技术、“宅经济”、线上直播等方式兼职就业、实现创业，激发个体经济活力。

（四）促进服务业就业增长

疫情防控常态化下，要实现服务业就业增长，解决服务业结构性失业问题，必须加大改革创新力度。一是创新就业机制。鼓励服务业企业，特别是中小服务业企业探讨灵活就业方式和就业政策，如周薪制、综合工时制、非全日制、企业间人员共享，特别要发挥电子商务、线上服务、共享经济等对就业的吸纳作用。二是以乡村建设带动就业。积极引导农民投身乡村新产业、新业态、新模式的培育发展；加强农民职业技能、农民工转岗转业培训；通过加大农村公路、农田水利、人居环境治理、冷链物流等农村基础设施建设投资力度，优先吸纳本地农民工就业；加快推进乡村公共就业服务全程信息化，打造线上线下服务模式。

（五）强化人力资源支撑

推进服务业发展关键靠“人”，没有人，服务业高质量发展就无从谈起。要将人的振兴与创新创业相结合，突出发挥好省会城市、中心城市、重点县城在吸引和凝聚人力资源方面的“架梁立柱”和“辐射带动”作用，强化服务业发展的人力资源支撑。一是把稳定现有人口，特别是稳定年轻人口放在优先位置。要加大对稳定现有人口支持力度，全面落实各项人口政策和人才政策，建议国家设立“东北地区人口稳定奖励资金”，加大专项转移支付力度，重点用于稳住高素质人才、产业工人、农村剩余劳动力三类人群，加大对服务业相关专业高校毕业生的创新创业支持力度，推进农民工市民化进程。加强对现有服务业从业人员的培养培训，围绕生产性服务领域需求和民生服务领域需求，有重点地开展分级分类精细化培训，增强服务供需对接能力。二是加大人才特别是高层次人才的引进力度。要进一步优化发展环境，畅通人才集聚渠道，完善人才引进政策，设立人才引进专项基金，多维度、全方位聚力吸引服务业相关领域人才，支持以合作、兼职、承担项目等方式柔性引进紧缺人才和急需人才；将高级技师纳入高层次人才范畴；建立“人才储备库”。

B.5

2021~2022年黑龙江省居民消费价格指数分析与预测*

隋云鹏**

摘　要： 2021年是我国"十四五"规划的开局之年，尽管疫情对黑龙江省经济社会发展造成较大的冲击，但经济长期向好的基本面没有改变。2021年，受生产领域价格上涨、猪肉价格大幅回落等因素影响，全省居民消费价格指数（CPI）同比上涨1.3个百分点，整体物价水平处于合理区间，实现了对全省物价的调控目标。预计2022年，黑龙江省CPI涨幅较2021年有所上升，全年CPI涨幅在2.5%左右。

关键词： 居民消费价格指数　物价水平　黑龙江省

居民消费价格指数（CPI）是我国城乡居民购买的生活消费品和服务项目价格水平变动情况的相对指标，也是国民经济核算统计的重要指标之一。因此，准确及时地观测CPI的变化并预测其走势是黑龙江省政府各部门全面掌控黑龙江省宏观经济运行态势、进行宏观调控的重要依据，对保障人民生活稳定和谐、推动经济健康发展有着重要的意义。

---

* 本报告数据来源：国家统计局及各省份统计局。

** 隋云鹏，黑龙江省社会科学院经济研究所助理研究员，研究方向为产业经济、区域经济。

一　2021年黑龙江省居民消费价格指数运行情况

2021 年，黑龙江省 CPI 环比涨幅-0.2%，同比涨幅 1.3%，低于全国均值 0.2 个百分点，低于黑龙江省年初预期目标 1.7 个百分点，在全国 31 个省（区、市）CPI 涨幅由高至低排序中排第 18 位，在东北三省中与辽宁省涨幅相同，并列第 18 位，吉林省 CPI 涨幅低于黑龙江省 0.1 个百分点，在全国排第 19 位。全年黑龙江省 CPI 涨幅相对平稳，CPI 保持低位运行。

（一）2021年黑龙江省居民消费价格指数保持低位运行

2021 年，黑龙江省 CPI 走势与全国 CPI 走势基本相同，从与全国 CPI 均值的对比来看，2021 年全年黑龙江省 CPI 只有 7 月、8 月、11 月涨幅高于全国均值 0.1 个百分点，剩余 9 个月涨幅分别低于全国均值 0.1、0.5、0.7、0.6、0.3、0.5、0.4、0.3、0.2 个百分点。由此可见，黑龙江省 2021 年 CPI 涨幅总体低于全国均值（见图 1）。

从涨幅来看，受猪肉价格暴跌影响，全年黑龙江省 CPI 保持低位运行，1~3 月黑龙江省 CPI 分别下降了 0.4、0.7、0.3 个百分点，4~12 月，黑龙江省 CPI 仅 11 月涨幅超过 2%。这表明：一方面，黑龙江省 CPI 波动较小，全年物价水平保持稳定；另一方面，CPI 过低的涨幅反映了黑龙江省经济发展速度相对缓慢，消费市场相对低迷，居民消费欲望与消费能力都有待提升。

（二）分类指数五升三降，交通和通信类价格与居住类价格变动幅度较大

2021 年 CPI 以 2020 年为基期，CPI 分类仍包含食品烟酒、衣着、

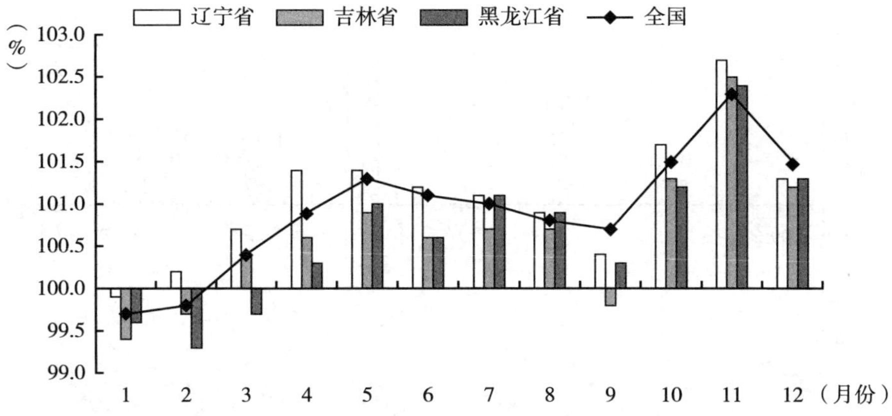

图1　2021 年全国及东北三省 CPI 走势

居住、生活用品及服务、交通和通信、教育文化和娱乐、医疗保健、其他用品和服务 8 个大类，基本分类增加至 268 个。通过观察分析 CPI 分类指数可以直观地了解其对 CPI 影响的大小。

2021 年，黑龙江省 CPI 同比上涨 1.3%，分类指数“五升三降”，从各分类指数来看，受国际原油等大宗商品价格上涨影响，我国油价在 25 次调整中，呈现“十五涨六跌四搁浅”的格局。油价的上涨使得交通和通信类价格涨幅最大，达到 5.2%，影响 CPI 上涨大约 0.73 个百分点，是推动 CPI 上涨的主要因素；其他分类中，居住类价格上涨 2.4%，推动 CPI 上涨约 0.47 个百分点；教育文化和娱乐类上涨 1.3%，推动 CPI 上涨约 0.12 个百分点；衣着类上涨 0.7%，推动 CPI 上涨约 0.06 个百分点；医疗保健类上涨 0.8%，推动 CPI 上涨约 0.06 个百分点。拉低 CPI 上涨的分类因素中，受猪肉价格大幅下跌影响，食品烟酒类价格降低 0.4%，拉动 CPI 下行约 0.12 个百分点，是抑制 CPI 上涨的主要因素；其他用品和服务类价格下跌 0.2%，拉动 CPI 下行约 0.01 个百分点；生活用品及服务类价格下跌 0.1%，拉动 CPI 下行约 0.01 个百分点（见图 2）。

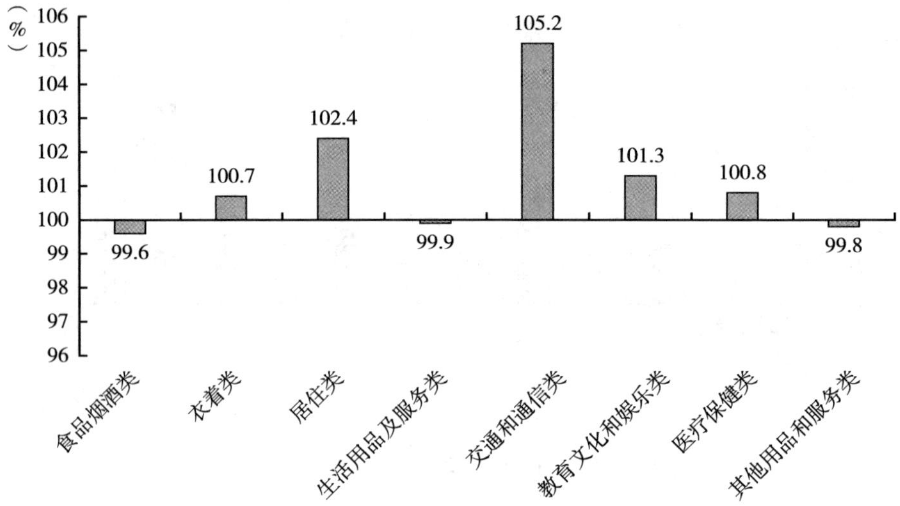

图 2　2021 年黑龙江省 CPI 分类指数

（三）工业生产者出厂价格指数（PPI）与居民消费价格指数增速之间的“剪刀差”扩大

2021 年以来，受大宗商品原材料价格上涨影响，生产端的 PPI 一路走高，而消费端的 CPI 走势低迷，这说明生产端制造成本的大幅上涨并未完全传导至消费端，导致 PPI 与 CPI 增速之间的“剪刀差”扩大。

2021 年，黑龙江省 PPI 同比涨幅整体呈冲高回落走势（见图 3），全年黑龙江省工业生产者购进价格指数（PPIRM）由 1 月的下降 0.2%转为上涨 13.7%，PPI 由 1 月的下降 5.5%转为上涨 14.7%。与之相比，CPI 涨幅较低，由 1 月的下降 0.4%转为上涨 1.3%。PPI 与 CPI 增速之间的“剪刀差”由 1 月的 5.1 个百分点扩大至 12 月的 13.4 个百分点。二者差距拉大的主要因素有两个：一是 2021 年猪肉价格的大幅下跌拉低了 CPI 的涨幅；二是在价格传导过程中，中下游的制造业企业为了生存，承受了部分涨价压力。

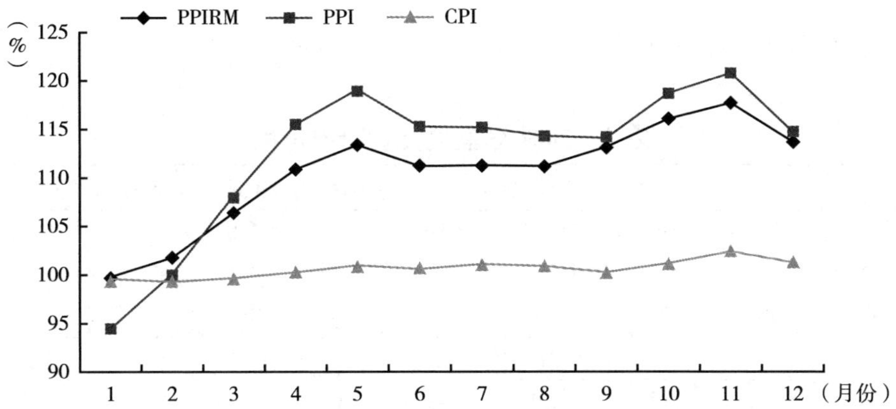

图3　2021年黑龙江省PPI、PPIRM与CPI走势

二　影响黑龙江省居民消费价格指数走势的因素分析

（一）猪肉价格波动影响CPI涨幅

食品烟酒类价格在CPI分类指数构成中的权重在30%左右，是影响CPI走势的重要因素。相关研究显示，在我国居民主要食品消费结构中，粮食占比35.86%，瓜果占比14.68%，禽类占比2.54%，蔬菜占比27.09%，蛋类占比2.73%，肉类占比7.36%，其中猪肉的消耗量占肉食消耗总量的60%以上，由此可见，猪肉的价格变动对CPI的影响远大于其他食品。

2021年，黑龙江省猪肉产能逐步恢复，猪肉价格从年初开始逐步下行，如表1所示，黑龙江省生猪（外三元）价格由年初的35.67元/公斤跌至12月的16.72元/公斤。全年12个月中除1月同比上涨11%外，其余月份均处于下跌状态，并且下跌幅度整体呈增大态势，由2月的9%逐步增大至10月（全年最高点）的68%，11月、12月猪肉价格同比有所回升，分别下降44%和43%。

表1　2021年黑龙江省猪肉价格

	1月	2月	3月	4月	5月	6月
生猪(外三元)(元/公斤)	35.67	30.06	27.85	22.05	20.38	15.72
猪肉价格同比(%)	111	91	86	68	67	58
影响CPI波动(个百分点)	0.23	-0.20	-0.31	-0.70	-0.72	-0.92
	7月	8月	9月	10月	11月	12月
生猪(外三元)(元/公斤)	15.71	14.49	13.05	9.96	15.37	16.72
猪肉价格同比(%)	45	41	38	32	56	57
影响CPI波动(个百分点)	-1.21	-1.30	-1.37	-1.50	-0.98	-0.94

我国是世界上最大的猪肉消费国，人均年消费猪肉在20公斤以上。2021年1月猪肉价格同比上涨11%，直接推动黑龙江省CPI上涨0.23个百分点，10月猪肉价格同比下降68%，拉动CPI下降1.50个百分点，可见猪肉作为重要的民生商品之一，其价格波动不仅影响居民生活质量，也对其他商品价格具有传导效应，进而影响CPI的走势。因此，应合理地规划猪肉产能、调控猪肉价格，不使猪肉价格陷入“价高伤民，价低伤农”的困境中。这对提高政府宏观调控效率具有重要的现实意义。

（二）收入、消费相对疲软导致CPI持续低迷

CPI走势不仅取决于食品等价格的波动，还取决于城乡居民的收入和支付能力。2020年以来，黑龙江省在疫情的冲击下，尽力做好“六稳”“六保”工作，保证了全省经济的稳定发展，居民人均可支配收入有了一定的增长，但与全国均值相比还有很大差距，2021年黑龙江省人均可支配收入27159元，低于全国均值7969元（见图

4）。较低的人均可支配收入既影响黑龙江省的消费与 CPI 的稳定，又在一定程度上造成了黑龙江省人才外流，影响今后的发展。

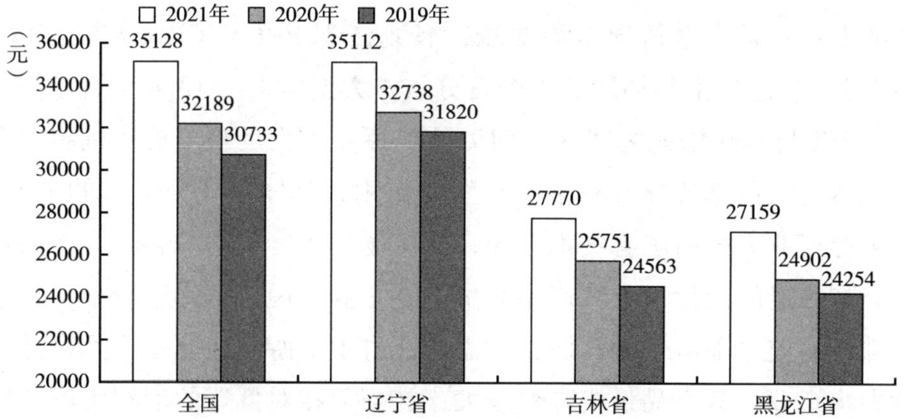

图 4　2019~2021 年全国及东北三省人均可支配收入

2019~2021 年，东北地区整体人均可支配收入全部低于全国均值，并且黑龙江省一直处于东北地区最后一名。据国家统计局数据，2021 年东北三省人均可支配收入在全国的排名依次为辽宁省第 9 位、吉林省第 21 位、黑龙江省第 23 位，按绝对值计算，2021 年黑龙江省人均可支配收入比辽宁省和吉林省分别低了 7953 元和 611 元。较低的人均可支配收入必定限制消费端的消费欲望，直接导致 CPI 持续低迷。同时，疫情不仅限制了居民的消费能力，也改变了人们的消费理念，面对意外事件，人们增强了预防性储蓄的意愿，这必然会削弱当期消费意愿，弱化消费对价格上涨的作用。

（三）PPI、CPI 增速之间的“剪刀差”扩大将压缩中下游企业的利润空间

根据价格传导规律，在理想的市场经济条件下，生产领域价格的变动应该按照上游原材料价格上涨推动中游加工产品成本上涨，进而

推动下游消费品价格上涨，最终推动居民消费价格上涨这样的产业链传导至消费端，但是根据 2021 年的数据，黑龙江省 PPI 全年累计上涨 12.3%，而 CPI 全年累计仅上涨 0.6%，可见黑龙江省生产领域价格的上涨并未完全传导至消费端，黑龙江省 PPI 与 CPI 增速之间的“剪刀差”已经由年初的 5.1 个百分点扩大至年末的 13.4 个百分点。

PPI 与 CPI 增速之间的“剪刀差”逐步扩大反映出价格机制没有在成本的产业链传导过程中充分发挥作用，具体表现为上游的采矿、加工等行业大多由国有资本主导，受市场化程度不同的影响，相关企业具有一定的定价权，其产品对中下游企业来说价格弹性较小，成本上涨较易向中下游传导，而目前黑龙江省中下游制造业企业大多是民营中小企业，其产品价格弹性较大，在当前相对低迷的消费市场环境中很难将成本的上升通过产品提价的方式转嫁到消费端，因此不得不压缩自身企业的利润空间。

三　2022年黑龙江省居民消费价格指数走势预测

回顾 2021 年，食品烟酒类方面，疫情叠加“猪周期”下行抑制了 CPI 的上涨，黑龙江省猪肉价格全年下行，抑制 CPI 食品烟酒类价格上行。非食品烟酒类方面，PPI 对 CPI 的传导链条不畅，在终端需求疲软的背景下，中下游企业涨价能力受限，使得 PPI 对 CPI 的传导集中表现在原油价格上涨推动燃油价格上涨的链条上，推动交通和通信类价格上行。全年疫情反复发生，降低黑龙江省居民收入和居民消费欲望，抑制了 CPI 服务类价格的上涨。

2022 年，预计黑龙江省 CPI 温和上涨，走势前低后高，全年 CPI 同比涨幅在 2.5%左右。

首先，猪肉价格方面，在猪肉生产周期中，生猪出栏量是猪肉价格的同步指标，能繁母猪存栏量是猪肉价格的领先指标。生猪出栏量决定了猪肉的产量，因此生猪出栏量和猪肉价格走势相反。2021 年第二季度能繁母猪存栏量同比出现拐点，生猪养殖利润从 6 月开始亏损，结合能繁母猪存栏量变化通常领先生猪出栏量 10 个月的历史规律，预测猪肉价格的上行拐点大概率出现在 2022 年第二季度。猪肉价格的变动将在一定程度上影响 CPI 涨幅。

其次，原油价格方面，预计 2022 年全球原油需求量将恢复至疫情前水平。在供给端，11 月 4 日 OPEC+拒绝美国的增产要求，并维持原先增加 40 万桶/日产量计划不变，这意味着未来一段时间的原油供应将维持相对紧缺状态。预计 2022 年原油价格维持高位，伴随 OPEC+继续释放产能，价格将呈逐季走低的态势。原油价格的变化将部分对冲 2022 年下半年猪价对 CPI 的拉动。

最后，PPI 上涨将推动 CPI 上涨，2021 年大宗商品价格的上涨加大了中下游企业的成本压力，在消费相对低迷的市场环境中，中下游企业陷入吃不消、扛不住的困境，无论是在成本上升压力下提价，向终端消费者转嫁成本还是无法提价减产退市，都将导致市场供给的减少，最终推动 CPI 上涨。

综上所述，展望 2022 年，在猪肉价格、原油价格、PPI 传导等众多因素影响下，预计黑龙江省 CPI 全年保持温和上涨态势，全年同比涨幅在 2.5%左右。

四　抑制居民消费价格指数过度波动的建议

（一）保障猪肉生产，维持肉价稳定

第一，提高生猪养殖规模化程度。与散养模式相比，规模化养殖

具有资金、人才、技术和品牌等多方面优势，对于灾害、疫病和市场异常波动的抵御能力也较高，同时规模化养殖单位成本低、生产效率高、利润空间大，有利于维护猪肉市场价格的稳定，因此提高生猪养殖的规模化程度是稳定肉价的重要一环。

第二，健全疫病防治体系。疫病防治是困扰我国养殖业健康发展的重要难题，疫病直接影响生猪的供应，引起肉类价格的涨跌。因此健全疫病防治体系对于保障物价稳定具有重要作用。建议政府加强养殖人员、防疫人员的技术培训，提升其养殖和治疗水平，借助传感器、物联网、大数据平台等，加强养殖过程中的信息公开、疫情监测等工作，完善生猪疾病监测体系。加大对大型养殖企业建设洗消中心、生物安全隔离带的支持力度。增强生猪免疫力，健全猪肉产品安全保障体系，促进黑龙江省猪肉产业良性发展。

第三，加强市场监管。联合相关企业健全全省生猪智慧管理大数据中心，整合全省智慧监测平台，建立生猪全产业链动态智能监管和综合服务平台，对生猪的生产、加工、流通、安全追溯等全过程进行监管，针对养殖企业或个人在生产过程中遇到的问题提供分析报告，为政府决策提供科学依据。

（二）加大中小企业扶持力度，缓解成本压力

第一，加大政策扶持力度，营造宽松环境。建议政府机关积极为中小企业营造良好的政策环境，保护中小企业合法利益，同时加大在金融、税收、补贴、培训等方面的扶持力度，提供监督、指导、制定发展规划等服务。多举措改善企业的经营生态环境，针对大宗商品价格波动较大问题，对中小企业进行针对性指导，帮助企业合理使用金融工具，降低价格波动风险，缓解大宗商品价格上涨带来的成本压力。

第二，中小企业应“勤练内功”，提升创新能力。在网络时代，

中小企业应该积极借助互联网平台和技术，认清自身优势、劣势。整合优势资源，加强同龙头企业、平台企业、数字服务商、行业协会、高校、科研院所等的联系，完成自身的数字化、智能化转型，调整企业结构，提升企业创新能力。让企业通过技术升级、产品创新等手段抵消成本上涨影响。

（三）多渠道增加居民收入，提振消费市场

当前，受疫情冲击影响，黑龙江省消费市场持续低迷，提振黑龙江省消费，最根本的方法就是增加居民收入。建议政府部门加强职业教育和职业技能培训，提高就业人员技能水平；加大工资支付执法检查力度，保障职工劳动报酬；推动创业就业，培育各类市场主体，激发市场活力；优化产业结构，推动产业升级，加快实施“互联网+”战略，构建增收新支点；加强社会保障和补助体系建设，提高城乡居民最低生活保障水平。

B.6

黑龙江省房地产业发展现状研究

程 遥　李泽宇*

摘　要： 随着国内疫情好转，复工复产工作稳步推进，经济全面复苏增长，房地产业已经步入恢复运转期。本报告通过对2021年1~8月黑龙江省房地产业发展运行基本数据及国家、地方经济产业宏观调控政策的深入分析，指出了黑龙江省房地产市场运行的基本特征、存在的主要问题，并对2022年及未来一段时期黑龙江省房地产业的发展趋势进行了客观预测，提出了促进黑龙江省房地产业良性循环、高质量发展的前瞻性、针对性、可行性强的对策建议。

关键词： 房地产业　城镇化　黑龙江省

一　2021年黑龙江省房地产业运行基本情况

2021年，黑龙江省坚定贯彻落实习近平总书记关于新发展理念等的指示精神，在科学有效地防控新冠肺炎疫情的同时，“以人民为中心”积极发展经济，维护社会和谐稳定，促进各行各业稳步发展，房地产业也呈现稳步复苏的态势，主要运行特征如下。

---

* 程遥，黑龙江省社会科学院经济研究所研究员，研究方向为房地产；李泽宇，黑龙江省社会科学院研究生院硕士研究生，研究方向为产业经济。

（一）房地产开发投资额略有下降，外商及港澳台投资急剧下滑

《黑龙江省统计月报》数据显示，2021 年 1~8 月房地产开发投资额为 543.7 亿元，同比增长-0.3%。其中住宅开发投资额为 409.1 亿元，同比增长 4.1%。房地产开发投资额中国有及国有控股投资为 114.9 亿元，同比增长 9.5%；民间投资为 415.9 亿元，同比增长 0.9%；外商及港澳台投资为 12.9 亿元，同比增长-54.4%。房地产到位资金为 644.9 亿元，同比增长-4.9%（见表 1）。房地产开发投资额虽小幅度下降，但主要是靠国有及国有控股投资拉动，表明民间私有资产投资者对黑龙江省房地产业发展前景持不乐观态度，大多处于观望状态。而国有资产对于房地产业恢复做出的努力仅仅弥补了外商及港澳台投资急剧下滑的不足，外商及港澳台投资的急剧下滑可能是由于国外疫情形势尚未稳定，更多投资者选择减少对房地产业这样回报周期长的行业的投资。房地产到位资金下降，表明疫情对房地产业资金流供给的影响没有完全消除。

表 1　2021 年 1~8 月黑龙江省房地产开发投资额、房地产到位资金及其同比增长情况

单位：亿元，%

项目	金额	同比增长
房地产开发投资额	543.7	-0.3
住宅开发投资额（投向）	409.1	4.1
国有及国有控股投资（来源）	114.9	9.5
民间投资（来源）	415.9	0.9
外商及港澳台投资（来源）	12.9	-54.4
房地产到位资金	644.9	-4.9

资料来源：《黑龙江省统计月报》（2021 年 1~8 月），经笔者整理得出。

（二）房屋新开工面积大幅减少，竣工面积大幅增长

统计数据显示，2021 年 1~8 月，黑龙江省房地产业房屋施工面积为 10136.84 万平方米，同比增长-2.9%，其中，新开工面积为 1143.94 万平方米，同比增长-16.5%。房屋竣工面积为 426.82 万平方米，同比增长 36.5%（见表 2）。新开工面积大幅减少，表明疫情对公众预期的冲击可能尚未完全修复，在一定程度上同步影响了房地产开发投资和住房消费规模。房屋施工面积的小幅减少，原因可能是部分中小开发商的资金短缺导致局部范围内的停工停产。房屋竣工面积的大幅增长，表明疫情防控工作取得成效，房地产企业已经基本全面复工复产，房地产建设步入正常轨道，房地产企业主要对前几年开发的产品进行完善。

表 2　2021 年 1~8 月黑龙江省房地产业房屋施工面积（含新开工面积）、房屋竣工面积及其同比增长情况

单位：万平方米，%

项目	面积	同比增长
房屋施工面积	10136.84	-2.9
新开工面积	1143.94	-16.5
房屋竣工面积	426.82	36.5

资料来源：《黑龙江省统计月报》（2021 年 1~8 月），经笔者整理得出。

（三）商品房销售面积有所回升，销售额小幅下降

统计数据显示，2021 年 1~8 月黑龙江省商品房销售面积为 729.3 万平方米，同比增长 9.4%，其中，现房销售面积为 215.8 万平方米，同比增长 25.6%。商品房销售额为 493.3 亿元，同比增长 -3.9%。房地产景气指数为 89.0，同比增长 0.7%（见表 3）。可见，随着疫情影响逐步减弱，黑龙江省内已经全面复工复产，人们的基本

生活需要得到满足。人口流动不仅催生出大量的住房需求，也扩大了企业和个体经营商户对商业用房的需求，商品房销售面积有所回升。但是从总量上看，相较于2019年而言，商品房销售面积依旧下降了15.8%，表明受疫情影响，黑龙江省经济发展不显著，居民收入紧缩，人们的住房消费能力不足，对房地产商品有效需求不足，前景预期也不乐观。商品房销售面积回升，而销售额却小幅下降，原因可能有二：其一，局部中小城市房价的下降拉低了黑龙江省商品房的整体均价；其二，部分城市开发新区和低房价保障房，在一定程度上增加了低价住房的销售量。房地产景气指数的微幅上升也印证了疫情已经不是阻碍黑龙江省房地产业发展的最主要原因。总体而言，疫情对于经济的影响已经逐步减弱，但无论是黑龙江省经济的整体运行，还是房地产业的高质量发展，都隐含着诸多问题。

表3　2021年1~8月黑龙江省商品房销售面积、销售额及房地产景气指数情况

项目	数额	同比增长(%)
商品房销售面积(万平方米)	729.3	9.4
现房销售面积(万平方米)	215.8	25.6
商品房销售额(亿元)	493.3	-3.9
房地产景气指数	89.0	0.7

资料来源：《黑龙江省统计月报》（2021年1~8月），经笔者整理得出。

二　黑龙江省房地产业存在的主要问题

经过对黑龙江省房地产业发展运行基本数据的分析及实践调研，笔者深刻认识到，当前影响黑龙江省房地产业良性循环、高质量发展的主要问题如下。

（一）全省购房需求不足

据统计，2021 年 1~8 月黑龙江省商品房销售面积为 729.3 万平方米，相比上年的疫情严重时期，仅增长了 9.4%。虽然疫情影响尚未完全结束，存在局部地区小规模发生的可能，但人们的基本生产活动和日常生活都已经恢复正常。据此推断，居民购房意愿下降并非由单一的疫情因素引起，可能隐含着东北地区经济发展缓慢、人口流失等更多深层次问题。2020 年，黑龙江省常住人口为 3185 万人，相比 2019 年减少 70 万人，从近几年的数据来看，黑龙江省几乎每年都有将近 70 万的人口净流出。省际流动人口大多为适龄劳动力，附带更多的整体购房需求，加剧了房地产需求的下滑。同时，黑龙江省“候鸟式”的养老生活方式也将很大一部分住房消费带到南方省份。经济发展迟缓与人口流失之间可能形成一个闭合的因果循环链条。从人口结构层面来讲，人口流失可能加剧地区人口老龄化，从而导致住房消费需求和房地产投资不足，缺乏支撑区域房地产业高质量发展的动力源泉。

（二）区域发展失衡严重

黑龙江省房地产业发展存在较大程度的失衡问题。2020 年，各城市平均房价差距较大，其中，鹤岗平均房价约为 2000 元/米^2，哈尔滨平均房价约为 10000 元/米^2。在黑龙江省行政区中，不同级别的行政区商品房价格也相差很大，最低房价为 500 元/米^2，最高房价为 15000 元/米^2。哈尔滨占据了黑龙江省内绝大部分的房地产开发指标。2019 年，黑龙江省房地产开发投资完成额为 958.0 亿元，哈尔滨为 620.4 亿元，占黑龙江省的 64.8%。哈尔滨的房屋施工面积和新开工面积占比分别为 48.2%和 57.2%。总体而言，黑龙江省内房地产开发指标和平均房价存在较明显的空间分异特征，房地产业存在区域发展失衡严重问题，除哈尔滨以外，其他地级市的房地产开发均集中在经济发达的个别区块。

（三）开发商资金短缺、信心不足

据调研，黑龙江省房地产业经营周期长，利润回报慢，对长期资金链的稳定更加依赖。连续的疫情冲击对整个房地产业影响严重，不少小型房地产开发商因资金链不畅而濒临破产。从数据上来看，2021年1~8月黑龙江省房屋竣工面积为426.82万平方米，虽然同步增长36.5%，但上年由于疫情影响有小半年的停工期，这个数据仅与2019年持平。这说明疫情对于开发商的资金回笼产生冲击，导致部分开发商因资金跟不上而放缓施工。而新开工面积相比2020年减少，说明经济发展速度的放缓使得投资者信心大减，房地产开发投资额或将进一步缩减。

（四）房地产业与新型城镇化发展不匹配

黑龙江省房地产业的开发不仅存在发展放缓与发展不平衡的问题，还存在一些盲目发展、与新型城镇化不协调的情况。房地产业的发展要与新型城镇化的需要相匹配，才能相辅相成、相互促进。反之，就会相互制约，效率大打折扣。黑龙江省新型城镇化起步早，但近几年由于经济发展缓慢，新型城镇化进度落后于全国其他地区，具体原因如下。其一是资源型城市转型问题，在进行城市产业转型的同时，以资源型城市发展思路为指导的城市规划也应做出相应调整，产业发展与城市房地产业规划应相适应、相协调。其二是农业发展与城市经济发展问题，城市要想进一步扩大规模，就要减少农业从业者数量，让更多的农村人口进城务工、定居城市。而现今城市房价较高，加之就业艰难，阻碍了农村人口向城市的转移，不利于新型城镇化的推进。

（五）农村住房环境有待进一步改善

据调研，在经过多年扶贫攻坚的努力后，黑龙江省在住房保障方面成果卓越。农村贫困户危房改造效果显著，城市棚户区改造、老旧小区改造也已基本完成，但还存在一些问题亟待解决。其一是空心村问题，农业收益率低、农村人口不断外流，导致出现不少空心村。空心村的特点是居民少、居住分散、老龄化严重。虽然住房问题可以得到保障，但基础设施缺乏、交通不便、信息闭塞都会影响当地居民的生活。其二是保障问题，保障实施范围有限，危房改造政策认定的改造对象是拥有危房的贫困农户，而无房贫困农户无法得到政策扶持，无法解决其最基本的安全住房问题，也无法享受宅基地权益保障。其三是资金问题，黑龙江省近些年经济发展速度持续放缓，政府财政吃紧导致保障性住房建设资金压力大，尽管危房改造任务基本完成，但质量不高、配套设施不足，仅能满足最基本的住房需求。

三　2022年黑龙江省房地产业发展形势预测

当前，新冠肺炎疫情还在持续蔓延，其彻底得到控制的时间很难确定，严重影响各国经济发展和社会稳定。中国虽然在疫情控制方面成效显著，但也受到其他国家疫情的影响，经济发展面临很大的不确定性。房地产业发展是与宏观经济发展和社会稳定紧密相关的，为此本报告对黑龙江省房地产业发展趋势有如下判断。

（一）房地产开发整体上呈缓慢收缩趋势

伴随新冠肺炎疫情趋稳可控，居民的生产和生活逐渐恢复正常，全面复工复产可能推动房地产业的短期需求扩张。2021 年，受制于疫情防控期间的人口流动要求，以及婚宴等大型集会活动的全面禁止，房地产消费被明显抑制。因此，伴随经济恢复工作的不断推进，房地产需求可能会出现短期反弹。然而，就黑龙江省的实际省情而言，在区域协调和城乡融合的区域高质量发展背景下，黑龙江省属于典型的要素流出地区，不宜过度依赖于房地产的投资和开发。无论从住房消费需求衰减层面来讲，还是从政府转变发展方式和风险控制层面来讲，2022 年及以后一段时期，黑龙江省房地产开发预计将以“稳”为主，增量会有一定程度的收缩，政府对房地产业的发展规划将与新型城镇化进程和要素的流动趋势相适应。

（二）房地产区域发展差距将进一步拉大

对房地产业发展影响最大、最长期的是宏观经济的景气情况。在疫情对房地产业的短期冲击逐步消退后，影响房地产业发展的根源性、长期性问题就会暴露得更加明显。由于黑龙江省省域面积辽阔，各地区经济发展不平衡，边远城市、资源型城市经济落后，短时期内很难赶超发展，人口、人才将持续流失，发展不平衡的进一步加剧必将拉大各地区房地产业的发展差距。对于哈尔滨、大庆等省会、中心城市而言，由于经济发展良好，其将不断吸纳经济欠发达、边远城市的人口及随着新型城镇化推进从农村溢出的剩余劳动力，房地产业将会随之持续发展。而部分较为偏远的中小县城由于人口流失得不到抑制，房地产业难以恢复发展。对于一些典型的资源枯竭的资源型城市而言，能否成功转型是当地房地产业能否回暖的关键。可见，黑龙江省房地产业区域发展不平衡问题将进一步凸显。

（三）城市更新改造与保障性住房建设将深入推进

2021 年 7 月，黑龙江省人民政府办公厅为了贯彻落实《国务院办公厅关于全面推进城镇老旧小区改造工作的指导意见》精神，拟定了《黑龙江省人民政府办公厅关于全面推进城镇老旧小区改造工作的实施意见》。这次改造工作覆盖更加全面且与时俱进，把老旧小区改造任务划分为基础类、完善类、提升类，并在提升类中融入智能感知、5G 设施、便利店、邮政快递末端综合服务站等建设项目，全面提升居民的生活水平。《黑龙江省人民政府办公厅关于进一步做好困难群众基本生活保障有关工作的通知》针对困难群众的生活改善问题提出了解决方案，尤其在困难群众的住房问题方面，省委、省政府出台了多方面的解决措施，压实责任，全面保障困难群众的住房问题得到解决。2022 年的中央经济工作会议文件再次强调了城市更新改造和保障性住房建设的重要性并规定了具体数量和任务。在房地产业发展中坚持“以人民为中心”“房住不炒”总方针，加快完全实现“居者有其屋”总目标，黑龙江省必须深入推进城市更新改造和保障性住房建设。

（四）新城区开发与交通基础设施建设将缓解中心城区房价压力

交通基础设施建设完善可大幅降低黑龙江省内的通勤成本，促进中心城区和外围地区之间的协调与融合。据统计数据，2021 年 1~8 月，黑龙江省商品房销售面积同比增长了 9.4%，而商品房销售额却下降了 3.9%。究其原因，可能在于新城区开发和交通基础设施建设调动了人们在新城区购房的积极性，分散了中心城区的购房需求。例如，哈尔滨松北新区建设和跨江地铁 2 号线通车，极大地方便了江南、江北住户工作通勤，江北地旷人稀、空气新鲜，也适于刚退休的老人们生活，国家级哈尔滨松北新区开发建设为松北新区的房地产业灌注活力，这些都刺激了人们对江北区域的住房需求，并且将适度降缓江南中心城区不断上升的房价。如果将空间尺度放射到更远距离的城际联动中，绥化与哈尔滨之间高速铁路的建成缩短了人们来往的交通时间，绥化高铁站附近的房价或将小幅上涨。因此，交通基础设施建设完善或将成为2022年黑龙江省各地区房地产业协调发展的“催化剂”。

四 对策建议

疫情防控常态化时期，世界经济增长乏力，中国经济虽然表现出很强的抗逆力，2021年GDP也实现了同比增长8.2%，但是只要国外疫情不彻底消除，中国总会受到不同程度的影响。阻碍经济发展的不确定性因素很多，因此黑龙江省房地产业必须依据国内外宏观经济发展大势，遵循“稳中求进”总方针，采取相应策略，精准施策，促进房地产业良性循环、平稳健康发展，以保障民生、助推黑龙江经济社会高质量发展。

（一）因地制宜，推动各市（地）房地产业差异化发展

经济发展不平衡是房地产业发展不平衡的直接原因，部分传统资源型城市形成了经济发展的路径依赖，经济转型较为困难。如在鹤岗、七台河和大兴安岭，房价均出现了较大幅度的下跌。随着自然资源的枯竭，市（地）发展转型缓慢，经济发展速度严重放缓，人口大量流失导致购房需求严重不足。因此，破解困局的关键在于如何因地制宜找寻经济增长方式转变的可行路径。经济转型并非短时期内可以迅速解决的问题，也并非纯粹的经济学问题。现阶段，就房地产业而言，鹤岗、大兴安岭等市（地）亟须政经联动，践行新的房地产业发展理念。转变房地产商品的使用价值。其一，重新利用低价房产，整合现有资源。对于房价不断下跌、人口流失严重的中小城市而言，应协调政府和市场之力，充分利用闲置房产，整合发展养老产业，组建养老社区和养老小区等。其二，充分利用自然资源，形成独具特色的住宅产业。对于像大兴安岭这样拥有大量绿色资源的地区，

可以利用现有的森林资源，发展绿色生态旅游，同时促成相关的民宿、宾馆、度假村等产业，在临近森林资源的地区打造绿色住宅相关产业。其三，对存量房产资源进行适当改造，打造康养、娱乐、绿色美食体验城庄。

（二）加快房地产业金融创新，改善融资环境

金融是实体经济发展的润滑剂，要想保证实体经济有序发展，完善的金融工具是不可或缺的。在疫情尚未完全稳定的背景下，居民购房意愿低迷，开发商投资动力不足。政府应当适当放宽金融政策，加强金融创新。从住房需求层面来讲，适当降低居民房贷利率，针对人才引进政策，实施配套的房贷利率优惠政策。其一，政府可以对选择在黑龙江省落户或是在黑龙江省工作的人才进行综合能力评分，分数越高者可以获得的利率折扣越高。其二，可以制定居住时间与房贷利率挂钩的协议，在黑龙江省内定居时间越长，可以获得的房贷利率优惠越多。从房地产开发投资层面来讲，开发商投资意愿低迷，主要原因就是资金回笼慢和融资渠道不畅。要想提高开发商投资意愿，必须在保障资金链流畅的同时降低投资风险。其一，政府可以联合地方银行，将房企融资转变为主动投资，或由政府直接出资、由房企代建以拉动房地产业发展。其二，房地产企业也要在金融创新方面拓宽思路，利用好互联网工具，在销售与融资方面进行创新。

（三）优化房地产业发展模式，助力新型城镇化发展

新型城镇化是由土地城镇化转换为人口城镇化，在这个转换过程中，既会发生住房供求数量的变化，也会产生住房供求结构和住房质量的变化。新型城镇化是“以人为核心”的城镇化，相应的政策就要“以人为本”，就是让更多的“人”进入城市生活，而不是让更多的“地”变成城市，所以房地产业的发展目标也要满足新发展时期

下黑龙江省居民以及未来居民的住房需求。在黑龙江省新型城镇化发展道路以及未来东北振兴的出路中，有最重要的两类人群，一是农村进城务工人群，二是新进入社会的年轻人群。因此，未来政府应在房地产业发展规划中更多满足这两类人群的住房需求。为充分满足这两类人群的需求，其一，应增设廉价公租房，为刚进入社会的年轻人群提供更多住房缓冲空间，方便其工作和定居。其二，应建设更多适用性强的小户型公寓，缓解购房压力。其三，应加快住房租赁业规范化发展，为租户提供更多保障。

（四）深化宅基地制度改革，巩固贫困户住房保障

农村危房与旧城区的棚户区及老旧小区的改造是住房保障建设工作的关键。现阶段，旧城区的棚户区改造和老旧小区基础设施建设工作已经基本完成，但在一些贫困的农村，仍然存在一定的住房问题以及生活质量问题。政府在居民住房保障方面做出了很大的努力，但资金问题仍然较为棘手。想要弥补资金上的不足，一方面要努力争取更多的中央财政拨款，这是从外部寻求帮助。另一方面则要靠自身的力量，盘活未被充分利用的资本，深化宅基地制度改革，让农村的资本流动起来。系统化构建宅基地“三权分置”制度改革与乡村振兴战略实施的理论逻辑，不仅有助于实现宅基地“三权分置”，也有利于乡村振兴战略全面推进。政府应当加快实施农村宅基地退出，实施过程应合理、有序，要充分尊重农民的意愿。各地应根据经济社会发展状况、自然资源状况、农业生产发展水平、农民生活的现实条件以及资金筹措等情况，因地制宜、因时而异、因村而异，设计和推进多样化的退出安置模式，供农民自主选择，让这项惠民政策真正惠及农民。

（五）抑制人口流失，保障房地产需求规模

人才、人口是房地产业发展的需求基础。中青年群体是购房的主

力军，为保持、促进黑龙江省房地产业良性循环、可持续发展，吸引、留住人才、人口是关键，因此应加快制定吸引人才、人口的政策措施。其一，从政策层面来讲，黑龙江省应当加紧落实更加便利、更加具有吸引力的人才落户政策。比如简化落户流程，放低并明确落户标准，给予来黑龙江省创业、就业的高学历、高技术人才以购房优惠政策，同时，政府应积极协助来黑龙江省的人才、人口办理购房、租房所需手续等。其二，从房价层面来讲，近些年由于一线城市房价过高、生活压力巨大，已经开始出现人口逆城市化迁移的现象，即部分中青年群体开始由一线城市向二线、三线城市迁移。黑龙江省具有低房价、低生活成本的相对优势，应充分利用此优势筹集、整合可利用房产资源，吸引人才、人口迁入。其三，从经济发展层面来讲，人才引进和经济发展之间具有正向的互动关系，良好的经济发展水平能够创造更多就业岗位，增加劳动者工薪，进而吸引更多人才、人口流入。其四，黑龙江省政府应大力进行资源型城市产业转型，大力发展提升旅游观光等传统产业，大力发展数字经济，大力培育发展环保节能、生态等新兴产业，引进、延伸、提升产业链条，加强全产业链条建设。同时应与发达地区加强合作，进一步改善营商环境，吸引外国、外省投资，为经济发展助力。

参考文献

黄善林、冯广京、郭翔宇：《深化宅基地制度改革——助推黑龙江省贫困农户住房保障》，《奋斗》2020 年第 15 期。

《黑龙江省人民政府办公厅关于全面推进城镇老旧小区改造工作的实施意见》（黑政办规〔2021〕15 号），2021 年 7 月 9 日。

王雨飞、冷志明、丁如曦：《中国新型城镇化道路与房地产市场发展转型——“新型城镇化与房地产发展学术论坛”综述》，《经济研究》2016 年第 2 期。

欧玲、王兆林：《农村宅基地三权分置研究演进与趋势》，《中国农业资源与区划》2021 年第 9 期。

卢艳霞等：《浙江农民宅基地退出模式调研与思考》，《中国土地科学》2011 年第 1 期。

《2022 年黑龙江省政府工作报告》，2022 年 1 月 23 日。

B.7

黑龙江省扩大有效投资研究*

朱大鹏**

摘　要： 黑龙江省委十二届十一次全体会议暨省委经济工作会议对扎实推进重点工程项目建设和持续扩大有效投资做出了部署安排。在“十四五”开局之年，黑龙江省积极响应国家“六稳”“六保”号召，投资平稳上升，固定资产投资增幅高于全国平均水平，“百大项目”发挥重要推动作用，在创造财富、扩大消费、改善民生、增加税收等方面发挥了乘数效应。但黑龙江省仍存在投资波动较大、投资整体增速低以及第一产业投资不足等问题，应该积极细化投资规划、抢抓政策实施机遇等，推动黑龙江省扩大有效投资。

关键词： 固定资产投资　有效投资　黑龙江省

《黑龙江省国民经济和社会发展第十四个五年规划和二〇三五年远景目标纲要》中明确提出，优化投资结构，发挥有效投资对于优化供给结构的关键性作用，推动固定资产投资高质量增长。黑龙江省积极响应国家“六稳”“六保”号召，积极扩大有效投资，充分发挥投资的优结构、促增长、补短板的拉动作用。

---

* 本报告为2021年黑龙江省哲学社会科学研究规划项目“人口老龄化背景下推动黑龙江省农业高质量发展的路径与对策研究”（21JYC245）的阶段性研究成果。

** 朱大鹏，黑龙江省社会科学院经济研究所研究实习员，研究方向为发展经济学。

一　黑龙江省投资形势分析

（一）固定资产投资增长基本情况

截至2021年11月，黑龙江省固定资产投资累计增速为6.5%，高出全国平均水平1.3个百分点。全省2~11月固定资产投资增速分别为48.6%、20.9%、16.6%、15.4%、15.2%、11.3%、8.3%、8.2%、7.4%、6.5%，全年增速呈现下降趋势（见表1），这并非因为黑龙江省固定资产投资大幅减少，而是因为2020年疫情的影响。黑龙江省固定资产投资2020年上半年始终是负增长，2020年下半年投资基数由负转正，导致2021年同期投资增速由高变低，并逐渐趋于平稳。通过对比全国和各省份的固定资产投资增速，可以发现2021年投资增速大幅降低的趋势非常普遍。

表1　2021年2~11月全国及黑龙江省固定资产投资月度累计增速

单位：%

	2月	3月	4月	5月	6月	7月	8月	9月	10月	11月
全国	35.0	25.6	19.9	15.4	12.6	10.3	8.9	7.3	6.1	5.2
黑龙江省	48.6	20.9	16.6	15.4	15.2	11.3	8.3	8.2	7.4	6.5

资料来源：国家统计局、黑龙江省统计局。

从三次产业看，2021年前三季度，第一、二、三产业投资同比分别增长8.6%、7.9%和8.3%。一些重点领域内的投资态势持续向好，在前三季度对高技术制造业的投资增长28.5%，对基础设施的投资增长20.3%，对民生领域的投资增长26.8%，对工业技术改造的投资增长9.7%。

黑龙江省通过省、市、县三级联动的方式，持续扩充固定资产投资项目库，进而不断推进项目建设。到2021年底，黑龙江省固定资产投资项目库中具备开工建设资格且投资额在500万元以上的项目有5326个，总投资超过1.2万亿元，2022年可完成投资3980亿元，筛选确定省级牵头的重点项目500个，总投资7920亿元，2022年可完成投资2150亿元。重点推进基础设施项目113个，包括哈绥铁客专、北黑铁路、佳鹤铁路、铁科高速公路、铁伊客专、齐齐哈尔机场改扩建、佳木斯机场改扩建、关门嘴子水库等项目。重点推进产业项目327个，包括以医药产业园、高端乳品全产业链、聚碳酸酯、新能源混动基地、页岩油勘探开发、煤炭优质产能释放、生物经济、数字经济、新能源、新材料等为代表的项目。重点推进民生项目60个，包括疫情防控能力建设、国家和省级区域医疗中心建设、老旧小区改造、文化惠民、体育健身、教育提升、“一老一小”服务等。

（二）“百大项目”依旧是投资的重要推力

截至2021年11月，“百大项目”三年共计滚动推进658个，累计投资额达到5530亿元，共有217个项目竣工投用，对黑龙江省有效投资和经济平稳发展起到重要作用。有投资就有发展，有就业就有收入，“百大项目”三年间累计推动132.6万人就业，增加240亿元税收，在创造财富、扩大消费、改善民生、增加税收等方面发挥了乘数效应，是黑龙江省经济增长的“稳定器”，为“六稳”“六保”提供有力支持。

“百大项目”推动实践过程中，黑龙江省探索出了一系列改革措施，围绕“百大项目”提出了“一会三函”“容缺审批”“承诺制改革”“拿地即开工”等一批创新举措，从而力促“放管服”改革充分发挥作用，推动黑龙江省营商环境不断改善。万科、正威集团等许多知名企业在黑龙江省落地扎根、投资建厂。深哈产业园区1天完成企业注册，11天启动项目开工建设，63天完成展览馆项目封顶。

黑龙江省凝心聚力推动“百大项目”建设，力推百亿级企业、千亿级产业快速成长，从而发挥“百千万”工程提速增效作用，延长和强化产业链，通过重大项目建设来推动黑龙江省经济发展的“内循环”提速。大庆页岩油气勘探试采工作取得重要突破、大庆牧原迅猛发展、林甸伊利液态奶试生产，多个项目的推进促使农产品精深加工万亿级产业集群、矿产资源开发和精加工万亿级产业集群加速成形。深哈产业园区第一期综合展览馆已经投入使用，华为鲲鹏、科大讯飞、华大基因等多家知名企业陆续入驻；以科友半导体、绿地国际博览城为代表的37个项目不断推进、持续发力，加快了“百大项目”建设速度，助力哈尔滨新区千亿级产业园不断发展。新和成、紫金铜业、阜丰等多家企业通过提高企业效益、扩大企业规模，迈入百亿级企业行列。

在“百大项目”带动下，开复工的固定资产投资项目总计超过6000个。黑龙江省建材行业不断提质增效，全年钢材产量达到879万吨，矿建铁路运输量达到1666万吨，水泥产量达到2376.5万吨，建材行业的恢复促使全省经济加速回升、逐月增长。在黑龙江省经济发展过程中，“百大项目”发挥出了“稳定器”的重要作用。

（三）“十三五”期间整体投资平稳增长

黑龙江省固定资产投资的增速在“十三五”期间整体比较平稳，分别为5.5%、6.2%、-4.7%、6.3%和3.6%。在2018年，黑龙江省固定资产投资出现了一次负增长，但之后迅速反弹。在2020年受疫情影响的情况下，投资增速相对较小。其中，第一产业固定资产投资历年增速分别为11.6%、25.3%、-27.6%、-30.8%和120.0%，整体投资形势起伏较大；第二产业固定资产投资历年增速分别为2.4%、3.6%、9.4%、7.7%和-0.8%，整体呈现快速增长趋势，但

2020年受疫情影响，出现减少的情况；第三产业固定资产投资历年增速分别为6.9%、4.6%、-9.4%、7.6%和1.7%，投资在2018年出现首次负增长之后反弹，2020年增速呈下降趋势；民间固定资产投资历年增速分别为7.9%、11.3%、10.5%、-6.3%和0.9%，投资呈较快增长趋势但后期回落（见表2）。

表2 “十三五”期间黑龙江省固定资产投资历年增速

单位：%

	2016年	2017年	2018年	2019年	2020年
第一产业增速	11.6	25.3	-27.6	-30.8	120.0
第二产业增速	2.4	3.6	9.4	7.7	-0.8
第三产业增速	6.9	4.6	-9.4	7.6	1.7
民间投资增速	7.9	11.3	10.5	-6.3	0.9
总体增速	5.5	6.2	-4.7	6.3	3.6

资料来源：历年《黑龙江省国民经济和社会发展统计公报》。

（四）“十四五”时期投资规划展望

《黑龙江省国民经济和社会发展第十四个五年规划和二〇三五年远景目标纲要》中明确提出，要不断优化投资结构，发挥有效投资对于优化供给结构的关键性作用，推动固定资产投资高质量增长。提出以基础设施补短板为投资重点方向，通过政府投资引导，鼓励民间投资，扩大交通、能源、水利、生态环保、物资储备、防灾减灾、5G通信、工业互联网、大数据中心等领域的有效投资；提出以公共服务强弱项为投资重点方向，主要以政府投资为投资来源，扩大公共安全、公共卫生、教育、体育、文化、旅游等领域的有效投资；提出以产业项目上增量为投资重点方向，主要以民间投资为投资来源，扩大先进制造业、现代农业、现代服务业、战略性新兴产业等领域的有效投资；提出以传统产业升级改造为投资重点方向，主要以民间投资为投资来源，扩大石化、装备、食品、冶金、生物等领域的有效投资；提出以乡村建设为投资重点方向，主要以政府投资为投资来源，扩大水、电、路、气、通信、广播电视、物流、厕所革命、生活垃圾处理、污水治理等领域的有效投资；提出以城市更新为投资重点方向，通过政府投资引导，鼓励民间投资，扩大老旧小区改造和社区建设、排水防涝、城市轨道交通、供水、供热等领域的有效投资。

2021 年，黑龙江省积极推动投资助力经济发展，实现了投资平稳增长，“十四五”时期，黑龙江省应积极响应国家“稳投资”号召，夯实各产业投资基础，努力实现规划的投资目标。

二　黑龙江省投资中存在的问题

（一）投资增速仍有待提高

2021 年，在疫情防控常态化背景下，黑龙江省固定资产投资虽然取得了较大的进步，但是同其他省份相比并不算突出。截至 2021 年 11 月，黑龙江省固定资产投资的增长速度排在全国第 19 位。在东北地区，黑龙江省落后吉林省 5.3 个百分点（见表 3）。

表 3　2021 年 2~11 月全国及东北地区固定资产投资月度累计增速

单位：%

	2 月	3 月	4 月	5 月	6 月	7 月	8 月	9 月	10 月	11 月
全国	35.0	25.6	19.9	15.4	12.6	10.3	8.9	7.3	6.1	5.2
黑龙江省	48.6	20.9	16.6	15.4	15.2	11.3	8.3	8.2	7.4	6.5
吉林省	40.2	21.8	21.5	15.9	15.9	13.9	13.8	13.8	12.9	11.8
辽宁省	22.1	19.0	12.8	9.3	8.6	6.8	6.1	5.1	3.1	1.9

资料来源：国家统计局、各省份统计局。

截至2021年11月，黑龙江省固定资产施工项目计划总投资累计增长-1.9%，在全国各省份中排第26位，相比之下，吉林省累计增长22.5%，同江苏省并列全国第1位，辽宁省累计增长11.1%，全国平均增长水平为10.2%，黑龙江省指标落后较多（见表4）。

表4　2021年2~11月全国及东北地区固定资产施工项目计划总投资增速

单位：%

	2月	3月	4月	5月	6月	7月	9月	10月	11月
全国	17.3	15.0	13.4	13.2	11.5	10.2	10.7	9.8	10.2
黑龙江省	23.8	15.9	7.8	5.1	9.6	7.3	1.6	-1.2	-1.9
吉林省	87.9	21.5	15.5	9.0	14.0	19.8	10.8	19.8	22.5
辽宁省	24.7	20.9	24.3	18.2	18.6	17.9	17.8	14.4	11.1

注：8月数据暂缺。

资料来源：国家统计局、各省份统计局。

截至2021年11月，黑龙江省固定资产新开工项目计划总投资累计增长-16.6%，在全国各省份中排第27位，相比之下，吉林省累计增长23.6%，辽宁省累计增长-18.1%，全国平均增长水平为2.7%，黑龙江省和辽宁省指标均有待提高（见表5）。

表5　2021年2~11月全国及东北地区固定资产新开工项目计划总投资增速

单位：%

	2月	3月	4月	5月	6月	7月	8月	9月	10月	11月
全国	53.8	29.3	14.4	9.0	2.7	0.5	4.6	3.4	2.3	2.7
黑龙江省	84.3	2.0	41.1	3.1	29.4	14.4	9.5	-5.6	-14.3	-16.6
吉林省	35.1	-24.4	-19.6	-1.3	4.3	18.7	3.4	9.9	31.8	23.6
辽宁省	67.8	170.0	105.5	14.8	9.1	2.9	-0.1	7.5	-9.5	-18.1

资料来源：国家统计局、各省份统计局。

（二）部分种类投资波动较大

黑龙江省民间投资在2016年至2018年平稳增加，2019年开始负增长，“十三五”期间整体呈现先增后减的态势，2020年黑龙江省民间投资水平还达不到其在2018年的水平，民间投资并不平稳。“十三五”期间中央投资历年增速分别为1.5%、8.2%、-22.2%、16.3%、-15%，地方投资历年增速分别为5.8%、6.0%、0.1%、4.2%、8.0%，总体上说，地方投资增长平稳，但是中央投资起伏较大，并最终呈现减少趋势。国有控股投资历年增速分别为1.3%、-4.6%、-19.2%、22.0%、5.9%，2017年、2018年下降后反弹，投资起伏明显，2020年投资量几乎与2016年投资量持平。

（三）第一产业投资有待进一步加强

从近几年黑龙江省投资的数据来看，2018年和2019年的第一产业投资均出现大幅缩减，“十三五”末期投资增速有了反弹，但基于前两年的投资缩减，第一产业整体投资总量仅略高于2017年实际情况，在“十四五”开端的2021年逐渐趋于平稳。黑龙江省作为农业大省、中华粮仓，第一产业投资的缺失不利于农业农村现代化和粮食安全生产保障，为充分发挥黑龙江省粮食安全“压舱石”作用，应进一步加强第一产业投资，推动农业高质量发展。

三　推动黑龙江省扩大有效投资的对策

（一）细化投资规划，实现投资平稳增效

全力落实重大项目年度投资目标，提前安排全年投资项目计划，

扎实落实《黑龙江省国民经济和社会发展第十四个五年规划和二〇三五年远景目标纲要》中的投资方向，按月细化投资方案，全方位、多角度实现投资的平稳增效。发挥投资项目对于拉动经济发展、推动社会公共服务升级和改善民生的重要作用。有效投资增长既应该包括投资数量的增加，也应该包括投资效益的提升，应该同时注重投资的量与效，摒弃片面的低效投资。通过优化投资的方向和结构来提升投资效益，获得高回报，以有效投资拉动高品质项目，以高品质项目推动高质量发展。

（二）抢抓政策实施机遇，积极推进重大工程

一是要充分利用好国家适度超前开展基础设施投资的机会，大力推动黑龙江省的重要基础设施建设，如现代立体综合物流体系构建工程、沿边铁路规划建设工程、病险水库除险加固、重大水利工程、中小河流综合治理等，扩大相关投资，加快开工建设日程，并取得实质性进展。

二是要充分利用好国家新增地方政府专项债券规模的机会，对于有专项债券需求的重要项目，要及时组织有关部门积极做好其储备和申报工作。从黑龙江省发改委公布的信息来看，目前黑龙江省第一批有专项债券需求的项目已经通过了国家审核，第二批项目现在正在进行储备和申报。国家的要求是“资金跟着项目走”，黑龙江省要充分利用好新增地方政府专项债券规模的机会，并发挥好其作用，做实项目前期工作，通过不断提高项目成熟度实现“项目等资金”。

三是要充分利用好国家一系列规划实施的机遇，不断组织和构建可以纳入国家和黑龙江省“十四五”规划的重点项目。根据国务院《东北全面振兴“十四五”实施方案》制定的方针路线，深入落实好其中涉及黑龙江省的 40 项内容，要采取工程化、项目化措施，着力增强黑龙江省内生发展动力，形成更多投资量、产生更大拉动力，加快推动黑龙江省全面振兴、全方位振兴取得新突破。

（三）扩大农业产业有效投资，推动农业农村现代化

扩大农业产业有效投资，推动黑龙江省农业高质量发展，夯实黑龙江省农业重要地位，是把习近平总书记对黑龙江省重要讲话精神落在实处、保障粮食安全生产的重要落脚点之一。

强化农业全产业融合发展。有效投资要以农业高质量发展为目标，推动农业生产提质增效；要以市场需求为导向，不断完善农产品深加工链，提升农产品附加值；要以保障粮食安全生产和繁荣产业业态为目标，扩大对生产、加工、运输、销售等环节的投资，以固链强链推进发展。坚持绿色兴农，加大绿色农业、生态农业和有机农业投资力度，贯彻绿色农业发展理念，强化绿色导向。加大农业科技投资力度，加快农业科技创新、推广和成果应用。扩大农田水利投资，持续推进高标准农田建设。

（四）创新举措，强化项目服务保障

在推动项目投资和建设的过程中，应建立健全精准对接的服务机制，强化项目服务保障，形成以重点项目为中心的服务保障工作链，及时协调处理项目建设过程中的难点和堵点；创新优化投资审批程序，对于计划新上的项目要进一步简化政府审批程序，加大投资项目协调力度。实施好“容缺审批”“拿地即开工”“一会三函”等措施，畅通绿色通道，不断提升投资项目服务成效；要优化要素配置，在强化“煤电油气运”等传统要素供给的同时，也要加大“人地钱技数”等新型要素的供给力度，积极引导扩大社会投资；要形成推进合力，健全条块联动机制，层层落实项目推进责任，调动领导包抓项目积极性，构建无缝衔接的项目推进责任体系，确保实现《黑龙江省国民经济和社会发展第十四个五年规划和二〇三五年远景目标纲要》确定的目标任务，以扩大有效投资助推高质量发展。

参考文献

《全省三年滚动推进百大项目 658 个，拉动就业 132.6 万人，217 个项目竣工投用》，《哈尔滨日报》2021 年 11 月 16 日。

《抢抓政策叠加机遇　黑龙江扩大有效投资助推高质量发展》，“人民资讯”百家号，2021 年 12 月 29 日，https：//baijiahao.baidu.com/s？id=1720476362066950452&wfr=spider&for=pc。

B.8

黑龙江省消费市场变动趋势与对策研究

宋静波*

摘　要： 2021年，面对经济发展依然面临的诸多不确定性，黑龙江省采取了一系列行之有效的对策措施，统筹疫情防控与经济发展，经济逐步复苏，回暖步伐加快，一些重要经济指标回升明显，经济总体映现出回暖态势。2021年全省社会消费品零售总额增速较高，实现消费回补与潜力释放，消费信心得以提振。未来黑龙江省消费增长依然面临较大压力，但也应看到，消费市场正在稳步复苏。今后要适应消费结构升级的新变化，充分发挥消费市场的规模效应与集聚效应，有效发挥消费牵引作用，形成以新消费引领新供给、以新供给创造新需求的良性循环格局。

关键词： 基础消费　消费市场　居民收入　黑龙江省

一　黑龙江省消费市场运行分析

（一）消费市场保持恢复发展态势

2021年，黑龙江省常态化疫情防控政策更加科学，实现地区生

---

* 宋静波，黑龙江省社会科学院农村发展研究所助理研究员，博士，研究方向为产业经济、区域经济、农业经济。

产总值（GDP）14879.2亿元，按不变价格计算，比上年增长6.1%，稳住了消费预期。居民收入稳步提高，全年城镇常住居民人均可支配收入33646元，增长8.1%，农村常住居民人均可支配收入17888元，增长10.6%，稳住了消费基础。一系列促进消费的政策措施逐步落地见效，一系列降低新冠肺炎疫情影响、鼓励消费的活动得以开展，2021年全省社会消费品零售总额实现5542.9亿元，比上年增长8.8%，增速居全国第22位，比上年提升5个位次，稳住了消费政策。但是与全国平均水平，乃至与东北其他两省相比，仍有差距，低于全国平均水平（12.50%）3.70个百分点，低于吉林省（10.30%）1.50个百分点，低于辽宁省（9.20%）0.40个百分点（见图1）。

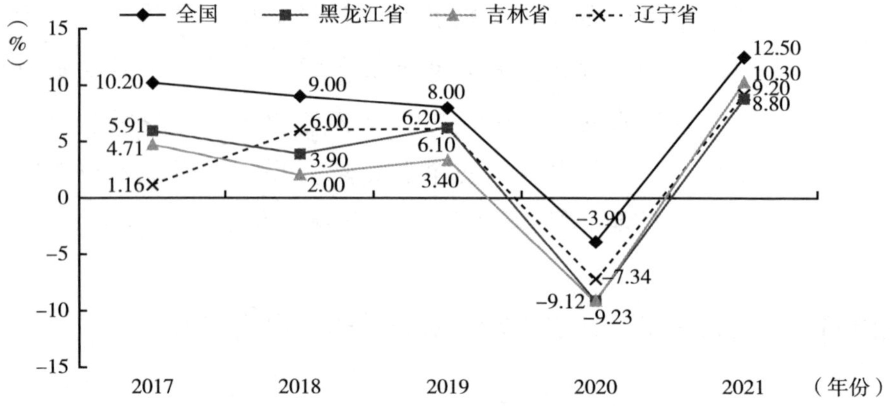

图1　2017~2021年全国及东北三省社会消费品零售总额增速

资料来源：国家统计局及辽宁省、吉林省、黑龙江省统计局。

从消费类型来看，商品零售额5004.5亿元，增长8.9%；餐饮收入538.4亿元，增长8.2%。能源类商品增势强劲，限额以上单位煤炭及其制品类零售额、石油及其制品类零售额分别增长2.2倍和32.1%。新型消费发展迅速，全年全省电商零售额实现714.5亿元，比上年增长30.0%，增速高于全国平均水平，居全国第9

位，比上年提升 19 个位次，实现消费回补与潜力释放，消费信心得以提振，消费规模快速增长。

（二）消费结构不断优化

近几年，黑龙江省城乡居民教育、医疗、养老、文化、信息、旅游等服务型消费快速增长，居民消费结构不断优化，由传统型消费向新型消费升级，由物质型消费向服务型消费升级，食品烟酒、衣着等生存型消费支出比重明显下降，医疗保健、交通和通信等发展型消费支出及教育文化和娱乐等享受型消费支出快速增长。2015～2019 年，黑龙江省城乡恩格尔系数均出现不同程度的下降，分别由 2016 年的 27.7%和 27.7%下降到 2019 年的 26.8%和 26.2%。受疫情影响，2020 年东北三省城乡恩格尔系数均有不同幅度的上升，但并不影响消费结构持续优化的整体态势。

随着疫情防控形势持续向好，黑龙江省社会经济稳步恢复，居民消费逐步回暖，并呈现较高增长速度。2021 年上半年，黑龙江省全体居民人均生活消费支出实现 9439 元，增速为东北三省最高，达到 32.8%（辽宁省 17.7%、吉林省 21.8%）。总体来看，高层次消费占比不断提高，居民消费结构具有显著的从生存型消费向发展型消费过渡的特征，且表现为从对“量”的需求逐步向对“质”的需求转变。消费升级趋势显著，2021 年前三季度限额以上单位体育娱乐用品类、文化办公用品类、新能源汽车等升级类商品零售额同比分别增长 36.7%、11.2%和 1.6 倍。

（三）旅游消费逐步回暖

受新冠肺炎疫情的影响，旅游消费在全国各地均出现了较大幅度的下滑，旅游经济呈现深度 U 形走势。2021 年，黑龙江省相继举办第十一届中俄文化大集、第四届黑龙江省旅游产业发展大会、古驿路文化旅游联盟成立大会和第三届龙江东部湿地旅游联盟推进会议等活动，进一步提高了“北国好风光，尽在黑龙江”的美誉度和知名度，推进旅游业复苏，民众对于旅游的新需求催生智慧旅游等新业态不断出现，进而促进旅游产业更新迭代、旅游服务不断升级，发展预期相对乐观。2021 年，全省共接待游客 1.63 亿人次，同比增长 14.23%，恢复至 2019 年的 75.25%；实现旅游收入 1345.09 亿元，恢复至 2019 年的 50.22%。

《中国冰雪旅游消费大数据报告（2022）》显示，2021~2022 年冰雪季冰雪旅游热门省份中黑龙江省仍居榜首，吉林省位列第二；2021~2022 年冰雪季冰雪旅游热门城市中，哈尔滨市成为游客喜爱的冰雪旅游城市首选，牡丹江市紧随其后，伊春市位列第四；2021~2022 年冰雪季冰雪旅游热门区县乡镇目的地中，黑龙江雪乡热度最高，亚布力与漠河分列第 4 位与第 6 位，银装素裹的童话世界用其他城市无法企及的纯净与神秘实力“圈粉”。

（四）新型消费发展较为迅速

网络信息技术的日益成熟，催生新理念以及新媒体形式，它们所塑造的消费全新模式与全新业态不断涌现，它们所带来的消费新场景和新功能，不断激发消费新动能，成为消费回升的重要支撑，也大大拓展了新型消费的内涵。黑龙江省新型消费发展迅速，2021 年前三季度，全省限额以上单位网上商品零售额比上年同期增长 97.5%，增幅同比提高 85.2 个百分点；快递业务量完成 29839.7 万件，同比增长 27.2%，其中 9 月份完成 4663.4 万件，同比增长 48.6%。2021 年，全省全力推行“快递下乡进村”，邮政业务总量增长 20.3%。电子商务蓬勃发展，113 个电商产业园区入驻企业 3472 家，示范县网店总数 9.9 万个，网上零售额实现 714.5 亿元，比上年增长 30.0%，增速高于全国平均水平，居全国第 9 位，比上年提升 19 个位次。

二　影响黑龙江省消费市场发展的主要因素

（一）居民消费能力制约消费

收入是消费的来源和基础，收入的高低直接影响消费的水平，收入对消费的影响与当前人均可支配收入、对未来收入的预期和人们收入水平之间的差距有关，2016~2020年黑龙江省居民人均可支配收入一直呈增长的趋势，但与全国的人均可支配收入及其增速相比，仍有较大差距。2020年全国居民人均可支配收入32189元，中位数27540元，按五等份收入分组，高收入组、中间偏上收入组、中间收入组、中间偏下收入组、低收入组的人均可支配收入分别为80294元、41172元、26249元、16443元、7869元。2020年黑龙江省全体居民人均可支配收入24902元，仍属于中间偏下收入组。人均可支配收入较全国平均水平而言仍然偏低，消费亦增长较慢。2021年前三季度，全省居民人均可支配收入18865元，同比增长10.5%，略高于全国平均水平（10.4%）。新冠肺炎疫情的发生让人们对未来的稳定性产生了担忧，这使得人们对未来收入的预期较差，出于对未来的考虑，当前的消费会相对保守。

分项来看，2021年，全国城镇居民人均可支配收入47412元，增长8.2%；农村居民人均可支配收入18931元，增长10.5%。黑龙江省城镇居民人均可支配收入33646元，增长8.1%；农村居民人均可支配收入17888元，增长10.6%。可以看出，黑龙江省城镇居民人均可支配收入与全国城镇居民人均可支配收入相比仍有较大差距，且城镇与农村人均可支配收入相差较大，由于农村地区居民的边际消费倾向比城镇地区显著，较大的收入差距影响了整体的消费水平，整体消费趋于保守。

（二）人口结构变化影响消费

第七次全国人口普查（以下简称“七普”）数据显示，2020年，全国60岁及以上的老年人口总量为2.64亿人，已占到总人口的18.7%。随着老龄化加速到来的是劳动力人口数量衰减，长期以来依赖的人口数量红利正在逐步消失，各个地区之间对各类人才的竞争加剧。“七普”数据显示，我国东部地区人口占比最高，达到39.93%，西部地区稍逊色，占比为27.12%，中部地区位列第三，占比为25.83%，东北地区最低，仅占6.98%。与10年前相比，黑龙江省人口数量呈现为净减少状态，2010~2020年人口总计净减少646.21万人。而更为窘迫的是，2019年，黑龙江省的出生率在全国垫底，人口自然增长率也是全国仅有的3个负值之一。“七普”数据显示，黑龙江省全省人口数量为31850088人，与2010年第六次全国人口普查相比下降16.87%，增速为东北三省最低，辽宁省与吉林省分别下降2.64%、12.31%；黑龙江省全省人口年平均增长率为-1.83%，为东北三省最低，辽宁省与吉林省分别为-0.27%、-1.31%。黑龙江省全省总人口中60岁及以上人口占比较高，老龄化增速已超过全国增速。随着年龄的增加，人的心理、观念都发生了变化，因此老年人在医疗保健、食品、文化娱乐、居住、教育等产品和服务上有独特的需求。随着生活水平的提高，老年群体对旅游消费以及医疗保健等的需求将更加旺盛。随着老龄化加重，黑龙江省消费结构也会发生变化。

（三）居民消费价格指数（CPI）限制消费

CPI的上涨或者下跌，通常会对消费者的消费情绪以及实际购买力造成较大的影响，因此也是对居民消费造成影响的一个重要因素。当前运行的CPI统计构成一般包括衣着、交通和通信、教育文化和娱乐等八大类。有研究表明，CPI 上涨对消费升级有显著的抑制作用，食品价格波动显著影响居民的消费意愿，食品价格上涨对城镇居民消费升级产生较大的消极作用，对农村居民消费升级的抑制作用更为明显。

CPI 既是观察通货膨胀水平的重要指标，也是衡量居民实际工资水平的重要指标。2021 年，全省 CPI 同比上涨 0.6%。分类别看，八大类商品及服务价格“五升三降”，其中交通和通信类、医疗保健类、衣着类、教育文化和娱乐类以及居住类价格分别上涨 4.0%、1.1%、0.8%、0.5%、0.3%；其他用品和服务类、食品烟酒类、生活用品及服务类价格分别下降 0.6%、0.5%和 0.2%。在各商品类别中，基础类消费仍然较高，对其他商品消费产生极大的挤出效应，为消费结构优化升级带来不利影响。受疫情影响，人们对未来的预期不稳定，基础类消费在全部消费中占比偏高，结合城乡收入水平和边际消费倾向的差异，农村地区相比于城镇地区普遍对价格更加敏感。

（四）大宗商品需求低迷抑制消费

受疫情影响，黑龙江省居住类商品需求疲软，汽车类、石油及其制品类等重点商品消费需求受到抑制。2021 年前三季度，全省房地产开发投资额仅增长 0.7%，增长压力依然较大，需要给予关注和政策扶持。RDAS 数据显示，截至 2021 年前三季度，哈尔滨主城六区新建商品房可售库存 1120.64 万平方米，去化周期已经长达 31.1 个月。房地产市场持续低迷，对家电消费的拉动效应持续削弱，家具及装饰建材类商品销售行情亦不容乐观。

2021 年 10 月 31 日，“中国汽车经销商库存预警指数调查”由中国汽车流通协会发布。调查数据显示，2021 年 10 月，全国汽车经销商库存预警指数为 52.5%，较 2019 年同期下降 1.6 个百分点，库存预警指数位于荣枯线之上。黑龙江省所处的北区指数为 54.5%，仍处于不景气区间。2021 年全省出现多次疫情，往年火热的“金九银十”市场，亦没有出现，2021 年的汽车销售市场仍然显现供需双弱格局。

三　黑龙江省消费市场发展趋势

（一）消费理念趋于理性

面对疫情影响，以及复杂多变的国内外形势、日益严峻的就业形势，黑龙江省的消费者对未来收入的预期会更加趋于保守。RET 睿意德调研报告显示，疫情防控常态化时期，收入的降低以及疫情带来的社交习惯的变化，使黑龙江省消费者消费欲望降低且向理性、务实转变，消费者的消费理念更加理性。该报告还显示，疫情给不同年龄段消费者的收入带来不同程度的影响，其中，“70 后”群体受到的影响最大。而消费数据的对比显示，即使是收入影响较小或者未受影响的消费者，其消费心理亦更加理性且谨慎。为了应对疫情的不确定性，消费者适时克制消费欲望，适当减少购买非刚需类产品。且出于对未来的考虑，冲动消费和超前消费将逐渐减少，消费者更倾向于增加储蓄，选择产品也更加谨慎，更加倾向于多渠道比价，更加追求高性价比消费，对实用性、性价比考量增加，并优先考虑附加值高并重视健康的产品和服务，来提升生活的满意度。

（二）消费场景日益创新

新消费场景随着新的消费结构和消费模式出现逐渐崛起，且已经渗透到衣食住行各个领域，线上消费、社交消费和定制消费等消费场景陆续涌现。疫情影响下消费者居家办公频率上升，出行频率降低，更多消费者形成了线上消费的习惯，网上购物和送货上门的需求量激增，体验型服务消费加速崛起，这种新兴的消费模式以消费者为中心，与传统模式相比，更加多元化、智能化、数字化。《2021 年主播职业报告》显示，黑龙江省仍然是职业主播占比最高的省份，职业主播占比高达 50.6%，即在 2 个黑龙江籍主播中就有 1 个是职业主播。艾媒咨询数据显示，中国短视频用户规模增长势头明显。不断创新的消费场景通过大数据了解、掌握和预测用户的需求，从而提供更精确和更多元化的服务。在国家政策推动以及数字化经济发展趋势之下，未来黑龙江省线上消费、社交消费、“种草”消费、共享消费、定制消费、智能消费等将快速发展，沉浸消费、体验消费也将成为非常重要的发展趋势。

（三）银发消费市场规模不断扩大

与全国相比，黑龙江省进入老龄化社会更早，随着老年群体的逐渐增加，银发消费市场规模将不断扩大。党的十九届五中全会提出，实施积极应对人口老龄化国家战略，《中共黑龙江省委关于制定国民经济和社会发展第十四个五年规划和二〇三五年远景目标的建议》中亦明确提出发展新技术、新业态、新模式，积极开发老龄人力资源，发展银发经济，推动养老事业、产业协同发展，培育养老新业态等新增长点。随着未来新兴产业的崛起，与休闲养老、医疗用品、健康保健、文化娱乐以及旅游等相关的产业将迎来发展机遇，老年用品以及老年群体对特定产品和服务的需求将迅速增加。黑龙江省统计数据显示，全省近年来在食品烟酒、居住、交通和通信、教育文化和娱乐及医疗保健方面的消费占比呈现逐渐增加的趋势。未来较长一段时期，老年群体的消费对全省消费增长的贡献将持续加大，其消费潜能和对适老产品和服务市场的带动能力不容小觑。

（四）绿色消费快速兴起

随着居民消费理念的不断升级，绿色消费逐步融入日常生活，环境友好、与大自然和谐共生成为重要的消费理念。2021 年 4 月 19 日，京东大数据发布的《绿色智能消费发展报告》显示，消费者越来越看重创新、协调、可持续和高质量发展，黑龙江省与东北其他两省相比，更注重节能。黑龙江省在生产消费绿色有机食品、研发可持续发展的农业技术、协调种植平衡等方面具有天然的优势。消费者对绿色食品、绿色家装的关注度不断上升，希望在不牺牲消费利益与使用品质的同时，获取对当代社会、未来发展以及所生存地球有益的、可持续的产品，倾向于购置包含公益项目以及具有扶贫性质的产品和服务或者包装物可以回收的绿色消费品，以此践行绿色、健康、可持续的消费理念。

四　黑龙江省消费市场进一步发展的对策建议

（一）着力提升城乡居民消费能力

消费需求取决于各种复杂因素的共同作用，但是最根本因素仍是居民收入，城乡居民收入的多少直接影响着消费市场的增长潜力，也影响着经济发展。要进一步完善收入分配制度改革，多渠道增加城乡居民收入，稳定就业，保持城乡居民良好收入预期。进一步增加农民收入，减轻农民负担，适当提升公职人员工资水平，提升居民收入水平。要进一步调整收入分配格局，缩小收入差距，提高劳动报酬在初次分配中的比重，健全工资合理增长机制，着力提高低收入群体的收入，扩大中等收入群体。完善按要素分配政策制度，增加中低收入群体的要素收入。完善再分配机制，加大对税收、社保、转移支付等的调节力度并提高精准性。要显著扩大中等收入群体，拟定阶段发展目标，实现中等收入群体倍增，推动更多的农民和农民工进入中等收入群体，深化户籍制度改革，统一城乡基本公共服务制度。要适当增加公共消费供给，稳定城乡居民消费预期，扩大消费需求，缓解黑龙江省长期以来存在的人均公共消费支出的矛盾，缩小城乡居民公共产品需求差距。面对黑龙江省严峻的深度老龄化形势，面对快速增长的养老保障需求，也需要政府适当增加养老公共消费。

（二）构建消费潜力释放动力机制

随着消费结构的不断升级，黑龙江省供给与需求结构的矛盾也日益突出，要以深化供给侧结构性改革为主线，打破长期制约消费潜力释放的体制机制壁垒，加强需求侧管理，有效解决服务型消费供给有效性不足以及新兴消费领域供给结构不优和供给能力滞后的矛盾问题，优化产业结构和投资结构，实现投资与消费的长期动态平衡。更加重视以扩大消费为重点的需求侧管理，在有效应对疫情带来的短期冲击的同时，提升投资的有效性与可持续性，形成经济增长的重要支撑。要加大服务业市场开放力度，着力突破服务型消费潜力释放的体制机制瓶颈，扩大服务型消费的有效供给。在教育、医疗、文化娱乐、交通运输等领域进一步破除行政垄断，放开社会资本准入，推进消费领域审批制度改革，在国家级新区、自贸试验区等相对集中的区域实行负面清单外无审批试点。

（三）适应消费升级，优化消费环境

消费环境作为消费行为产生的三要素之一，对消费行为有着重要的影响。改善消费环境是双循环新发展格局下，推动黑龙江省全面振

兴、全方位振兴的重要手段。在推进消费的社会环境优化的同时，要注重加快推进消费的自然环境优化。要健全并完善消费者权益保护制度，进一步明确政府在维护消费者权益方面的核心作用，明确政府在保障生产标准和维护消费秩序方面的职责，切实落实消费者权益保护制度，建立以促消费为导向的政府考核机制，完善并创新消费监管机制，严惩损害消费者利益的行为。要把“绿水青山就是金山银山”的发展理念融入经济发展，积极倡导绿色消费，引导并培育绿色消费供给体系，引导居民形成绿色消费观念，扩大绿色消费新空间，支持并鼓励社会组织共同参与到消费环境的维护中，实现有效市场、有为政府及有序社会的有机结合，加快建设发展消费新业态，进一步改善老年消费环境，健全老年消费维权体系。加快推进农村消费环境改善，提升农村居民消费便利性，强化农村消费监管，鼓励农民参与互动监管。

（四）培育打造区域消费中心城市

《中华人民共和国国民经济和社会发展第十四个五年规划和2035年远景目标纲要》明确指出，“培育建设国际消费中心城市，打造一批区域消费中心”。以区域一体化助推区域消费中心城市发展，成为我国区域经济协调发展的新趋势。消费新时代的区域协调发展更有赖于区域消费中心城市的带动，将哈尔滨发展成为区域消费中心城市，会为推动黑龙江省全面振兴、全方位振兴奠定重要的基础。区域消费中心城市也将会引领城市群进一步发展，哈长城市群的发展基础与其他城市群相比仍有较大的差距，如果区域消费中心城市未能兴起，地区人口将会进一步外流，会给城市群乃至地区发展带来新的挑战。要加快谋划区域基础设施一体化发展，加快推进区域产业一体化发展，解决各地区产业结构同质化问题，实现产业错位发展、优势互补。各级政府要充分发挥有为政府和有效市场的协同作用，形成合力，主动融入“一带一路”与中俄蒙经济走廊建设，打造东北亚区域国际经济合作平台，以扩大内需为战略基点，在构建中高端消费体系、深挖中高端消费潜力、发展外向型经济等方面持续发力，形成全方位、宽领域、多层次的立体开放格局。

参考文献

J. Hall，“Nonlincar Consumption Dynamics in General Equilibrium，” *MPRA Paper*（2013）.

张玲玲、张予川：《消费水平影响因素研究》，《区域与城市经济》2020 年第 4 期。

《2021 年 10 月汽车经销商库存预警指数》，中国汽车流通协会网站，2021 年 10 月 31 日，http：//www. cada. cn/Data/info_ 85_ 8725. html。

B.9

2021～2022年黑龙江省劳动就业形势分析与预测

栾美薇*

摘　要： 2021年，受疫情影响，黑龙江省就业形势复杂严峻，就业任务非常艰巨，就业总量需求有待提振，特别是高校毕业生等新成长劳动力就业压力较大，城镇调查失业率处在全国较高水平，就业结构性矛盾比较突出，灵活就业人员较多，就业稳定性相对较差。黑龙江省应坚持经济发展就业导向，强化就业优先政策，突出抓好高校毕业生、农民工等重点群体就业，探索提高就业率的重点路径。

关键词： 劳动就业　社会保障　黑龙江省

就业稳则民心稳，就业是社会财富创造的来源和社会大局稳定的重要支撑。就当前经济形势来看，国内经济恢复仍然具有不稳固、不均衡的特点，稳定经济运行的困难挑战在不断增多，尤其是2021年第三季度的部分经济指标出现回落，加大了宏观调控的难度。黑龙江省经济下行问题已经存在多年，就业压力逐年增大，研究就业情况有助于推动黑龙江省整体经济运行发展，从而更好地解决就业难题。

---

* 栾美薇，黑龙江省社会科学院经济研究所助理研究员，研究方向为发展经济学。

一　黑龙江省劳动就业形势基本情况

2021 年，面对复杂严峻的国际环境和国内疫情散发等多重考验，黑龙江省科学统筹疫情防控和经济社会发展，加大对实体经济发展的支持力度，制定稳就业、保就业的政策措施，精准发力，促使 2021 年全省就业形势总体稳定、稳中向好。在重点群体方面，大学生、农民工就业得到有效改善。2021 年，城镇调查失业率被首次作为就业工作的重要指标，随着经济持续恢复，特别是各项政策效果不断显现，黑龙江省第一季度、第二季度的城镇调查失业率均低于上年同期，但始终高于全国平均水平。

（一）城镇新增就业稳步增长

截至 2021 年 7 月末，黑龙江省实现城镇新增就业 21.5 万人，同比上升 15.86%，完成全年任务目标（30.0 万人）的 71.7%；城镇调查失业率为 6%；失业率指标稳中有降，城镇登记失业率为 3.36%，低于控制目标 2.14 个百分点。

（二）重点群体就业稳步向好

2021 年黑龙江省共有应届高校毕业生 21.7 万名，截至 7 月末，毕业去向落实率为 83.39%，同比上升 9.50 个百分点；农民转移就业 548.3 万人，同比增长 1.7%；12.59 万名失业人员实现再就业，同比增长 5.98%；零就业家庭持续保持动态清零。

（三）劳动关系总体稳定

2021 年 1~7 月，黑龙江省未发生由失业问题引发的群体性事件；对全省 13 个市（地）和农垦、森工、油田三大重点行业的 2332 个样本企业进行失业动态监测，各类企业用工总体平稳，劳动关系保持和谐稳定。

（四）劳动就业收入持续提高

2021 年 1~9 月，黑龙江省居民人均可支配收入 18865 元，同比增长 10.5%，增速高于全国平均水平（10.4%）0.1 个百分点。其中，城镇居民人均可支配收入 24408 元，增长 9.9%；农村居民人均可支配收入 10987 元，增长 10.9%。

二　黑龙江省劳动就业存在的问题

由于世界经济环境复杂多变，不稳定性因素较多，国内发展受其影响，经济恢复具有不稳固、不均衡的特点。黑龙江省就业长期处于总量压力较大、结构性矛盾突出的严峻时期，就业形势面临的风险性和不确定性逐渐增强。

（一）就业压力持续增大

黑龙江省在就业方面仍然面临着巨大的压力，最主要的问题是总量的压力和结构性的矛盾并存。黑龙江省每年需在城镇就业的新成长劳动力约 30 万人，除此之外，下岗失业人员再就业和农民工就业数量叠加，预计每年城镇新就业人数超过 40 万人，总量压力有增无减。另外，就业难和招工难形成的结构性矛盾仍十分突出，部分高校毕业生、大龄低技能劳动者与企业的岗位需求不匹配；技能劳动者，特别是高级技工往往供不应求。

（二）经济结构较为单一

黑龙江省经济结构较为单一且矛盾性突出，尤其是近些年下岗职工问题一直存在，潜在的失业率大幅上升。受新冠肺炎疫情影响，互联网、大数据、云计算等与之相关的产业得到大力支持和快速发展，新经济发展势头迅猛。在智能经济、电商、新零售、线上线下混合经济、现代物流、现代农业、高端装备制造业、生物医药行业等中都有新经济的身影。但黑龙江省是老工业基地，目前国有经济仍占主导地位，非公有制经济比重相对较小，且新就业形态的中坚力量即中小企业的存活率不高，非公有制企业发展速度较为滞后，在新经济发展方面较为迟缓。新经济主要集中在农业、工业、零售业领域，作用并不明显。此外，新经济的比例不高，相应的扶持政策也不完善。

（三）就业的稳定性不强

黑龙江省经济发展主要依赖于资源型产业和重工业，现代服务业发展相对滞后且速度缓慢。第三产业是吸纳就业的主渠道，但由于其发展速度滞后且大部分为中小微企业，抵御风险能力较弱。全省城镇新就业人员中灵活就业占比达60%，岗位存在一定的不稳定性，新经济、新业态、新模式从业人员岗位灵活度高、职业发展可持续性弱。

（四）就业资金引导作用发挥不够

就业资金是各级财政部门根据就业形势的变化和就业工作的需要，为支持就业工作而划拨或者筹措的专项资金，能够更好地引导就业。国家拨给黑龙江省的就业资金绝大部分用于保障性支出，在扶持自主创业、鼓励企业吸纳就业等方面的作用发挥不够，并且地方匹配资金不足，资金撬动作用不明显，在促进就业和再就业的发展方面，还需进一步加强就业资金的导向作用。

三　黑龙江省劳动就业形势展望

2021 年，疫情对不同地区就业影响的范围、对象、时间、程度虽然都存在较为明显的差异，但对各类劳动者群体都产生了一定影响。高校毕业生面临供给增加、需求下滑、招聘延后、求职受限等困难局面；城镇失业人员再就业和灵活就业者就业难度加大，失业率提高；外出务工农民工比例降低，部分农民工在疫情防控期间就业困难，部分留守的农民工因为疫情无法外出，就业受阻。从行业结构方面来看，2021 年黑龙江省疫情反复，对部分行业影响较大，恢复营业状态和预期存在明显差距，对就业者尤其是灵活就业者造成的影响不容乐观。2022 年，就业增长仍面临诸多阻力，经济运行的结构性调整加强，就业结构性矛盾可能会更加突出，服务行业发展速度可能会慢于其他行业。由于疫情的不确定性，常态化条件下防止疫情反弹、局部发生的任务仍然繁重，在一定程度上会抑制生产消费的复苏，劳动就业的不稳定性增加，劳动争议等相关问题可能会有所增加。预计 2022 年黑龙江省城镇新增就业人员与 2021 年总量相比差距不大，高校毕业生数量较 2021 年增加，就业压力持续增大，就业不稳定性可能会增强，受疫情的不确定性影响，城镇调查失业率可能会升高。

四　黑龙江省劳动就业的对策建议

就业问题是民生之本，不仅关系到社会稳定，也关系到经济的健康发展。保障企业在就业市场中的主体地位，稳定重点群体的就业，是当前面临的主要课题。筑牢“稳的基础”，保持“扩的态势”，实施“促的举措”，守住“保的底线”，要积极实施减负稳岗扩就业等相关政策；鼓励和引导各类就业群体投身创业，起到创业带动就业的效果；大力拓宽农村劳动力外出务工和就近就业的增收渠道。

（一）推进产业发展带动就业

围绕产业带动、招商引资、自主创业、灵活就业、新业态等方面拓展就业创业空间。就业与第一、二、三产业相互协调、融合发展，要充分体现第二产业的桥梁和纽带作用、第三产业的服务保障功能，促使就业总量得到提升。一是在产业结构优化升级和招商引资方面，优先实施拉动就业能力强的第二、三产业投资项目，优先支持吸纳就业能力强的劳动密集型企业，让具有发展潜力的产业来带动更多劳动者就业。二是在创业带动就业方面，可以扩大创业培训规模，在创业补贴、担保贷款、场地等方面降低优惠门槛，给予相应的补贴和支持。三是在新业态发展方面，全力推进直播电商发展三年行动计划，加大网络营销师、直播销售员等新职业的培训力度，推进新经济、新业态就业。在数字经济时代要加强与阿里巴巴、抖音、快手等平台的合作，大力发展网络销售，推广直播带货等一批就业项目，促进居家灵活就业人员就业。

（二）强化政策发力稳定就业

全面实施就业优先政策，推动财政、金融、投资、消费等政策聚力支持就业。加强政策衔接，优化政策供给，在推进“援企、减负、稳岗、扩就业”等方面多措并举，防止政策“急刹车”。在振兴经济发展过程中，重点支持吸纳就业能力强的产业，发展新的就业增长极，在保增长、调结构的同时，扩大就业规模，提升就业质量，优化就业结构。一是出台扶持政策，积极扶持吸纳就业能力强的企业和个体经济，重点扶持作为就业主体的中小微企业，扩大就业基础面。二是在人才政策制定方面，要从减少人才外流、大力引进人才、改善人才就业环境和质量等方面入手，增强对人才的吸引力。三是积极争取国家发展政策支持，带动黑龙江省就业。振兴经济，改善就业结构和质量，需要中央在顶层设计和政策支持上给予一定的倾斜。对符合本省经济特征、吸纳就业能力强的产业给予更多扶持，是改善经济环境和增强就业吸引力最为有效的办法。

（三）搭建服务平台促进就业

就业是一项面对全社会的系统工程，需要政府从产业、教育、社会保障等多层面进行顶层设计，更需要相关部门将设计落地，搭建服务平台就是重要落地途径。一是由点到面整合平台。互联互通的就业平台能免费、方便地提供服务，避免信息孤岛和资源浪费。将重大项目、重点园区、重要企业的用工对接平台整合起来，发挥市、县两级政府作用，通过平台共享切实摸清企业用工需求和劳动者求职意愿“两个底数”，建立劳动力用工平台，为用人和求职两个群体搭建有效沟通和对接的桥梁。二是搭建人力资源服务平台，完善全省公共就业服务平台，提高培训水平，促进与58同城、智联招聘等经营性人力资源服务机构合作，联合开展信息化、智能化服务，提升市场化人力资源配置效能。三是搭建技能人才有效供给平台，借助和利用好职业教育和高等教育师资力量相对雄厚等优势，采用定向和订单模式，大力开展职业技术培训，巩固和扩大职业教育规模，增强培训的针对性和实用性，优化技工院校布局和资源配置，围绕绿色食品、高端装备、新材料、生物医药、信息技术、新能源、节能环保以及化工、汽车、传统能源“十大产业”发展，主动调整专业设置，按需实施订单式培养、定岗定向培训，为全面建设现代化新龙江提供技能人才支撑。

（四）加强职业技能培训助力就业

开展“技能提升质量年”活动，实施“点对点”精准培训，推行企业新型学徒制培训，广泛开展新职业培训。黑龙江省计划新建10个高技能人才培训基地、20个技能大师工作室，全年可培养高技能人才3万人。推行社会化职业技能等级认定，深化评价制度改革，建立更加符合市场需要的评价机制，将技能水平评价主体由政府变为企业和第三方机构，进一步发展壮大技能人才队伍。创新开展职业技能竞赛，选择技能含量高、通用性强、影响力大、从业人员多的职业，组织开展“龙江技能系列竞赛”，切实发挥“以赛育才”作用。

（五）完善重点群体服务保障就业

对高校毕业生、农民工等重点群体，从强化就业帮扶、完善就业服务等方面发力，开展覆盖面广、有针对性的职业技能培训，拓宽多样化就业渠道，夯实就业基础，守住不发生规模性失业风险的底线。一是在高校毕业生就业方面，完善高校毕业生就业创业服务体系。在统筹实施项目上，可以采取分类拉动一批、市场主体吸纳一批、事业单位招聘一批、基层项目招募一批、鼓励创业引领一批、就业见习储备一批等措施，确保高校毕业生就业率稳定提高。二是在农民工就业方面，完善“服务、培训、维权”协调一体推进的工作体系，实施农民工素质提升工程，打造“龙江月嫂”等特色劳务品牌，提升农民工就业稳定性。保障就业困难人员就业，强化跟踪服务，开展“一对一”就业援助，开发兜底安置类公益性岗位，确保零就业家庭动态清零；完善就业统计分析预测、失业动态监测预警、劳动关系调处等体系，健全风险处置机制，确保就业形势总体稳定。

B.10
2021~2022年黑龙江省居民收入分析与预测

邢　明*

摘　要： 2021年，黑龙江省贯彻新发展理念、融入新发展格局，克服局部地区新冠肺炎疫情多次反复的不利因素，经济发展稳中有升，带动居民收入显著提高。黑龙江省委、省政府采取有力措施控制疫情的反弹，多措并举促进经济发展和居民增收，全省居民收入增幅大幅回升，城镇常住居民收入稳定增长，农村常住居民收入增速高于全国平均水平，但各市（地）居民受当地产业布局和经济发展水平影响很大，存在收入差距。因此，黑龙江省应在实现共同富裕目标的过程中，增强居民收入的公平性，调整疫情防控常态化时期的居民增收模式，注重民生，推进居民增收。

关键词： 居民收入　共同富裕　黑龙江省

一　黑龙江省居民收入的现状分析

2021年1~9月，黑龙江省地区生产总值（GDP）为9747.6亿元，同比增长8.0%；第一、二、三产业增加值分别为1086.1亿元、

---

* 邢明，黑龙江省社会科学院农村发展研究所副研究员，研究方向为“三农”问题。

3093.7 亿元、5567.9 亿元，第一、二、三产业增加值增速分别为 8.1%、7.7%、8.1%。经济平稳回升带动居民收入平稳增长。

（一）黑龙江省城乡居民收入增速回升

2021 年 1~9 月，黑龙江省城镇常住居民人均可支配收入为 24408 元，比上年同期增加 2202 元，同比增长 9.92%，与上年同期相比增幅扩大 12.3 个百分点。农村常住居民人均可支配收入为 10987 元，比上年同期增加 1080 元，同比增长 10.90%，与上年同期相比增幅扩大 4.6 个百分点。城镇常住居民人均可支配收入与农村常住居民人均可支配收入比为 2.22：1；上年同期二者之比为 2.24：1。居民收入增幅超过同期 GDP 增幅。2021 年，全国居民人均可支配收入 35128 元，比上年名义增长 9.1%，扣除价格因素实际增长 8.1%。黑龙江省居民人均可支配收入 27159 元，比上年增加 2257 元，同比增长 9.1%。其中城镇常住居民人均可支配收入 33646 元，比上年增加 2531 元，同比增长 8.1%。农村常住居民人均可支配收入 17888 元，比上年增加 1720 元，同比增长 10.6%（见表 1）。

表 1　2016~2021 年黑龙江省居民收入与全国居民收入比较

单位：元，%

年份	全国居民人均可支配收入	黑龙江省居民人均可支配收入	黑龙江省占全国的比例	全国农村常住居民人均可支配收入	黑龙江省农村常住居民人均可支配收入	黑龙江省占全国的比例	全国城镇常住居民人均可支配收入	黑龙江省城镇常住居民人均可支配收入	黑龙江省占全国的比例
2016	23821	19838	83.3	12363	11832	95.7	33616	25736	76.6
2017	25974	21206	81.6	13432	12665	94.3	36396	27446	75.4
2018	28228	22726	80.5	14617	13804	94.4	39250	29191	74.4
2019	30733	24254	78.9	16021	14982	93.5	42359	30945	73.1
2020	32189	24902	77.4	17131	16168	94.4	43818	31115	71.0
2021	35128	27159	77.3	18931	17888	94.5	47412	33646	71.0

资料来源：国家统计局、黑龙江省统计局。

（二）黑龙江省居民收入与全国对比情况

黑龙江省居民收入稳定增长，2016~2021年，全国居民人均可支配收入分别为23821元、25974元、28228元、30733元、32189元、35128元，同期黑龙江省居民人均可支配收入分别为19838元、21206元、22726元、24254元、24902元、27159元。黑龙江省居民人均可支配收入分别为同期全国居民人均可支配收入的83.3%、81.6%、80.5%、78.9%、77.4%、77.3%，比例持续下滑。

2016~2021年，全国城镇常住居民人均可支配收入分别为33616元、36396元、39250元、42359元、43818元、47412元。同期黑龙江省城镇常住居民人均可支配收入分别为25736元、27446元、29191元、30945元、31115元、33646元。黑龙江省城镇常住居民人均可支配收入分别是同期全国城镇常住居民人均可支配收入的76.6%、75.4%、74.4%、73.1%、71.0%、71.0%。

2016~2021年，全国农村常住居民人均可支配收入分别为12363元、13432元、14617元、16021元，17131元、18931元。同期黑龙江省农村常住居民人均可支配收入分别为11832元、12665元、13804元、14982元、16168元、17888元。黑龙江省农村常住居民人均可支配收入分别是同期全国农村常住居民人均可支配收入的95.7%、94.3%、94.4%、93.5%、94.4%、94.5%。

（三）省内各市（地）收入差异情况

黑龙江省各市（地）之间收入差距明显，而且位次保持相对固定。比较2016~2019年黑龙江省各市（地）城镇常住居民人均可支配收入数据可以看出，13个市（地）中只有哈尔滨、大庆、牡丹江3个市的城镇常住居民人均可支配收入超过全省平均水平。以2019年城镇常住居民人均可支配收入为例，全省人均30945

元，其中，哈尔滨市城镇常住居民人均可支配收入 40007 元，大庆市城镇常住居民人均可支配收入 43298 元，牡丹江市城镇常住居民人均可支配收入 34422 元，其他市（地）均低于全省平均水平。以鸡西市、鹤岗市、双鸭山市为代表的煤炭资源型城市，以林业资源为基础的伊春市和大兴安岭地区，城镇常住居民人均可支配收入均一直低于全省平均水平。黑河边贸城市与佳木斯市和齐齐哈尔市均保持与全省均值相当的水平。以农业为主的绥化市，其城镇常住居民人均可支配收入与煤炭资源型城市相当。农村常住居民人均可支配收入方面，只有大兴安岭地区和七台河市两地一直低于全省平均水平。黑河凭借边贸优势和地广人稀的农业优势，农村常住居民人均可支配收入高于全省均值。鸡西市农村常住居民人均可支配收入居全省 13 个市（地）前列，高于哈尔滨、大庆等重点城市（见表 2）。

表 2　2016~2019 年黑龙江省各市（地）居民收入

单位：元

地　　区	城镇常住居民人均可支配收入				农村常住居民人均可支配收入			
	2016 年	2017 年	2018 年	2019 年	2016 年	2017 年	2018 年	2019 年
全　　省	25736	27446	29191	30945	11832	12665	13804	14982
哈 尔 滨	33190	35546	37828	40007	14391	15557	16934	18238
齐齐哈尔	24629	26304	28051	30031	12943	13965	15283	16689
鸡　　西	21227	22607	23889	25413	15592	16808	18258	19700
鹤　　岗	20085	21370	22639	24149	13041	13967	15134	16466
双 鸭 山	22416	23806	25272	26844	13035	13882	15102	16235
大　　庆	36509	38736	41091	43298	13909	14757	15978	17368
伊　　春	22189	23676	25191	26707	12827	13725	15017	16188
佳 木 斯	24632	26332	28141	29869	13912	14872	16315	17702
七 台 河	22071	23528	24949	26431	11405	12169	13230	14340
牡 丹 江	28489	30569	32504	34422	15688	16896	18458	20045

续表

地区	城镇常住居民人均可支配收入				农村常住居民人均可支配收入			
	2016年	2017年	2018年	2019年	2016年	2017年	2018年	2019年
黑河	24474	26138	27957	29970	12969	14007	15268	16734
绥化	22060	23450	25023	26760	12014	12831	14002	15262
大兴安岭	21803	23220	24718	26285	11349	12098	13288	14378

资料来源：黑龙江省统计局。

二 黑龙江省居民收入分析与预测

（一）经济下行压力大导致居民增收难

从全国整体来看，黑龙江省经济体量较小是居民收入水平偏低的主要因素。从2020年数据上看，黑龙江省人均GDP为43009.3元，仅高于甘肃省（36038.2元），位居全国倒数第二，不到排名第七（广东省87896.78元）的一半，是排名第一（北京164994.05元）的26%。经济体量的巨大差异直接导致了城镇常住居民工资性收入和农村常住居民工资性收入偏低。

2021年，新冠肺炎疫情在黑龙江省局部多次反弹，对黑龙江省经济发展和居民增收造成一定的负面影响。黑龙江省委、省政府积极调控，迅速控制疫情传播，并且有序组织生产经营活动，经济整体运行平稳，经济增速稳步回升带动居民收入稳步提高。2021年黑龙江省居民人均可支配收入名义增长9.0%，全国居民人均可支配收入名义增长9.1%，黑龙江省居民人均可支配收入增速低于全国平均增速0.1个百分点。黑龙江省城镇常住居民人均可支配收入名义增长8.1%，全国城镇常住居民人均可支配收入名义增长8.2%。黑龙江省农村常住居民人均可支配收入名义增长10.6%，全国农村常住居民人均可支配收入名义增长10.5%。黑龙江省城乡居民人均可支配收入与全国平均增速相比呈现城镇低农村高的态势，上下的差距都是0.1个百分点。2021年1~9月，全国GDP同比增长9.8%，黑龙江省GDP同比增长8.0%。黑龙江省经济总量低，增速低于全国平均水平，是制约黑龙江省城乡居民增收的主要因素。2021年，在省委、省政府保民生促发展的大方针下，黑龙江省城乡居民人均可支配收入增速基本与全国平均增速持平。由此可见，黑龙江省在促进居民增收、保民生方面方法得当、成效显著。

（二）产业结构调整对居民收入影响显著

黑龙江省居民收入地区差异明显，地区间居民收入差异化相对固定。依靠石油产业的支撑和延续，大庆市城镇常住居民人均可支配收入居黑龙江省13个市（地）城镇常住居民人均可支配收入排名首位。截至2021年11月份，大庆市GDP达到16.8%的增速，进而带动了居民收入水平提高。大庆市在工业转型方面积极推进，实体经济发展迅速。相比之下，黑龙江省煤炭、森工资源型城市发展接续产业情况并不理想，传统的煤炭、森工资源型城市，并没有形成有效的接续替代型产业。黑龙江省农业县市多，其由于产业发展相对稳定，经济发展水平和居民收入相对趋于中位。黑龙江省近年来属人口净流出省份，所有城市的户籍人口都在逐年减少，人口大规模的迁出在一定程度上给经济发展带来负面影响，而且从目前来看没有得到有效控制。黑龙江省通过政策调整和体制改革推动经济发展，通过积极推进改善营商环境工作优化经济发展软环境，取得良好的成效，但并没有从本质上彻底地改变惯性思维和固有的行为模式，很难有效地形成全面良好的营商环境。

（三）农村常住居民收入来源比例趋于合理

黑龙江省农村常住居民人均可支配收入持续高速增长，主要因素是政策导向带动。2021 年 1~9 月，黑龙江省城镇常住居民人均可支配收入 24408 元，同比增长 9.9%。其中，人均工资性收入 13775 元，同比增长 7.0%；人均经营净收入 2048 元，同比增长 16.6%；人均财产净收入 1005 元，同比增长 15.6%；人均转移净收入 7580 元，同比增长 13.1%。城镇常住居民人均经营净收入、财产净收入、转移净收入增幅均超两位数，人均工资性收入稳定增长，从收入来源结构看，经济运行预期良好。2021 年 1~9 月，黑龙江省农村常住居民人均可支配收入 10987 元，同比增长 10.9%。其中，人均工资性收入 2592 元，同比增长 12.5%；人均经营净收入 4328 元，同比下降 16.6%；人均财产净收入 1016 元，同比增长 38.2%；人均转移净收入 3051 元，同比增长 82.2%。黑龙江省农村常住居民人均工资性收入增长迅速，符合结构调整预期，收入来源结构进一步优化。农业扶持政策力度加大带动人均转移净收入大幅度增长。农业市场变动对农村常住居民人均经营净收入影响较大，属于正常的变动范围。黑龙江省农村常住居民收入来源结构进一步优化。

（四）黑龙江省居民收入预测

2021 年，黑龙江省积极调整经济发展政策，有效避免了因新冠肺炎疫情局部反弹而影响居民收入的问题。2021 年 1~9 月，黑龙江省城镇常住居民人均生活消费支出实现 16903 元，比上年同期增长 24%，消费大幅度增长，有力地支撑经济快速回暖，也将会带动下一年的消费热度；农村常住居民人均工资性收入占比进一步提高，收入来源结构趋于合理，人均经营净收入随着市场调节将逐步趋于稳定。2022 年，国家金融政策趋于宽松，将有效地释放市场活力、促进经济发展；随着国家和黑龙江省的各种经济政策落实，经济向好的可能性加大。预计 2022 年末，黑龙江省人均可支配收入将有望接近 29000 元，城镇常住居民人均可支配收入将有望达到 7% 的增幅，农村常住居民人均可支配收入将继续保持 10% 上下的增幅。

三　对策建议

（一）促进经济高质量发展，保障居民增收

建立促进经济可持续发展的长效机制，带动居民增收。以党的十九届六中全会精神为指引，抓住新时代发展的先机。以敢于创新为经济可持续发展的突破口，走出一条符合黑龙江省历史定位的发展新途径。以促进经济可持续发展为主要目标，改善居民增收的质量。一是加大以改善营商环境为主导的人文环境整治力度，再次强调转变服务意识。从思想态度上转变，把服务群众、服务企业、服务社会作为管理信念和理念。把人民满意、企业满意、社会满意作为评价政府职能转变的重要参考依据。二是拓宽居民就业渠道，在居民创办企业、合作社等经营主体时，提高服务意识和服务水平。把创办企业的所有事项一次办结，涉及税收、金融服务等相关部门的，政府牵头各部门做到主动服务。服务创新，让居民创业之路更加平坦，把涉及创业的社会化服务体系全部纳入政府公益项目。三是捋顺政企关系，对于"吃拿卡要"的行为坚决严肃处理，坚决杜绝借疫情防控之名做出不合理、不合规、不公平的行政行为，公开公正推行企业补贴政策。四是平衡好经济内循环的消费端和供给端。为应对疫情带来的经济负面影响，各地应继续推出促进居民消费、拉动内需的扶持政策。在供给端应把本地企业和产品划入扩大内需的范围，促进本地企业和产品融入双循环，促进形成本地制造业参与内循环的"造血"功能。

（二）在实现共同富裕过程中提高收入公平性

在推动共同富裕的大背景下，继续深化劳动分配制度的改革。一是向中央争取地方发展特殊政策。提高个人所得税和企业所得税的起

征点，吸引高收入群体和企业落户黑龙江省，促进经济欠发达地区的经济崛起。二是缩小区域间收入差距。巩固扶贫成果，加大低收入群体的保障力度。在共同富裕的背景下探讨高收入群体带动低收入群体的扶贫模式。提高财政支付劳动者的工资待遇，按照相关政策和承诺积极推进落实。缩小与其他省份同工作的工资待遇差距，收入分配改革要防止出现不良竞争。提高收入是保持经济社会良性发展的促进手段，应防止增收成为“内卷”的借口。三是提高国储粮的收购价格。保持农村常住居民种植粮食的生产积极性，提高农村常住居民粮食生产的经济收益。从国家宏观的粮食安全战略部署出发，保障粮食安全战略经营主体的可持续发展，进而促进农民人均经营净收入长期稳定地增长。四是提高最低工资标准，保障低收入群体获得合理的劳动报酬。

（三）加大对资源型城市居民增收的扶持力度

煤炭和森工资源型城市是促进居民增收的重点区域。一是黑龙江省城镇常住居民人均可支配收入偏低的几个城市都是煤炭和森工资源型城市，加快煤炭和森工资源型城市转型和产业布局调整是促进经济发展、居民增收的有效途径。二是争取宽松的经济发展环境，吸引省外国外资金投入，争取有效的投资拉动。适当制定地方经济保护政策，促进本地产业特别是本地实体经济的发展壮大。有效反转政府服务意识与经济发展水平的反比例，让煤炭和森工资源型城市的“资源”转变成吸引投资的“载体资源”，让实体经济有效发展，创造更多社会财富，带动居民增收。三是鼓励煤炭和森工资源型城市财政预算编制内人员离岗创业，在不影响所在单位运行的前提下精兵简政，一方面发挥创业人员对行业的了解优势，另一方面压缩财政支出用于减免税费、促进居民增收。

（四）探索疫情防控常态化时期的居民增收路径

探索和鼓励居民增收的新路径。一是新冠肺炎疫情的发生打乱了世界经济社会的发展秩序，由此带来诸多的负面影响，同时，应该适应疫情防控常态化时期发展的变动。应对疫情反复等不确定性造成的市场波动，探求新的发展路径和渠道。二是加大数字技术在各个领域的应用力度，开发新的市场，鼓励科技公司和科研院所等机构创新设想。抓住数字技术创新是适应时代后发赶超的良机，抓住数字经济发展的要点就是传统产业和新市场需求的结合。三是鼓励和扶持政策应该无差别化推进，避免设置过多的条条框框形成新的寻租。不怕政策被钻空子，怕就怕政策门槛太高。

（五）提高企业促进居民增收的能力

提高企业和居民的满意度就是最大限度地发挥人民至上的理念。提高企业和居民满意度，更好地让企业和居民安居乐业。一是接受企业在发展过程中提出的建议和意见，及时反馈和解决。要让办事的部门第一个想到的是“怕企业不满意”，让“高度重视”变成“事件得到妥善解决”。服务型政府不是喊口号，而是在法律法规框架内让服务对象真正满意。二是让居民满意，小事马上办、大事有人办、难事有得办，让事后的反馈意见作为衡量其工作好坏的标准。保障经济发展、居民增收，需要建立安居乐业的人文环境。

改革转型篇

Reports on Reform and Transformation

B.11

黑龙江省国有资本发展研究*

孙浩进　魏鹏飞　吴国都**

摘　要： 进入新时代以来，国有资本越来越成为我国经济社会发展的“稳定器”和改善民生福祉的“压舱石”。“十四五”时期，黑龙江省国有资本运营的效率、保值增值能力仍有较大提升空间。黑龙江省应立足国有资本的战略定位，充分发挥培育灵活高效市场主体的平台作用，锚定全省经济发展重点领域，通过产业投资、股权运作、价值经营，优化存量、扩大增量、有序进退，着力提升产业核心竞争力和经营质量、经济效益，切实增强国有企业内在活力和发展引领力，提升其服务全省战略能力和带动地方经济发展

* 本报告为国家社会科学基金项目“东北地区资源型城市规模收缩问题研究”(21BJL048)的阶段性研究成果。

** 孙浩进，黑龙江省社会科学院经济研究所所长、研究员，博士，研究方向为发展经济学；魏鹏飞，黑龙江省社会科学院经济研究所硕士研究生，研究方向为政治经济学；吴国都，黑龙江省社会科学院经济研究所硕士研究生，研究方向为政治经济学。

能力，并充分发挥对全省振兴发展的重要战略支撑作用。

关键词： 国有资本 国有企业 投资效率 黑龙江省

《中华人民共和国国民经济和社会发展第十四个五年规划和 2035 年远景目标纲要》指出，要加快国有经济布局优化和结构调整，做大做强做优国有资本。国有资本是区域经济发展的重要物质基础。在“十四五”时期，黑龙江省要充分发挥国有经济的战略支撑作用，通过全面深化改革来提升国有经济竞争力，推动经济高质量发展。

一 黑龙江省国有资本发展现状

近年来，黑龙江省国有资本在服务党和国家工作大局、落实重要区域发展战略、服务地方经济发展方面，发挥出了应有的作用。2020 年，黑龙江省国有企业（不含金融、文化类）累计实现营业收入 1411.88 亿元，同比增长 12.22%，省国资委出资企业累计实现营业收入 961.44 亿元，同比增长 16.04%，建投集团、交投集团、农投集团 3 家企业营业收入同比增长均超过 10 亿元。全省地方国企实现利润 22.40 亿元，省国资委出资企业实现利润 14.13 亿元，13 家出资企业实现盈利，占 86.67%。全省地方国企缴纳税费 74.83 亿元，省国资委出资企业缴纳税费 56.06 亿元，同比增长 1.65%，实现了由降转升。2020 年，省国资委出资企业累计完成投资 304.0 亿元，比 2019 年增长 75%，推进的 26 个“百大项目”完成投资 149.3 亿元。

2020 年，黑龙江省 6 家省级产业投资集团累计实现营业收入 665.66 亿元，同比增长 31.64%；利润总额 11.76 亿元，同比增长

57.79%。加强央地合作，实现融合发展，签署央地合作项目86个，总投资额3185.0亿元，省国资委出资企业签约10个项目，总投资额219.9亿元，为形成龙江振兴合力提供了重要支撑。2020年，龙江振兴基金进一步扩大规模，吸引哈尔滨市政府参与基金投资，首期基金规模由32.17亿元增加至37.17亿元，投出2个项目共3.40亿元。

2021年上半年，黑龙江省国企及省国资委出资企业的营业收入、缴纳税费均实现强势增长，表明全省国有资本运行情况良好。此外，省国资委出资企业无论是营业收入还是缴纳税费的同比增长率均高于全省国企平均水平（见表1）。

表1　2021年上半年黑龙江省国有资本运行情况

单位：亿元，%

项目名称	金额	同比增长率	两年平均增长率
国企营业收入	744.33	32.47	18.64
省国资委出资企业营业收入	463.95	38.63	26.30
国企缴纳税费	45.97	42.14	3.32
省国资委出资企业缴纳税费	32.99	56.82	14.20

资料来源：黑龙江省国资委网站。

2020年，黑龙江省国有资产的资产总额、净资产、营业收入、利润总额相较“十二五”末，均实现了较大幅度的正向增长。其中，黑龙江省国有资产的利润总额达22.40亿元，比“十二五”末增长25.35亿元，实现了扭亏增盈（见表2）。

表2　截至2020年末黑龙江省国有资产情况

项目名称	金额(亿元)	比“十二五”末增长	同比增长
资产总额	16489.77	70.76%	6.70%
净资产	7696.92	64.82%	—
营业收入	1411.88	14.84%	12.22%
利润总额	22.40	25.35亿元	扭亏为盈

资料来源：黑龙江省国资委网站。

龙煤集团、建投集团、交投集团、机场集团 4 家黑龙江省属国有企业，分别从营业收入、承包商百强、省级交通集团资产规模、旅客吞吐量这 4 个方面进行全国排名，均取得了较为不错的排名（见表 3），这在一定程度上反映出黑龙江省国有资本良好的发展现状。

表 3　截至 2020 年末黑龙江省属国有企业在全国行业中的排名

企业名称	排名类型	全国行业排名
龙煤集团	营业收入	26
建投集团	承包商百强	28
交投集团	省级交通集团资产规模	15
机场集团	旅客吞吐量	21

资料来源：黑龙江省国资委网站。

农投集团的“金谷农场”、旅投集团的“趣龙江”、机场集团的“经哈飞”分别入选 2021 年中国 500 最具价值品牌、2020 年度中国旅游影响力品牌案例、2019 年度全国地方国有企业品牌建设案例（见表 4），这表明黑龙江省国有企业在打造全国范围内有影响力的品牌方面具有较强实力。

表 4　截至 2021 年末黑龙江省国有企业有影响力品牌建设情况

企业名称	品牌名称	品牌影响力
农投集团	金谷农场	2021 年中国 500 最具价值品牌
旅投集团	趣龙江	2020 年度中国旅游影响力品牌案例
机场集团	经哈飞	2019 年度全国地方国有企业品牌建设案例

资料来源：黑龙江省国资委网站。

2020 年，建投集团、龙煤集团、交投集团、农投集团的营业收入均突破百亿元，其中建投集团的营业收入高达 345.60 亿元（见表 5）。

表5　2020年黑龙江省营业收入超百亿元企业

单位：亿元

企业名称	营业收入
建投集团	345.60
龙煤集团	234.20
交投集团	112.00
农投集团	112.43

资料来源：黑龙江省国资委网站。

2021年上半年，黑龙江省地方国企和省国资委出资企业的利润总额均实现较大幅度的增长，其中地方国企同比扭亏增盈27.51亿元，省国资委出资企业同比增利11.23亿元（见表6）。

表6　2021年1~6月黑龙江省国企经济效益情况

单位：亿元

企业类型	利润总额	同比扭亏增盈/同比增利
地方国企	6.64	27.51
省国资委出资企业	12.16	11.23

资料来源：黑龙江省国资委网站。

2021年，黑龙江省优化国有资本布局结构，进一步夯实高质量发展基础，在保证全省经济稳增长上发挥了重要的支撑作用。

（一）落实国家重大战略，服务全省经济发展

2021年，黑龙江省国有资本抓住国家实施东北地区振兴战略机遇，统筹协调、加快推进重点领域和关键环节改革，坚持区域协调发展，加强国有企业与省内各市（地）间的协同合作，推动实现龙江全面振兴、全方位振兴。在现代农业、绿色食品、交通物流、建筑施工、优势战略性新兴产业领域创新发展一批领军企业，推动经

济结构转型升级，培育新的竞争优势。黑龙江省国有资本聚焦主责主业，聚焦“五大板块”，加快推动重大项目建设，加快形成优势产业，提高带动地方经济发展能力。立足市（地）国资国企发展基础，创新发展思路，积极推动形成区域差异化发展新格局。哈尔滨市、齐齐哈尔市、牡丹江市、大庆市、伊春市等区域作为全省市（地）级国资国企发展的重要承载地，积极构建以绿色农林产品及食品加工、高端装备制造、新材料、生物医药、现代物流、康养文旅等为支撑的重点产业体系。七台河市、黑河市积极推进市政交通、污水处理、环保节能等重点项目建设。佳木斯市、鸡西市、双鸭山市、鹤岗市、绥化市、大兴安岭地区持续深化国有企业改革，推进经营性国有资产集中统一监管，围绕自身区域和产业优势，优化国有资本配置，向具有核心竞争力的产业倾斜，培育发展一批具有地方特色和比较优势的重点国有企业。

（二）以产业布局建设带动新发展

1. 大力推进交通与基础设施建设

2021 年，黑龙江省发挥交投集团、建投集团等龙头企业在维护重要基础设施安全、构建现代化综合交通体系、补齐基础设施短板、推动新型城镇化建设、加强水利基础设施建设、打造行业领军企业等方面的重要作用，促进交通与基础设施发展向高质量高效益转变、向一体化融合发展转变、向创新驱动绿色智能转变。交投集团积极参与全省“一核一横三纵多联通”的快速铁路网和“三横六纵多联通”的普速铁路网建设，建设铁力至伊春铁路、哈尔滨至绥化至铁力铁路。省铁路集团加快推进地方铁路提速改造，增强区际铁路运输能力，谋划开通省内和省际客运线路，建设宝清至朝阳段地方铁路工程、黑金至黑河一期工程。交投集团全面提升公路质量和路网密度，加强沿边抵边公路交通设施建设，打造沿边高等级公路走廊，强化省际、城际通道建设，实施通村公路提级改造和连通工程，提高农村公路服务水平。

2. 巩固发展能源资源与化工产业

2021年，黑龙江省积极落实国家能源安全新战略，发挥龙煤集团和省产投集团等龙头企业在构建多元能源资源安全保障体系、建设"工业强省"中的重要作用，积极参与建设国家级资源综合利用基地，增强能源资源供应保障能力，完善能源资源产供储销体系，提升全产业链发展质量和效益，构筑国有企业在煤炭和化工等领域的竞争新优势。

3. 着力发展高端装备和战略性新兴产业

2021年，黑龙江省国有企业加快发展新材料产业，打造先进制造业优势产业集群，以智能化、绿色化、服务化提高产业链水平、产品附加值。交投集团推动石墨等特色资源开发利用，加快自动驾驶测试场建设、自动驾驶智能化技术应用创新。

（三）以结构调整助推提质量增效益

2021年，黑龙江省持续推动地方国有企业的国有资本布局优化和结构战略性调整，坚持聚焦主责主业，补齐短板、锻造长板，推动企业之间、企业集团内部同类或上下游资源实施战略性重组和专业化整合，大幅提高产业集中度，在产业优势领域精耕细作，做大做强做优龙头主导型企业。加快国有资本从缺少活力、缺乏市场竞争力的领域退出，实现国有资本形态转换。坚持出资人主导，推进全省地方国有企业非主业资产清理整合工作，对重复投资、同质化竞争问题突出的领域开展战略性重组和专业化整合，加快非主业、非优势业务"两非"剥离，抓好低效资产、无效资产"两资"处置；推进"科改示范行动"等，打造国有企业改革样板和创新尖兵。积极支持省级产业投资集团发挥国有资本的示范、引领、带动作用，增强国有经济竞争力、创新力、控制力、影响力、抗风险能力。

（四）推进企业创新体系和平台建设

2021 年，黑龙江省加快国有企业商业模式创新，主动适应信息时代新形势、新变化，以用户需求为导向，以产品制造、贸易、采购、物流等方面的资源优势和核心能力为依托，重构商业逻辑，促进先进制造业、现代服务业一体化发展。针对新业态、新领域发展趋势，塑造新型多元的商业模式，加快从单纯提供产品向提供系统解决方案转变，增强国有企业价值创造能力。交投集团形成资源投资、开发利用、利润流入与融资变现的商业模式，打造智慧物流网络体系，探索覆盖全省的新出行服务模式。地方国有企业大力实施科技强企战略，培育壮大科技人员队伍，着力搭建科技创新平台，切实加快关键技术攻关、先进适用技术推广和科技示范工程建设，进一步提升科技创新能力。推动数字产业化、产业数字化，促进数字经济与实体经济深度融合，加快数字技术应用和数字产品开发，激发数据要素潜能，赋能传统产业转型升级，培育数字经济新产业、新业态和新模式，壮大经济发展新引擎。龙煤集团全面推进煤矿智能化建设，加快煤矿风险预警与防控系统建设，提高煤矿安全生产能力和安全监管水平。交投集团加大交通基础设施智能化改造力度，实现主要干线全覆盖、电子化收费全覆盖，着力打造智慧交通产业生态体系；推进运输贸易行业信息化改造，探索装卸机械智能化、载运装备智能化应用，着力打造智慧物流网络体系。

（五）推进多层次、多领域协同合作

2021 年，黑龙江省支持地方国有企业与中央企业遵循市场化原则，稳步推进战略性重组和专业化整合，推动国有资本合理流动、优化配置。鼓励地方国有企业与中央企业建立科研协作平台和产业创新联盟，重点突破一批产业共性技术和关键核心技术。支持全省地方国有企业与在国外市场有较多业务的央企合作，积极获取全球资源，拓展国际化业务，达到“借船出海”布局海外市场的目的。积极推进与央企在石墨产业、文旅基金、基础设施、煤矿智能化等领域协同融合发展，在产业链延伸、产业配套协作等方面谋划生成合作项目。

积极参与黑龙江省与广东省对口合作，汲取广东省知名企业发展经验，积极引入先进的理念、充足的资金、领先的技术、科学的管理、广阔的市场，形成一批干部人才交流、产业对接互补、重点园区共建、重大项目合作成果。农投集团积极与广东省开展产销合作，通过建立合作基地、异地储备库，加快从供需合作转向供应链合作，推动形成粮油收购、储存、加工、中转、销售整体经营优势，构建现代化粮食物流体系。旅投集团积极谋划与广东省旅游控股集团在酒店融合发展、线上推广营销、文旅产品创新等方面开展交流合作。

发挥国有企业与民营企业双方优势，取长补短、相互促进，深化合作、共赢发展。支持全省地方国有企业通过项目合作、产业共建、搭建联盟等市场化方式带动民营企业、中小企业发展。深化省国资委出资企业与国内一流民营企业的合作，共建产业链、供应链，共同提高风险应对能力，共同打造良好的产业生态和经济生态，实现互利共赢。交投集团与北京千方集团成立合资公司，布局智慧交通、智慧城市等领域。农投集团与上海复星集团成立合资公司，以绿色食品和农副产品营销为切入点，开展三产融合领域的合作。

二　当前黑龙江省国有资本发展存在的问题

近年来，黑龙江省国有资本积极承担起在服务地方经济发展、落实重要区域战略等方面的重要责任，并取得了令人瞩目的成效。但与此同时，黑龙江省国有资本在运营能力、产业布局、资源配置、监管机制等方面，仍然存在亟待解决的问题，这些问题严重制约国有资本高质量发展和发挥战略支撑作用。

（一）国有资本的运营能力有待提升

发展资本运营需要造就一批熟练掌握资本运营知识、富有实战经验的高素质资本经营者队伍。但在目前，受制于客观条件，黑龙江省资本运营者队伍发展较为缓慢，其运营和管理能力有待提升。资本运营者和管理者逐步进入高学历的知识结构，但是其职业综合素质仍然满足不了黑龙江省国有资本在持续发展与进步的进程中所不断提出的高标准要求；虽然企业领导制度改革成效较为明显，但尚未实现更加科学化、规范化、制度化的长期改革；国有资本经营者收入水平虽然不断提高，但科学合理的长期激励机制仍然未能建立起来，这在一定程度上制约了国有资本经营者的创造力与积极性，不利于黑龙江省国有资本运营能力的持续提升。受此影响，全省地方国有企业战略性重组和专业化整合的运营成效还未能达到预期。

（二）国有资本的产业布局有待优化

当前，黑龙江省国有资本在产业布局方面尚存在不合理之处。从产业结构来看，主要是“大而全”“小而全”“结构重复”等不良现象频繁显现，这在一定程度上制约了国有资本的效率，降低了国有资本的市场竞争力。从行业结构来看，主要是优势不突出，没有形成具有突出优势的群体。从产品结构来看，主要是产品技术含量不高，且雷同产品较多，产品附加值略低。此外，国有企业产品重复生产现象较为突出，产品更新换代速度较慢，产品结构难以适应市场需求结构的快速变化，致使中档、低档产品过剩积压现象十分严重，高新技术产品则较为短缺，这严重制约了产品竞争力的持续提升。从企业组织来看，主要表现为绝大多数国有企业规模偏小，生产集中度较低，生产要素配置较为分散，从而导致其缺乏必要的核心竞争能力，难以形成规模经济，也难以适应迅速变化的市场所不断提出的新需求。国有企业在传统产业领域的转型升级缓慢，人工智能与企业业务板块融合程度有待提高。

（三）国有资本的资源配置有待完善

当前，黑龙江省国有资本的资源配置有待提高。首先，黑龙江省地方国有资本在科技创新方面的能力亟待提升，科技创新投入力度需要持续加大，科技成果转化率有待提升。这些问题的存在，导致黑龙江省国有企业的研发能力和核心竞争力同发达地区相比较低。其次，在为企业上市创造良好的环境、加快培育上市后备企业、积极推动企业上市直接融资方面，还需要做出更加深入的努力。此外，资本运营的主要业务是从事资金融通、产权交易和资产重组等，不仅需要资本市场的操作能力，而且必须要借助于专业化的中介服务，仅仅依靠企业自身是难以完成的，但当前黑龙江省投资银行等中介机构起步较晚，在企业并购、内部财务管理、服务意识等诸多方面还有十分显著的进步空间，这在一定程度上使黑龙江省国有资本在运行过程中存在信息风险。

（四）国有资本的监管机制有待健全

当前，黑龙江省国有资本的监督管理机制在一定程度上还存在流于形式的方面，国有资本缺乏更加科学合理的监管机制。一是黑龙江省国有资本的监督管理机制更加重于形式，而对于实际效果的重视程度略有不足。国有资产监督管理工作更加注重资产的权利归属，重点关注国有资产的预算编制，在一定程度上忽视了现有国有资产的账务核对检查，存在规避监管的不良现象。财政部门的资产清查也更加注重形式，缺乏必要的创新，导致资产清查的结果与实际情况有所出入。二是外部审计监督部门的执行力度有待加大。对于基层行政事业单位国有资产的审计监督的重要性，缺乏必要的认识。此外，应着力改变审计监督“走过场”“只查不改”的不良现象。

三　黑龙江省国有资本发展对策

“十四五”时期，黑龙江省应将坚持党的领导和完善国有企业治理相统一，以增强国有经济主体功能和提高国有经济主体效率为目的，整体协同推进国有资本布局调整优化，推动专业化管理与市场化运营，通过产业投资、股权运作、价值经营，优化存量、扩大增量、有序进退，着力提升产业核心竞争力和经营质量、经济效益，切实增强国有企业内在活力和发展引领力，监管好、守护好、发展好国有资产，推动国有资本和国有企业进一步发展壮大，更好地发挥国有资本的重要战略支撑作用，提升其服务全省战略能力和带动地方经济发展能力。

（一）提升国有资本的发展能力

1. 加强科技创新

黑龙江省国有企业应推动建设“科教强省”，将科技创新作为振兴发展的战略支撑。构建以企业为主体的创新体系，完善创新体制机制，推进科技创新，培育新经济、新业态和新商业模式，提升国有经济创新力。增强自主创新意识，加大研发投入力度，加强产学研用结合和跨领域创新合作，加快科技成果转化应用，更多依靠创新驱动提升企业市场竞争力，增强企业发展动力。大力实施科技强企战略，培育壮大科技人员队伍，着力搭建科技创新平台，切实加快关键技术攻关、先进适用技术推广和科技示范工程建设，拥有自己的研发队伍和研发平台，推进研发试验条件和手段升级，形成以企业为主体的创新体系，进一步提升科技创新能力。龙煤集团加快构建科技创新组织管理体系，加大在煤层气规模化开发、煤炭智能绿色开采、装备制造升级等领域的科技攻关力度。交投集团加强交通科技领域核心技术研发与创新，培育勘察设计、建设施工、养护运营等多方向技术创新能力，形成技术创新良性循环，打造开放共享、特色鲜明、技术先进的创新平台体系。机场集团加大科技创新力度，完善科技创新管理制度体系，促进科技创新管理的科学化、规范化和制度化；加强新基建赋能，逐步实现哈尔滨机场智慧化管理和运行，带动支线机场建设核心生产系统及信息基础设施。

2. 加强自有品牌建设

黑龙江省国有企业应实施增品种、提品质、创品牌战略，加强自有品牌建设，不断提升产品质量水平。整合宣传资源和渠道，从品牌发展的角度出发，为自有品牌建设做出明确规划，把资源集中在打造少数优势特色品牌上。将品牌经营作为企业长远发展目标和任务，推动品牌全方位建设，加强品牌顶层设计，构建品牌矩阵体系，打造具有行业竞争力的品牌价值链。巩固提升机场集团“经哈飞”品牌和农投集团“金谷农场”品牌，创新品牌推广模式，持续扩大品牌影响力。进一步强化旅投集团“龙江旅游、正明、华侨、天鹅”等传统品牌建设，通过“新模式+新科技”，让老品牌焕发新活力；创新培育“趣龙江、雪阅、景阅、北鱼、旅投国天”等新品牌，加快谋划“阅”系列品牌培育推广，推动品牌建设与重点业务板块发展相结合。

（二）优化国有资本的产业布局

1. 积极发展农林绿色生态产业

黑龙江省国有企业应围绕建设国家粮食安全产业带，优化农业生产结构和区域布局，利用本省寒地黑土、绿色有机、非转基因等资源优势和产业基础，拓展绿色食品国际市场，培育壮大优势生态产业链，形成产出高效、产品安全、资源节约、环境友好的现代化农业发展新优势。以“粮头食尾”“农头工尾”为抓手，推进农业全产业链提档升级，推动农业现代化建设取得新突破。发挥农投集团在全省现代化农业大基地、大企业、大产业建设中的重要作用，积极参与“藏粮于地、藏粮于技”国家战略示范区建设，推动盐碱地和不稳定耕地改造、高标准农田项目建设，补充耕地资源，提高耕地生产效率，提升国家粮食安全保障能力，促进农业可持续发展。参与全省农业生产托管服务，推进生物育种产业化应用，推进数字化、智慧化农业建设，推进农产品精深加工项目建设，加大金融服务农业现代化力度，提升农产品质量、安全水平，构建特色鲜明、互为补充的农业品牌体系，实现农产品多层次、多环节转化增值，提高粮食和重要农副产品的供给保障能力。

2. 加快发展现代服务业

黑龙江省应积极发挥旅投集团、龙江森工集团等龙头企业在提高现代服务业发展水平和质量中的重要作用，促进旅游服务、健康服务等生活性服务业向精细化和高品质转变。以科技创新推动现代服务业向数字化、网络化、智能化创新发展，加强标准化、品牌化建设。构建错位发展、优势互补、协作配套的现代服务业体系。旅投集团应积极落实全省全域旅游产品战略与基础保障战略，整合旅游资源，丰富旅游产品业态，延长旅游产业链，推动打造国际冰雪旅游度假胜地、中国生态康养旅游目的地、中国自驾和户外运动旅游目的地。推进康养产业布局发展，打造健康养老旅游产业融合发展平台。推进“旅游+文化”“旅游+体育”“旅游+健康”“旅游+消费”“旅游+科技”产业融合发展，探索设立文化旅游产业发展投资基金，加快促进优质旅游项目提档升级。以“趣龙江”服务平台为载体，推动全省旅游产业智慧化、信息化、集成化。推动“旅游+金融”产业融合发展，建立起实体产业和资本市场的有效嫁接通道，通过基金管理、股权投资等，实现集团产业增值和全省旅游优质企业的资源整合，促进全省文化、旅游、康养行业的长期健康发展。推进“旅游+”产业融合发展，探索创新商业模式，打造旅游协同发展平台，培育推动全省全域旅游产业融合、品质提升、赋能投资的大型旅游旗舰企业。推进黑龙江省特色康养小镇环境综合改造提升项目，推进全域旅游智能化升级项目，新建嘉荫北国恐龙乐园、龙江渔业产业园和江桥抗战纪念地爱国主义教育示范基地文化旅游项目。旅投集团、龙江森工集团应依托核心旅游资源，加快推进旅游与文化、康养、体育深度融合，大力发展寒地冰雪、生态旅游等特色产业，打造具有国际影响力的冰雪旅游带，积极发展红色旅游和乡村旅游，推进旅游、康养融合发展，促进健康、养老等产业提质扩容，创新产品供给，打造黑土文化，助力乡村振兴。

（三）提升国有资本的配置效率

1. 深入推进对口合作

黑龙江省国有企业应与广东省合作建立国资交易项目互挂机制，充分发挥两省合作平台优势。利用粤港澳大湾区发展契机，深入推进与广东省在新型城市化产权交易、绿色食品、文化旅游、人才交流等领域的对口合作。推动建立农业和绿色食品长期产销对接关系。利用广东省对外开放合作资源，参与海上丝绸之路建设。建投集团推动权属企业与香港侨兴集团依据战略合作协议，围绕新型城镇化建设核心需求开展全方位深度合作。应推进龙江森工集团与国投集团、中林集团、保利集团等中央企业在资源开发、森林康养等方面展开合作。与国家开发投资集团开展战略合作，认缴国投聚力基金，放大国有资本杠杆作用，提升集团基金投资运作能力。

2. 加强与兄弟省份协作发展

黑龙江省国有企业应积极与兄弟省份国有企业开展合作，围绕资源共享、园区共建、产业对接等重点领域，探索交流合作项目，实现优势互补、互利共赢。特别要加强与吉林省协作发展，推进落实黑龙江省国资委与吉林省国资委战略合作协议，在冰雪生态旅游、农业和农副产品精深加工、森林食品、新一代信息技术、智能装备和交通基础设施建设等产业和领域加强合作，以项目建设和国企改革发展为重点开展广泛合作。加强省内国资监管机构之间的合作，在改革发展上树立“一盘棋”的思想，共同谋划、共同发展。

（四）加强国有资本的有效监管

1. 加强国资监管体系建设

黑龙江省国有企业应坚持授权与监管相结合、“放活”与“管好”相统一，以管资本为主改革国有资本授权经营体制，全面加快提升国资监管改革成效。按照以管资本为主的要求，转变监管职能、理念、重点、方式，加大授权放权力度，优化管资本方式，全面实行清单管理，通过法人治理结构履职，加强事中事后监管，强化依法监管、加强分类监管、推进信息化监管，提高国资监管的有效性、针对性。着力推进授权经营体制改革，指导推进国有资本投资公司试点工作，更好地发挥国有资本投资、运营公司的市场化平台作用，科学合理划定国有资本投资、运营公司和所持股企业的权利边界，促进国有资本合理流动和布局优化。健全协同高效的监督机制，严格责任追究，防止国有资产流失。应组织开展“五细”活动，强化业务本领，提高履职能力。

2. 加大重大风险防范力度

黑龙江省国有企业应防范投资风险，严禁超越财务承受能力的投资行为。股权投资要做好尽职调查和研究论证，摸清潜在风险源，加强商誉减值风险监控。防范境外经营风险，加强对敏感国家、敏感行业项目的风险评估，规范海外经营行为，完善监督管理机制，落实管理责任。防范法律风险，加强合规管理，切实发挥法律审核把关作用。加强内控体系建设与监督工作，推进企业管理制度体系的持续优化完善，将违规经营责任追究内容嵌入管理制度中，强化制度执行的刚性约束。坚持底线思维，树立财务风险意识，指导企业持续开展财务风险防控，充分运用信息化手段，加强财务管理，强化资金管控，防范化解企业高负债风险。坚持“安全第一、预防为主、综合治理”的方针，指导督促国有企业加强安全管理，健全规章制度，完善安全标准，强化企业安全生产主体责任落实和配合职能部门进行责任追究，夯实企业安全生产基础。

B.12

黑龙江省现代文化产业高质量发展研究

王力力　谢银莉*

摘　要： 近年来，黑龙江省现代文化产业发展稳中有升，但产业增长幅度不大，总量水平较低，现代文化产业体系不完善，还存在产业内容不精、市场主体不强、地域发展不均衡、发展平台较少、融资渠道不畅等问题。"十四五"时期，黑龙江省现代文化产业要在创新机制的引领下，在打造文化品牌、培育多元主体、强化数字支撑、统一要素规划、加强人才培育等五个领域发力，确保黑龙江省现代文化产业的高质量发展。

关键词： 现代文化产业　高质量发展　黑龙江省

现代文化产业相对传统文化产业而言，现代元素更加显著，数字化、融合化、创新性特点更加突出，已经成为新时代我国经济发展的重要战略性新兴产业之一。党的十九大和十九届五中全会都提出了要"构建现代文化产业体系"的要求，为新时代黑龙江省现代文化产业发展指明了前进方向。

* 王力力，黑龙江省社会科学院经济研究所副研究员，研究方向为文化产业、数字经济；谢银莉，黑龙江省社会科学院经济研究所硕士研究生，研究方向为马克思主义中国化。

一　黑龙江省现代文化产业发展现状

在黑龙江省委、省政府的高度重视和大力支持下，黑龙江省现代文化产业实现了较快发展，在基础设施完善、项目建设、数字转型、优秀传统文化创新转化等方面都有一定的进展，现代文化产业发展潜力较大。

（一）现代化基础设施日益完善

《2020年黑龙江省国民经济和社会发展统计公报》数据显示，截至2020年，黑龙江省共有艺术表演场馆64个、文化馆147个、公共图书馆107个、博物馆195个、美术馆11个，馆藏数字化、展览数字化、参观数字化的进程逐渐加快。公共图书馆的人均馆藏量为0.74册，博物馆现有藏书量2356.53万册。全省共有广播电台10座、电视台10座，电视综合人口覆盖率为99.9%。公共电视节目104套，电视剧播出5200部，有线广播电视传输干线网络总长9.66万里，有线广播电视用户584.9万户，有线数字电视用户578.8万户，有线数字化程度约为99%。全省图书报刊出版机构403家，出版图书8919万册，报纸30264万份，期刊316种2637万册，其中电子出版物品种数增加明显，达到22种。

（二）文化旅游项目不断丰富

近几年，黑龙江省相关部门联合发力，促进文化产业和旅游产业携手发展，大力推进文化旅游供给侧结构性改革，推出了一批体验感佳、参与性强的文化旅游项目和路线，涵盖冰雪旅游、生态旅游、康养旅游、观光度假、民俗体验等多种类别，不断推进文旅产业数字化转型，发展新一代沉浸式体验型文化和旅游消费项目，推动旅游景区研发数字化体验产品，开创了文旅产业融合发展新局面。2020 年，全省推出文旅产业重点招商项目 61 个，总投资 442.4 亿元，全省开复工文旅产业重点项目 97 个，完成投资 236.0 亿元，21 个项目建成投用。2020 年第三届黑龙江省旅游产业发展大会暨文化旅游推介会在黑河圆满召开，大会利用 5G 等数字化技术进行超高清直播等，形成线上线下相结合、现场与网络实时互动的新模式，与新媒体平台、大数据平台、电商平台深入合作，宣传推广黑河重点旅游项目，促进特色产品销售和特色景区宣传，有力带动了当地文化旅游产业的提质扩容。黑龙江大桥公园和观光塔、中国瑷珲国际汽车营地、中国火山地质博物馆研学科普基地成为黑河旅游必到的“网红打卡地”。

（三）数字化转型不断加强

数字经济时代，文化产业出现新的发展趋势，数字化正在深刻变革着文化产品的生产、创作、传播和消费模式，特别是新冠肺炎疫情防控期间，“云观影”“云展映”“云音乐会”等新模式不断涌现，数字化成为文化产业发展的新动能。黑龙江省文化产业数字化发展有所突破，数字出版从单一产品形态向集合数字阅读、互联网教育、知识服务等多元产品和服务形态转变；建设了黑龙江省智慧旅游平台，对各景区交通、游客游览、疫情防控做到实时监管、精准预警、及时应对，开发的“趣龙江”App，提供分时预约、VR 游龙江、营销宣传、旅游攻略等功能；以牡丹江网络文学创作基地为代表的网络文学产业方兴未艾，产业链条从付费阅读、出版延展到影视、动漫、游戏、音乐等多个领域。2021 年，东北烈士纪念馆推出《我宣誓·永不忘却的誓言》专题片云展映，该片以超 206.2 万次的观看量入选中华文物全媒体传播精品推介名单，成为十大推介项目之一。2022 年，采取“网红经济打卡”模式，在防洪纪念塔广场成功举办了黑龙江冰雪非遗展。

（四）优秀文化创新转化能力不断提升

黑龙江省对于历史文化、冰雪文化、红色文化等优秀传统文化的创新转化能力有所提升。2021 年建党百年之际，多地结合自身特有的历史文化，以讲述故事的方式，大力弘扬龙江四大优秀精神。如东北抗联纪念馆、铁人王进喜纪念馆等将龙江特色文化融入旅游景点，进一步提升文化内涵，扩大当地旅游业的影响力。“东北抗联精神、北大荒精神、大庆精神、铁人精神”专题展成功在东北烈士纪念馆专题展厅、哈尔滨太平国际机场、哈尔滨中央大街等地点面向广大群众和游客展出。作为冰雪文化肇兴之地的黑龙江省还特别重视对冰雪文化内涵的阐释与宣传。2020 年，索契冬奥会速度滑冰冠军获得者张虹将奥运冰雪文化带进校园，为学生们进行现场讲解指导。黑龙江省连续 6 年开展“赏冰乐雪”活动，对冰雪文化、冬奥文化的弘扬起到重要作用，累计带动全国 7000 余万人次参与冰雪文化运动，极大地激发了广大群众对冰雪运动的热爱。2021 年上半年，黑龙江省 23 家全国红色旅游经典景区共接待游客 157.74 万人次，同比增长 479%。

二　黑龙江省现代文化产业发展存在的主要问题

黑龙江省现代文化产业发展稳中有升，但产业增长幅度不大，总体水平较低，现代文化产业体系不完善，仍存在以下几方面问题。

（一）产业内容不精，数字化应用较少

从产业内容来看，存在优质内容不多、文化内涵不足的情况。文化产业数字化发展虽有所推进但进展相对缓慢，对比发达地区短视频、直播、网络游戏迅速崛起的态势，黑龙江省文化产业新业态衍生能力不强。数字技术与文化产业缺乏深度融合，产业链条短，缺少数

字文化产业集群，可持续发展能力弱。传统优势行业如动漫、出版等虽然早有数字化布局，但在实现数字化转化的过程中，整体发展规模较小。传统优秀文化与数字技术的结合不够紧密，缺乏龙江特色优质IP。文化消费中短暂性、临时性消费较多，循环式、周期性消费较少，停留层次较低，缺乏能够满足人民群众高层次精神需求的优质文化产品。

（二）市场主体不强，缺乏知名文化品牌

从市场主体来看，黑龙江省缺乏“精专”的全国性文化企业。目前，只有黑龙江出版传媒股份有限公司一家企业于2021年上市，但是其对于黑龙江省现代文化产业的辐射带动作用未得到很好发挥，核心力量难以形成的困境尚未突破。2019~2021年，在全国文化企业30强名单中，黑龙江省没有上榜企业。从品牌来看，地域性文化品牌杂而多，未能实现有效统一，缺乏真正能够走出龙江、走向全国的文化产业大品牌。从企业种类来看，北大荒、完达山等全国知名的龙江特色品牌属于农业领域，虽然具有文化属性，但相对而言其品牌文化效应普遍较弱。

（三）地域发展不均衡，中心城市带动能力弱

从产业发展空间来看，哈尔滨文化产业产值远远高出其他地区。从关注度来看，牡丹江新雪乡项目、绥芬河国家森林公园冰雪乐园项目、大庆林甸鹤之海生态旅游风景区项目等并未得到较大关注。有的市县坐拥边境文化、河域文化、自然资源、历史文化等，但仅有较少的关注量。从公共资源配置来看，哈尔滨交通便捷，公共服务设施完善。相对而言，其他市县则偏远闭塞，文化产业与旅游资源转移消耗大。

（四）发展平台较少，难以形成聚合效应

新时代文化产业的发展，需要借助平台来产生互动与聚合效应。对于黑龙江省来说，由于资金、技术等因素的制约，文化创意领域的技术研发平台、创新服务平台、知识产权开发平台、产业运营平台等发展平台较少，文化资源不能得到有效转化。

（五）融资渠道不畅，传统文化企业转型难

随着产业数字化进程的加快，传统文化企业面临数字化转型的压力。数字化转型的技术投入总量大、更新换代快，需要足够的资金才能支持，而文化产业本身又具有轻资产、无形化、知识化的特点，缺乏金融机构普遍认可的抵押担保品。黑龙江省文化市场产业主体多为中小型企业，在数字化转型的过程中面临成本高、融资难的困境。

三　黑龙江省现代文化产业发展趋势

高质量发展是现代文化产业的应有之义。为了落实党的十九大以及十九届五中全会关于“构建现代文化产业体系”的要求，2021 年，黑龙江省文化产业的建设目标更加明晰。2022 年，党的二十大的召开必将为现代文化产业的发展指明新路径，黑龙江省文化产业发展空间将更为广阔、更加符合现代文化产业的发展要求。

（一）社会效益愈加突出

发展现代文化产业归根结底要坚持“内容为王”。黑龙江省作为文化资源大省，在借助自身优势发展现代文化产业、获得经济效益的同时，将更加注重以满足人民群众精神需求为根本目的的社会效益。发挥优秀传统文化潜移默化的作用，以文化人、以文育人，用先进文

化来立根铸魂，不断丰富文化产业内涵，推动新兴文化产业构建，发挥对公众和企业的思想和价值引领作用，改善现代文化产业低端娱乐化现状，开发真正满足人们高质量精神需求的文化产品，释放现代文化产业高质量发展的市场空间，实现文化产业服务于人民这一终极目标。特别是面对龙江振兴发展这一艰巨任务实施的关键时期，需要通过现代文化产业所蕴含的价值引领力引导人们厚植家乡情怀、增强发展信心，培育助力龙江振兴发展的时代新人。

（二）舆情热点愈受关注

引发人们关注的热点事件，将带动文化产业的现实需求，推进文化产业新发展。第一，冬奥冰雪热点。2022 年，冬奥会在中国举办，提高了龙江人民对冰雪文化、冬奥文化的关注度。有利于催热龙江冰雪文化、冬奥文化，促进黑龙江省文化产业发展，引发龙江冰雪旅游热，助力龙江冰雪文化、旅游产业、体育产业的相互融合。第二，医药文化热点。由于新冠肺炎疫情的常态化，人们更加注重健康养生，医药文化特别是现代中医文化成为热点之一。东北具有深厚的中医历史文化，能够推动龙江中医文化产业、康养旅游产业等的发展。第三，知识教育热点。当前家长们对文化教育的要求持续提升，文化教育、教育培训行业展现多元化的发展趋势，在线教育、知识付费、文化研学旅游、科普教育基地等产业将迎来广阔发展空间。

（三）融合发展愈加深入

文化产业与相关产业的融合发展既有助于促进文化产业自身发展，也有助于提高相关产业的发展质量。黑龙江省文化产业与旅游产业紧密融合的态势基本形成，但文化产业同农业、工业、时尚等产业的融合仍有待加强。作为农业大省和老工业基地，黑龙江省具有深厚的农业文化和工业文化，哈尔滨作为东亚文化之都，是著名的生态之城、时尚之城、音乐之城、记忆之城。未来的发展趋势是以消费市场的需求为导向，进行精细分类，大力推进黑龙江省文化产业与农业、工业、时尚等产业的深度融合。比如，将文化创意融入传统农业，发展创意农业、景观农业、农业节庆等；将文化创意融入工业，发展工业设计、软件开发、智能装备等；将文化创意融入时尚产业，发展平面设计、建筑设计、广告会展等；借助以现代媒体平台销售龙江特色产品等多种模式，加强经典传统产品与现代文化创意元素的结合，提升产品与服务的附加值，更好地满足人们的精神文化需求。

（四）政府作用愈加显现

随着市场化进程的不断推进，各类市场要素活跃涌动，政府的职能与作用越发显现。在现代文化产业发展进程中，政府是产业发展战略的规划者，对产业发展的方向和重点加以指导，使产业发展不盲目、不盲从；政府是产业发展的有效监管者，对产品传达的意识形态、价值导向进行有力监管，确保产业健康发展；政府是产业发展的服务者，在技术、人才、税收、金融、分配、生产、投资等领域提供各种优惠政策与法律引导，激发产业发展活力。未来，黑龙江省现代文化产业发展需要政府发挥更大作用，立足本地实际，合理规划与配置资源，不断推进现代文化产业的高质量发展。

四　黑龙江省现代文化产业高质量发展的对策建议

黑龙江省现代文化产业实现高质量发展，要求加快供给侧结构性改革，从文化产业品牌、主体、布局、结构、人才等方面做出调整，推进现代文化产业体系的建立。

（一）打造文化品牌，提升发展竞争力

现代文化产业要实现高质量发展，打造文化品牌是大势所趋。一个优秀的文化品牌是市场的保证，具有更高的竞争力。与文化品牌关联的商标、专利、标识物等品牌资产，可以通过多渠道增加文化产品和服务的附加值，创造更大的利润空间。黑龙江省必须拓宽思路，把打造具有龙江特色的文化品牌作为现代文化产业发展战略重点来抓。首先，传达品牌理念。利用优质文化产品及服务将品牌文化价值内涵传递给消费者，一旦获得消费者的认可，就等于拴住了消费者的心。提升品牌的号召力、影响力，形成以人为本、服务人民的大众品牌。其次，丰富宣传方式和途径。对于企业来说，公共事件、广告宣传、公司人物都可以成为向消费者传达文化精髓的途径。所以，文化企业要特别注重公众形象树立及口碑积累，不断建立文化消费的群众基础。

（二）培育多元主体，完善市场体系

文化企业作为文化市场的主体，其质量和数量直接影响到现代文化产业发展的整体水平。要打造把社会效益放在首位、社会效益和经济效益相统一、服务于民的文化企业。首先，加快推进黑龙江出版集团、黑龙江广播影视传媒集团、黑龙江文化产业投资控股集团、黑龙江省演艺集团、黑龙江省旅游投资集团等行业龙头企业发展。积极引导哈尔滨太阳岛集团、哈尔滨文化旅游集团、黑龙江省同源文化发展有限公司、哈尔滨市石桥印务有限公司等区域骨干文化企业发展。围绕骨干企业打造文化产业集群，完善相配套的产业链、供应链、生态链。其次，建立“专精特新”中小文化企业库，根据文化企业核心竞争力，构建“雏鹰—瞪羚—准独角兽”三级培育体系加以政策扶持，推动中小文化企业的“专精特新”和其与大企业的协作配套发展。

（三）强化数字支撑，培育发展动能

贯彻落实“智慧城市”“数字龙江”战略部署，运用5G互联网、云计算、大数据、人工智能等新技术，推动文化产业转型和结构优化；依托黑龙江动漫产业（平房）发展基地、牡丹江华创文化创意产业园集聚优势，促进网络游戏、网红经济、虚拟现实游戏、短视频、网络文学等新业态发展。加快数字文化产业链建设，打好“建链、补链、延链、强链”组合拳。打造核心文化IP，让数字文化产业链不断拓深、延展和变革，实现数字文化产业链的高水平发展。加快数字核心技术研发，加强科技创新成果在文化领域的应用，增强数字文化装备产业实力，加快数字产业平台建设。推进互联网、大数据、云计算与实体文化经济深度融合。

（四）统一要素规划，推动协调发展

首先，充分发挥哈尔滨的辐射带动作用。哈尔滨城市周边地带具有离资源近、交通便利等优势。优化哈尔滨中心地带和边缘地带的空间布局，推动全市域的文化产业现代化发展。其次，加大农村市场开发力度。农村具有广阔的资源和市场，以及无限的消费潜力。优化城镇和乡村空间布局，拓展广阔的农村市场，创作一批人民艺术作品，将新的文化理念、生活方式带给农村，推进建设一批特色文化村。最后，联动区域中心城市。伊春、鸡西、牡丹江、黑河、大庆、齐齐哈尔等城市依靠自身的特色地理环境和资源，实现了文化产业发展的自我突破。优化省市文化产业空间布局，坚持“一核、一带、两廊、三区块”空间布局，坚持“两点论”发展，以核心城市联动其他城市实现全省文化产业的发展。

（五）加强人才培育，释放发展活力

现代文化产业对人才知识与能力结构的要求越来越高。黑龙江省

急需一大批有文化、有创意、懂技术、善经营、会管理的人才，致力于打造省、市、县各级文化人才队伍。首先，营造人才培育环境。继续深化人才体制机制改革，完善人才政策，营造有利于人才辈出、人尽其才、才尽其用的制度环境。加大对文化产业领军人物和中青年人才的培养扶持力度。打破人才流动壁垒，创新激励政策，鼓励各类人才以知识产权、无形资产、技术要素等形式参与利润分配。其次，根据市场需求改善培养方式。遵循产业发展规律和教育改革方向，完善教学方法和手段，提高人才的实践应用能力。推进产学研合作培养人才。促进传统文化技艺流传，形成人才的帮带传统，形成“帮”“带”“传”的人才梯队。最后，厚植文化产业人才的家乡情怀。加强龙江情怀的塑造，使人才能够植根龙江、服务龙江。

B.13
黑龙江省加快文旅融合数字化发展研究

赵　蕾*

摘　要： 文旅融合数字化是数字中国建设的重要内容，是“十四五”时期黑龙江省文化和旅游产业高质量发展的重要方向。近年来，黑龙江省文化和旅游产业在融合发展中涉及较多数字化方面的有益尝试，亮点纷呈，但仍然存在发展不平衡不充分的深层问题。在文旅融合数字化发展趋势下，黑龙江省必须从数字化方面进行突破，用数字经济助力强省目标的实现。“十四五”时期，黑龙江省应以数字化转型引领文旅融合高质量发展、加快数据要素精细化和价值化功能再造、夯实基础设施互联互通发展根基、寻求龙江文化内涵和外延的创新表达、构建保障机制全方位和多维度的政策体系。

关键词： 文旅融合数字化　高质量发展　黑龙江省

党的十八大以来，国家高度重视发展数字经济，实施网络强国战略和国家大数据战略。文旅融合数字化是数字中国建设的重要内容，是“十四五”时期黑龙江省文化和旅游产业高质量发展的重要方向。加快文旅融合数字化，可推进文化和旅游产业融合发展的质量变革、

---

* 赵蕾，黑龙江省社会科学院经济研究所副研究员，研究方向为产业经济。

效率变革、动力变革，是数字经济时代文旅融合在构建双循环新发展格局下的主动求变。特别是在疫情防控常态化背景下，文旅融合数字化不仅可以创造生产要素供给新方式、满足消费者的新需求，而且可以转变产业交融方式、企业内生动力，更是提高政府监管治理水平、实现龙江高质量发展的重要举措。

一 黑龙江省文旅融合数字化发展的现状

2021 年是“十四五”开局之年，受新冠肺炎疫情影响，黑龙江省多地旅游产业屡次被叫停，防控形势异常严峻复杂，文化和旅游产业受到全面影响。2021 年，黑龙江省攻坚克难，全省共接待游客 1.63 亿人次，同比增长 14.23%，恢复至 2019 年的 50.22%。面对常态化疫情防控，黑龙江省委书记多次就数字经济发展做出重要指示，省长主持专题工作会议推进数字产业化、产业数字化。数字化转型正在整体驱动黑龙江省文旅融合的生产方式、生活方式和治理方式变革。

（一）政府助力转型升级

1. 出台发展规划及条例等

2021 年，黑龙江省出台《黑龙江省国民经济和社会发展第十四个五年规划和二〇三五年远景目标纲要》《推动“数字龙江”建设加快数字经济高质量发展若干政策措施》《“十四五”文化和旅游发展规划》《黑龙江省促进旅游业发展条例》，2022 年 1 月，《黑龙江省“十四五”数字政府建设规划》发布。相继出台规划和条例等表明黑龙江省发展数字经济的战略定位，这是全面建设文化强省、旅游强省的落实和深化，为文旅融合数字化发展提供了坚实的政策保障。

2. 打造政媒融合新平台

黑龙江省在已有的文旅龙江公众号、极光新闻等政府媒体的基础上，于2021年12月28日正式上线龙头新闻“龙江文旅”频道，开设《北国好风光尽在黑龙江》《龙江非遗风采》《黑土艺苑》《楚楚带你游龙江》等10余个专栏，实现全天在线的全新融媒体宣传推广。黑龙江省文化和旅游厅、黑龙江日报报业集团通过“政府+纸媒+网站+第三方平台账号+直播+音频视频”，打造政媒融合新平台。截至12月25日，《黑龙江日报》龙头新闻客户端下载量突破1200万次，“龙头+”融媒体平台全网粉丝量突破5000万人。

3. 开辟特色文旅专栏

黑龙江省图书馆通过微信公众号、龙图云视听等平台，帮助广大读者足不出户“阅享”海量数字资源。文旅龙江公众号新增《文物说》栏目，让黑龙江省博物馆内的文物、古籍“说话”，发扬民族精神、弘扬传统文化。黑龙江省民族博物馆、绥化市博物馆通过3D还原、VR全景展示、雷达指向场景特效等技术，将线下实体展馆搬上手机和电脑屏幕。独具龙江特色的文旅专栏，运用数字场景的转换走入百姓生活，不仅传递着龙江声音，而且满足着人民对美好生活的新需要。

（二）数字赋能科学管理

1. 打造全国顶级样板

“黑龙江省博物馆馆藏标本馆的数字化与共享”是国家科技资源共享服务平台项目，于2021年7月进入实施阶段，为我国东北地区环境变迁研究、生物多样性保护等科研项目提供权威的数据支持。黑河市打造的智慧旅游服务平台“一站式”无障碍服务成功入选全国智慧旅游典型案例。数字赋能科学管理，是黑龙江省文化和旅游产业高质量发展的新路径。

2. 依托数据科学调控

黑龙江省把常态化疫情防控举措贯穿景区运营全过程，按照“限量、预约、错峰”的总体要求，坚持“馆区封闭，服务不停”，切实保障游客生命健康安全和企业运营安全。黑龙江省文化和旅游厅与中国经济信息社发布的《中国·黑龙江冰雪旅游产业发展指数报告（2021）》，以数据科学解读游客的来源、年龄、性别、出游方式、消费构成等特征，客观量化分析黑龙江省冰雪旅游产业动态发展情况，为冰雪旅游产业高质量发展提供参考。

3. 开设网络培训班

2021 年，黑龙江省疫情防控形势严峻复杂，居家隔离人员增多，为使日常工作任务不受影响，黑龙江省文化和旅游厅借助数字经济平台完成多项在线网络培训工作，如 10 月的文物鉴定培训班、11 月的省直文旅系统党支部书记暨党务干部网上集中培训班、11 月的全省博物馆馆长业务线上培训班。数字化助力疫情防控、安全生产、市场运行等各项工作顺利推进。

（三）直播展现龙江特色

1. 云演助力线上网络表演

2021 年 2 月 1 日至 2 月 28 日，黑龙江省直文艺院团共举办京剧、评剧、龙江剧、曲艺、杂技、音乐会等 48 场云端演出。2 月，黑龙江省网络表演（直播）委员会成立，颁布《黑龙江省演出行业协会网络表演（直播）委员会健康有序发展计划》，先后举办 4 次线上公益培训和 1 次高峰论坛，通过“云培训”组织“云录制”，经后期“云制作”“云合成”将演艺活动由线下推到线上，推进网络表演健康有序发展。

2. 云展直播旅游产业发展大会

2021 年 9 月，第四届黑龙江旅游产业发展大会开幕式采用云展直播方式，通过科技赋能，提供“实地+云端”的沉浸式体验。据统计，该开幕式4.5小时观看量达1095.8万次。通过云展直播，实现全场景、大流量、强互动；通过云展直播，提升旅游管理、服务、产品的数字化水平；通过业态融合，增强全域旅游的体验性、新颖性、便捷性。

3. 云游揭秘文化遗产

2021年8月，《龙江非遗故事》栏目邀请非遗传承人现场展示海伦剪纸、金漆镶嵌、葫芦烙画、兰西挂钱、面塑、渤海靺鞨绣、锅包肉、鱼皮画等丰富多彩的国家级、省级非物质文化遗产。9月，黑龙江省民族博物馆（哈尔滨文庙）以“云祭孔”直播的形式详解祭孔大典。10月，黑龙江省博物馆通过龙视《新闻联播》开设“龙博鉴赏”讲座，1377名文物爱好者“云探”国宝。特色直播不仅弘扬了中华优秀传统文化，而且增强了民族文化自信。

二　黑龙江省文旅融合数字化发展中存在的问题

近年来，黑龙江省文化和旅游产业在融合发展中涉及较多数字化方面的有益尝试，亮点纷呈，但与全国数字经济发展较好的省份相比差距较大，主要表现为数字经济的消费规模较小、商业模式单一、社会普及度不高、与实体文旅消费相互促进不足等。究其原因，主要有以下几个方面。

（一）文旅融合不紧密

黑龙江省文旅资源结构不均、分布不匀，融合难度较大。当前，单纯依靠“门票经济”的文化体验游已不具热度，同质化竞争现象依然普遍存在。湿地旅游仍停留在观光层面，冰雪旅游多依靠粗放发展方式，乡村旅游以采摘为主，森林旅游以自驾为主，既缺少对当地民俗风情的展现，又缺少对历史人文的挖掘，仍处于文化和旅游的简单叠加层面。文旅融合的文化创新力和资源开发程度不足，缺少对传统文化的现代价值重塑，没有将“门票经济”转化为产业经济和服务经济，文旅融合的紧密度明显不足。

（二）数字化水平不高

信息化是数字化的基础，是智慧文旅的支撑。当前，黑龙江省文化和旅游产业的市场主体对信息化发展重视程度不够，数字化多停留在营销宣传层面，缺少集查询、预约、在线体验、互动交流等于一体的全产业链的数字化服务。无论是企业还是产业，信息化基础薄弱，没有数字化转变意愿，缺少对文化 IP 的创造性转化，现有平台单一、影响力不大。产业数字化发展不快、数字产业化实力不强，数字化水平不高，影响着数字经济时代黑龙江省文化强省、旅游强省目标的实现。

（三）体制机制不健全

虽然黑龙江省文化部门和旅游部门合并已久，但是文旅融合的理念和发展机制仍处在磨合初期，“各自为政”“各论政绩”的现象依然存在，如文化和旅游发展专项资金分别设立、文化和旅游规划分别制定等，这些都阻碍着文化和旅游产业的深度融合。主要表现为缺少全局性与系统性的文旅融合发展规划、相关政策的衔接不够紧密、彼此间的支撑与植入不够深入、缺乏跨部门和跨区域的文旅协作机制等。

（四）要素保障不强

截至 2021 年 12 月 28 日，黑龙江省已完成 1.80 万个 5G 基站的建设目标，虽然 5G 基站数量已达到 3.69 万个，但 Wi-Fi 仍未覆盖省域内的所有村镇，影响着游客消费体验。黑龙江省人口流失、人才流失现象严重，高学历、旅游专业人才占比较低，特别是在旅游企业中，无论是经营管理者还是高端专业型人才，都无法满足文化和旅游产业快速发展的实际需要。除人才要素外，土地、资金、技术、数据、劳动力等要素保障能力也有欠缺，科技创新欠缺，营商环境欠佳，无法实现线上运作布局，更无法替代线下场景的真实呈现。

（五）文化内涵不深

黑龙江省文化资源比较丰富，但旅游目的地普遍存在“有景无文”“有文不多”的现象，对地方文化内涵与精髓的挖掘明显不足，更缺少龙江地方特色。如黑龙江省有东宁、虎头、胜山等多个侵华日军留下的军事要塞，但除了入口处石头上的文字，没有任何情景的呈现与解读。再如黑龙江省有历经百年的 10 余条古驿路，150 余个驿站绵延 6600 余里，但古驿路旅游仅有定性尚无内容，这条边防丝绸之路的文化再现难题亟待破解。文化内涵不深、文化体验不多是文旅融合数字化改进的重点。

三　黑龙江省文旅融合数字化发展的趋势

“十四五”时期是我国全面建成小康社会、实现第一个百年奋斗目标之后，乘势而上开启全面建设社会主义现代化国家新征程、向第二个百年奋斗目标进军的第一个五年。数字经济在逆势中有效支撑着疫情防控和经济社会的全面发展。文旅融合数字化既是文化强国的要求，又是数字中国建设的重要内容，也是数字政府、数字治理的贯彻和实践，发展趋势清晰可见。

（一）国际趋势

从工业文明到数字社会，数字产业化和产业数字化进程从未停止。数字化与资本、知识、创新等要素一起，激活传统文化和旅游资源，促进文化和旅游产业的融合发展。从顶层设计到底层建构，数字化不仅改变着需求端的认知与行为，变革着生产、生活与融合方式，也完善了行政监管手段，提升了公共服务效能。当今世界正处于百年未有之大变局，国际环境复杂多变，不稳定性、不确定性明显增加。新冠肺炎疫情的蔓延对国家经济社会的发展、产业的发展影响深远，各国出境旅游、入境旅游会继续受到较大影响，影响程度与当地新冠肺炎疫情防控情况息息相关。2021 年 4 月，中国社会科学院在《数字经济蓝皮书：中国数字经济前沿（2021）——数字经济测度及“十四五”发展》中指出，当前和今后一段时期，是全球数字经济发展的重大战略机遇期。

（二）国内趋势

2020 年，我国数字经济规模达到 39.2 万亿元，占 GDP 的比重为 38.6%，同比名义增长 9.7%。2021 年，我国数字经济发展进入快车道，大数据、云计算、区块链创新发展处于世界第一梯队，未来将加快数字经济和实体经济的融合，将新一代信息技术赋能传统产业并培育新产业、新业态和新模式。满足人民日益增长的美好生活需要，需要顺应数字化、网络化、智能化发展趋势，提供更多优秀文艺作品、优质文化产品和优质旅游产品，强化价值引领，改善民生福祉。《中华人民共和国国民经济和社会发展第十四个五年规划和 2035 年远景目标纲要（草案）》第五篇“加快数字化发展　建设数字中国”中指出，迎接数字时代，激活数据要素潜能，推进网络强国建设，加快建设数字经济、数字社会、数字政府，以数字化转型整体驱动生产方式、生活方式和治理方式变革。《“十四五”文化和旅游发展规划》要求顺应数字产业化和产业数字化发展趋势，将文旅融合作为重点分章规划。2022 年 1 月发布的《“十四五”旅游业发展规划》中有 6 处提到数字化，这是产业发展的时代之声，更是在满足人民对美好生活的新需要。

（三）全省趋势

2021年6月发布的《“十四五”文化和旅游发展规划》中有27处提到数字，有14处提到数字化，有19处提到融合。2021年12月出台的《黑龙江省促进旅游业发展条例》强调“数字艺术和文化会展等文化产业与旅游产业融合发展”“推进高新技术在文化内容创作、文化产品开发、虚拟景区建设、文化遗产数字复建等文化和旅游领域的应用”“利用数字化展示、智慧讲解技术、网上虚拟展厅等多样化手段，讲好龙江故事”。2022年1月，《黑龙江省“十四五”数字政府建设规划》发布。数字经济开启文旅融合数字化全新进程，产业发展呈现三大转变，即高速发展向优质发展转变、质的提升向智的飞跃（5G）转变、产业线下发展向文旅融合线上发展转变。总之，面对文旅融合、产业转型、高质量发展的时代要求，黑龙江省将释放政策红利以推进文旅融合数字化战略落地。

四　黑龙江省文旅融合数字化发展的对策建议

“十四五”时期是黑龙江省文化和旅游产业融合发展的重要战略机遇期，是黑龙江省做大做强做优数字经济的关键时期，机遇和挑战都有新的发展变化，应坚持“稳字当头、稳中求进”，全面落实《“十四五”文化和旅游发展规划》和《东北全面振兴“十四五”实施方案》，以数字经济破题，在文旅融合数字化转型中推动文旅经济实现质的稳步提升和量的合理增长。

（一）以数字化转型引领文旅融合高质量发展

文旅融合数字化是新时代背景下黑龙江省践行习近平新时代中国特色社会主义思想的新目标和新使命，其目的是适应数字经济发展、以数字化的手段推进文化和旅游产业在转型升级中更好地融合、满足人民对美好生活的新需要。黑龙江省应抓住文旅融合数字化转型的时代契机，进一步解放思想，明确机遇和挑战，大胆尝试，出台规划或指导意见，确定发展定位及中心任务，建议在省级层面设立相应的议事协调机构，实行重点工作专班推进制度。

文旅融合数字化不是简单的“拉郎配”，而是要将文旅融合发展融入全省数字经济建设大局，明确区域、产业、企业数字化转型方向、目标、内容及重点。要从理念、职能、资源、产业、技术领域进行深层次融合。可立足核心应用场景，有重点、有批次地推进消费数字经济的发展。可以市级文化院团及展馆、星级酒店、A 级景区为第一梯队，立足已有信息化平台开辟数字化发展新空间。可依托黑龙江省农业、生态优势，以中等收入群体为目标市场，细分消费潜力市场，推动龙江优秀传统文化创新，做大做强冰雪旅游、森林旅游等特色品牌。

（二）加快数据要素精细化、价值化功能再造

数据是数字经济时代具有基础性和战略性的生产要素。无论是文旅融合发展还是企业追求经济利润都离不开全链条数据的支撑，无论是供给市场的开发还是需求市场的细分都需要精细的数据分析。加快培育数据要素市场，提升数据资源价值链的功效是黑龙江省文旅融合数字化转型的意义所在。黑龙江省应在文旅融合数字化发展中紧紧围绕“加快培育数据要素市场”“提升社会数据资源价值”的方向进行改革。

文化和旅游部组建后，文化产业与旅游产业的相关数据仍是分开核算。黑龙江省应突破现有国民经济统计口径的局限性，立足自身发展需要，从消费需求入手，完善基础性数据工作，厘清游客需求和细分市场空白，培育以数据为关键要素的经济社会发展新形态。同时，

应畅通部门间的工作机制，提高产业融合的整体统计水平。特别要加强对统计数据的全面、精准解读，做好数据的应用与价值再造。建议企学研联合，定期形成切实可行的专题调研报告，指导和推动文旅融合数字化发展。

（三）夯实基础设施互联互通发展根基

新型基础设施是文旅融合数字化发展的前提和基础。2021 年 12 月，黑龙江省出台的《推动“数字龙江”建设加快数字经济高质量发展若干政策措施》强调，发展数字经济是推动龙江产业结构转型和高质量发展的关键一招，也是一项开创性、系统性工程。黑龙江省应聚焦 5G、人工智能、大数据等新一代数字技术，加速布局新基建，尽快实现 Wi-Fi 免费全覆盖，加快全省“一张网”建设，推进新型基础设施的城乡一体化建设，为文旅融合数字化发展打牢根基。

信息化是数字化的基础。黑龙江省应重视现有文化和旅游产业信息化水平较低的状况，着力提升文娱企业、旅游企业的信息化水平；建立文旅产业发展信息资源库，包括对文化旅游资源的调查、挖掘、评估、登记及文化和旅游产业发展统计信息等；通过全省“一张网”整合文旅企业信息及资讯，以提升游客消费体验；围绕吃、购、行等日常高频消费场景，创作出令游客喜爱、符合龙江独特魅力的融媒体产品，让消费者感叹“北国好风光，尽在黑龙江”，以提高黑龙江旅游的知名度和影响力。

（四）寻求龙江文化内涵、外延创新表达

没有丰富文化内涵的企业立不稳，没有高度文化自信的产业走不远。黑龙江省应重视文旅产业发展中文化内涵不足的根本问题，主动满足数字时代消费者的新需求，在产业数字化建设中加大对文化内涵的挖掘力度。可学习借鉴中国宋庆龄基金会“我的民俗相册”活动

的成功经验，探索疫情防控常态化时期线上交流合作新模式；可学习河南省运用数字手段对线下场景真实呈现的成功经验，运用科技手段展现龙江特色文化内涵；可探索“网络自媒体直播+微信群交流沟通+线下民俗文化体验”方式，扩大优质数字文旅产品供给。

黑龙江省可利用短视频、直播等新媒体诠释“四大精神”、展现传统节日龙江元素的原汁原味、延展非物质文化遗产传承保护的历史画卷；可将中俄文化大集、旅游产业发展大会、古驿路文化旅游这些极具龙江特色的文旅产品推向云端；可将文艺院团的精品创作演出平台化、市场化；可与农业、养老等产业融合，拓展文旅消费新场景，将根植于内心的龙江文化传递给游客，在美誉度中体现龙江文旅品牌的价值再造。

（五）构建保障机制全方位、多维度的政策体系

文旅产业对外界环境的敏感度高，但自身的韧性又特别强。“十四五”时期，我国多个省份已确立文化强省、旅游强省战略目标，面对外部环境的不确定性，需以政策扶持增强数字文旅企业发展后劲。黑龙江省应以“政府引导、企业发力、平台互惠、精准对接”为理念，开展文旅融合数字化转型专项行动和中小文旅企业数字化赋能培育行动。

黑龙江省应在政策、管理体制、经营机制上找差距、下功夫，关注网络安全和信息安全，构建应对突发事件的现代文旅治理体系，以提升文化和旅游行业应急处置水平。应借助大数据平台形成文旅部门和卫生部门间联动监控、文旅企业联防联控管理、当地居民与游客互相监督、智库媒体科学研判等多元统筹、多方共建格局。根据市场实际需要尽快建立健全文旅产业人才培养、使用、引进、奖励机制，通过从业人员再“充电”完善文旅人才专项培养模式。整合优化文化和旅游发展专项资金的管理使用办法，改进资助方式，放大财政资金

的杠杆作用，撬动更多社会资本投入文旅产业领域。从税务、财政、融资、人才等方面保障文旅融合高质量发展。

参考文献

《2021年黑龙江省共接待游客1.63亿人次》，新浪网，2022年1月15日，http://k.sina.com.cn/article_1784473157_6a5ce64502002eiqx.html。

《『年度经济成绩单』2021年我国数字经济发展进入快车道 工作部表示将加快数字经济和实体经济的融合》，“国际在线”百家号，2022年1月21日，https://baijiahao.baidu.com/s?id=1722527144269567156&wfr=spider&for=pc。

李海舰、蔡跃洲主编《数字经济蓝皮书：中国数字经济前沿（2021）——数字经济测度及“十四五”发展》，社会科学文献出版社，2021。

戴斌：《数字时代文旅融合新格局的塑造与建构》，《人民论坛》2020年第2期（下）。

周锦、王廷信：《数字经济下城市文化旅游融合发展模式和路径研究》，《江苏社会科学》2021年第5期。

B.14

黑龙江省文化产业链现代化发展研究

高　原*

摘　要： 推进文化产业链现代化是优化文化产业结构和促进文化经济发展方式转变的战略举措，是围绕文化产业部署文化创新，实现文化产业链自主、可控和创新的必由之路，更是保障和改善民生的迫切需要。随着双循环新发展格局的构建，以新技术、新基建、新资源、新内需和新消费等为特征的文化产业，推动了新的以国内大循环为主体的文化产品生产链、供给链与需求链的形成。黑龙江省文化产业应抓住这一契机，突破原有的结构和体制束缚，形成上下联动、左右衔接、一次投入、多次产出的文化产业循环链条，优化升级全省原有的文化产业，在新经济形态下催生新的文化产业模式，以延长、丰富、优化文化产业链的方式，促使文化产业成为全省经济高质量发展的内生动力。

关键词： 文化产业链　现代化　黑龙江省

产业链现代化是党的十九届五中全会对我国建设现代产业体系、推动经济体系优化升级所做出的重大谋划和部署。文化产业链现代化是支撑我国文化建设高质量发展的必要条件，对于建设文化强国、实

* 高原，黑龙江省社会科学院马克思主义研究所助理研究员，博士，研究方向为发展经济学。

现国家全面现代化具有长远的、基础的和重要的战略意义。2021 年 6 月，黑龙江省印发《“十四五”文化和旅游发展规划》，这一规划聚焦黑龙江省文化产业结构优化，以推动龙江全面振兴实现新突破。在“十四五”时期，黑龙江省文化产业处于大有作为的战略机遇期，需准确把握文化产业的发展规律，加快文化产业链的现代化进程，实现文化产业链在各个领域的延伸和融合。

一　黑龙江省文化产业链现代化发展现状

随着文化领域改革的深入，黑龙江省文化产业在近些年得到了快速的发展，已经在文化产品开发、制造、营销等方面基本形成产业链。

（一）冰雪文化产业链现代化发展现状

文化产业链诸多特点中的一个重要特点就是拥有主打产品。冰雪文化产业是在冰雪资源开发的基础上形成的特殊资源型产业，覆盖范围广、产业链庞大，目前可分为冰雪文化服务业、冰雪文化用品及冰雪文化相关产品制造业和冰雪文化场地设施建设业三大类。

因得天独厚的地理位置和气候条件，黑龙江省是我国最早开发冰雪文化产业、运营冰雪文化的省份，经过长时间的积淀和打磨，黑龙江省已形成独具特色的冰雪文化产业体系，其冰雪文化在全国乃至世界都产生了广泛的影响力，形成了良好的美誉度，富有竞争力和市场潜力，为其带来巨大的经济效益。

以冰雪文化产业的核心城市哈尔滨为例，因其特殊的地理位置及自然条件，哈尔滨冬季的平均积雪天数为 105 天，基于这些天然因素，经过 30 余年的建设，哈尔滨已经推出了冰雪大世界、冰灯游园会、雪雕游园会和国际冰雕等具有一定影响力的文旅品牌。2021 年，黑龙江省遴选了100个重点文旅产业项目，总投资1792.8亿元，重点补齐冰雪文化旅游产品有效供给不足的短板；在冬奥期间推出“大美龙江”冰雪艺术展，将传统文化与冰雪文化紧密融合，激发了全民喜迎冬奥的热情，“银色文化”再度升温。

根据联合国世界旅游组织（UNWTO）的测算，在2021~2022年度的冰雪季，我国的冰雪旅游将全方位带动冰雪特色小镇的建设，带动冰雪文创的发展，带动冰雪运动的推广，带动冰雪文化制造产业的发展，带动冰雪文化度假地产的兴起，以及带动冰雪文化会展等相关产业的发展，冰雪文化产业链上的产值将达到2.92万亿元，因此黑龙江省以“冰雪”为核心要素的文化产业链具有显著的优势，冰雪文化产业具有广阔的投资前景。

（二）特色文化产业链现代化发展现状

黑龙江省特色文化产业发展的规模从总体来看是不断扩大的，由于黑龙江地区文化底蕴深厚、少数民族较多，多元的文化为文化产业的发展积累了很多的经验，并且为延长和丰富文化产业链提供了良好的基础。从微观数据来看，黑龙江省对于文化产业的资金投入每年呈现不断上升的趋势，且文化产业所带来的收益也是逐渐增加的。各级政府对文化产业的重视程度提高，在文化事业方面支出的费用不断增加，从宏观层面加速了地方文化产业的发展。

黑龙江省是一个具有53个少数民族且多民族散杂居住的边疆省份，其中除满族、朝鲜族、蒙古族、回族、达斡尔族这些人数较多且世居黑龙江省的民族外，还有一些人数较少（不足万人）的世居民族，如锡伯族、赫哲族、鄂伦春族、鄂温克族、柯尔克孜族等，这些少数民族在各自的发展过程中都积淀了各具特色的文化，使得黑龙江省民间文化艺术元素极为丰富。近年来，黑龙江省依托少数民族历史以及边境地区自然、人文资源优势，实施“抓特色、建精品、创品牌”的文化发展战略，在发展文化产业中注重突出民族文化资源的唯一性、独特性、专属性，坚持在开发、推广中重点推出少数民族工艺品制作技术，如羽毛画、牛角画、海伦剪纸等，深入挖掘民俗文艺，如鄂伦春族摩苏昆、赫哲族伊玛堪，打造了满达文化和界江山水文化。

黑龙江省以少数民族文化、非物质文化遗产等为文化产业的创新点，正逐步构建起以特色文化推进文化产业链现代化发展的新格局。

（三）绿色文化产业链现代化发展现状

在绿色发展理念的指引下，黑龙江省在产业结构调整中以“绿色”为核心，完善了文化产业规划，率先带动了康养项目的发展。

黑龙江省是拥有中国国家级森林公园数量最多、面积最大的省份，由于位居中国最北端，黑龙江省夏季平均气温只有20℃，大森林是名副其实的“天然空调房”，舒适凉爽、风速恒定，绿树庇荫无紫外线困扰，还有负氧离子超过2.7万个/厘米^{2}的“天然氧吧”功能。优质的自然生态康养环境，对游客有着巨大的吸引力。黑龙江省内有伊春、牡丹江、黑河、大兴安岭等市（地）生态旅游景区近百处，在网络调查中，黑河五大连池风景区、牡丹江镜泊湖风景区、大庆连环湖温泉度假区、大兴安岭百泉谷森林康养度假区、伊春嘉荫茅兰沟景区、伊春汤旺河林海奇石景区等一批生态康养旅游景区，已经成为热门的旅游目的地。

生态康养项目拥有一条特色突出的绿色生态全产业链，2020年夏季，黑龙江省28个森林康养旅游目的地“组团出道”，深度挖掘“绿色”元素的文化价值内涵，以“康养”作为文化产业的内容支撑，为地方经济做出巨大的贡献，促进以“绿色”为核心要素的文化产业的深化，提高文化服务业的附加值，为黑龙江省文化产业带来巨大的利润，为文化产业链现代化拓展发展空间。

二　黑龙江省文化产业链现代化发展中存在的问题

文化产业链现代化强调文化产品要以创意为龙头、以内容为核心。文化产业的发展能够在文化产品的制造、批发和营销上起到驱动的作用，在其链条上有序开发后续产品，形成上下联动、左右衔接、一次投入、多次产出的良性经济循环链条。从这一链条来看，黑龙江省的文化产业链还存在很多薄弱环节。

（一）地域文化资源相似，但同质化竞争严重

以冰雪文化产业为例，黑龙江省的冰雪文化产业处于起步阶段，相比全国冰雪文化产业整体发展现状，黑龙江省冰雪文化产业发展过于单一，在东北地区同质化竞争严重，未能融入和利用新的文化要素，冰雪文化产业链的现代化程度不高。

首先，虽然黑龙江省冰雪资源丰富，但是冰雪文化产业链上的文化要素技术含量、经济和社会使用价值逐渐趋同。如东北地区的冰雪文化产业大都以冰雪服务业为发展的核心，集中于冰雪场地运营、冰雪赛事服务、大众冰雪运动及培训、冰雪旅游等方面，缺少冰雪文化与城市其他文化，如人文文化、历史文化、非遗文化的充分结合，缺乏对旅游文化内涵的深入挖掘，冰雪文化产业链条亟待进一步延长和强化。

其次，黑龙江省冰雪文化产业集聚竞争力中各动力要素的耦合效应较弱、联动性不强。冰雪文化产业的发展是与城市的创新环境、文化底蕴、后备人才、交通运输以及市场开放存在密切关联的，但是就目前的冰雪文化产业链来看，各动力要素之间联动性较弱，造成黑龙江省冰雪文化项目集聚竞争力较弱。从珠三角和长三角地区因区域性的集聚而促进了区域文化产业联动发展的案例出发，黑龙江省也应借

鉴经验，加强省内、省外冰雪城市文化企业的联动，从而增强黑龙江省冰雪文化产业链的集聚竞争力。

（二）城市文化产业集聚，但缺乏创意整合和高效利用

整体而言，在目前的社会经济发展阶段，提升城市中的文化产业集聚竞争力主要依靠创新能力和资源禀赋这两个动力要素。黑龙江省虽然文化资源禀赋尚可，但是对文化产业创新机制的重视程度不够，对从事文化产业人员的培养质量较低，对文化基础资源的投入不足，这就导致提升和改善城市自身文化底蕴的速度较慢，引发连锁反应，如黑龙江省文化消费层次较低、从业人员创新能力不足，城市文化底蕴发挥的作用小，影响了黑龙江省大多数城市文化产业集聚竞争力整体水平的提高。与此同时，虽然黑龙江省具有数十家较高层次的高等院校、科研单位等，但是文化企业、高等院校和文化事业单位之间开展的“产学研”模式的融合性不强，缺乏共赢、互补的意识，尚未充分调动高等院校和科研单位参与到文化产业链中的热情，导致文化产业链在创意环节的缺失。

（三）生态文化资源丰富，但资源依赖性强、开发层次低

相对于传统产业的“研发—生产—加工—销售”的发展模式，生态文化产业以生态环境为产业核心要素，但是黑龙江省的文化产业与文化事业、生态文明建设并未充分融合，第一、二、三产业互动的产业体系尚未形成。

黑龙江省文化旅游资源丰富，生态文化产业也取得了一定的成绩，但生态文化产业开发层次较低，全景产业链亟待建立，生态资源同文化活动、特色文化资源、科学技术、产品载体、人文环境没有很好地结合起来，生态文化产业链中的各要素也没有形成良性互动的产业价值体系，没有在传统的生态文化产业中开辟全新的空间，生态产

业价值没有最大化。如“雪乡赏雪，伊春赏山”等生态资源的开发都侧重于旅游层面，缺乏以创新为引领的各种形式的深层次的文化挖掘、文化开发。

黑龙江省 A 级景区的营业性收入以门票、餐饮、住宿等三项收入为主，尚未从产业链的各个环节寻找到文化产业和旅游产业的对接点，目前亟须以文化提升旅游的内涵品质，服务于高品质生活需求。

（四）具备基础的要素支撑，但文化产业技术含量较低

现代化的文化产业链除了具备基础的要素支撑外，还需要高效创新的人才、健全的投融资体系、协同分工的大中小企业、自由竞争的市场，这是现代文化产业持续健康发展和现代文化产业体系构建的基本要素。黑龙江省由于体制改革不够深入，现代市场体系和文化制度体系仍在建设和完善中。黑龙江省需要更精准地把握文化产业持续发展的客观需求和当前我国文化产业发展过程中的深层次问题，从完善市场要素的角度而言，文化产业是一个需要高素质人才进行管理和经营活动的领域。黑龙江省处于边疆高寒地区，长期以来人才的短缺问题难以解决，黑龙江省的文化产业不仅缺乏同时具备高素质和精明头脑的管理人才，而且缺乏技术人才。从完善制度保障的角度，财税、投资、用地等经济政策仍需建立健全，文化产业发展的制度和法规亟待规范，文化产业发展的政策环境需进一步完善，并且要继续发挥市场在文化资源配置中的积极作用。

三　提升黑龙江省文化产业链现代化水平的路径

黑龙江省在东北亚中心地带，具有显著的区位优势，同时具有粮食产量高、能源资源丰富、产业基础扎实等优势，在装备制造、石

化、冶金等领域有一批行业领军企业，在我国区域经济发展中优势独特。黑龙江省经济呈现稳中向好的态势，2021 年上半年，黑龙江省经济实现了两位数的较快增长。但是，黑龙江省的产业结构仍未完全走出传统模式，仍以重化工为主，产业短板明显，转型升级任务较重。为此，要充分抓住“十四五”时期的发展机遇，提升黑龙江省文化产业链的现代化水平，在构建新发展格局中推动龙江振兴取得更大进展。

（一）整体谋划整体布局，推动全省文化产业链多元发展

黑龙江省共辖 12 个地级市、1 个地区行署，在城市发展和经济建设中，应当科学完善地规划、设计、整合、利用各个地区的文化资源，全面对接国家战略，确立黑龙江省文化产业发展方向。

实现黑龙江省文化产业链的现代化不仅需要在纵向上形成完整高效、协作互补的产业链、创新链，同时，在横向的空间布局上，也需要形成区域间、城乡间统筹协调、优势互补、联动发展的文化产业发展格局。随着国家《“十四五”文化产业发展规划》、黑龙江省《“十四五”文化和旅游发展规划》的实施，黑龙江省文化产业将出现蓬勃发展的趋势，加之各地区具体的文化产业规划相继出台，黑龙江省文化产业基础设施和项目投资将逐渐增多，产业规模也将不断扩大。

第一，要突出黑龙江省的特色化、差异化，避免省内、省外地区同质化竞争等问题。黑龙江省各地文化产业发展要注重当地的资源禀赋、功能定位，要各具特色，建设一批具有显著示范效应和带动作用的区域文化产业带、文化产业中心城市、文化产业功能区、特色文化产业乡镇。差异形成吸引力，精细创造竞争力，黑龙江省应从整体出发，有规划地创新冰雪文化产业链中的各个要素，协同提升冰雪文化产业链的整体创造力和吸引力，构建黑龙江省冰雪文化发展新格局，

以多元的冰雪文化提高黑龙江地区冰雪文化产业链的现代化水平。

第二，要强调黑龙江省内各市（地）的联动发展。黑龙江省应从国家重大发展战略，以及不同地区历史沿革、文化亲缘和地理空间等因素出发，提出带状发展战略和城市群发展战略，这将有利于黑龙江省整合产业发展资源和各类文化业态，避免同质化竞争和分散经营的状态，有利于黑龙江省产业链条和规模效应的形成。探索借鉴先进地区的成功经验，建立以核心城市，如哈尔滨、齐齐哈尔、大庆、牡丹江、佳木斯等城市为中心的黑龙江地区文化品牌联盟，促进省内各城市间文化资源跨区域整合、融通发展，以多元的品牌整体提升黑龙江省内各个城市文化的影响力。

第三，要补齐文化产业链的设计短板。黑龙江省需要全面提升整体地域文化产业综合的、系统的设计水平，推进协同一体的创意设计服务，发挥品牌设计在培育和传播东北文化影响力上的作用，提高文化产品的附加值和吸引力，赋予文化产品鲜明的地域特色和文化内涵，共同打造具有黑龙江特色的文化产品，并将之推向全国、推向世界。

（二）加强文化要素融合，凸显龙江文化优势和特色

现代化的文化产业链上包括很多的细分行业，是各个文化要素的集合。当前，跨界与融合已成为文化产业发展的重要特征，在“互联网+”和“文化+”的新经济大潮下，以优质 IP 为轴心、多种互动娱乐内容形态协同发展的“泛娱乐”“大文化”趋势日趋明显，是现代化文化产业链具有高价值的具象表现。

第一，发挥黑龙江地区资源禀赋优势，将冰雪文化与龙江特色文化深度融合，对龙江文化符号进行再打造。例如，加拿大的蒙特利尔市每年都会举办冰雪活动，并且每年都会设定一个主题，因此这个冰雪活动以奇妙的想象力和创造力被世界所知。在制定黑龙江地区冰雪

文化发展战略时，应以哈尔滨、齐齐哈尔、七台河为“铁三角”，三位一体统筹谋划，盘活龙江区域的文化 IP。如收集、整理、创造与龙江地区相关的神话、史诗、古典小说等传统文化资源，充分运用传统的影视剧、动漫游戏的推广，借助风头正盛的网络文学、网络音乐、网络视频等，在新兴却拥有广泛用户基础的数字文化平台进行大力地传播，在延长文化产业的传播链条中打造立体的黑龙江文化 IP 和超级冰雪文化符号。

第二，充分挖掘具有黑龙江地区特色的文化资源，发挥东北地方特色文化资源优势，打造更多具有独特优势的特色品牌。例如，充分发掘黑龙江地区的抗联精神、流域文明、地方民俗、少数民族及历史人文、边疆文化及戍边文化等特色文化，这些特色文化是拓展黑龙江地区文化产业链的资源优势。因此，要鼓励黑龙江省的文化工作者将中国传统文化要素和龙江地域文化资源进行充分融合，在这一基础上通过大众与经典相结合、传统与现代相结合等多种方式创新文化产业链，以新理念、新思维共同讲好黑龙江的故事。

第三，发挥黑龙江地区的边境优势，从文化元素和文化主体来延长和拓展文化产业链。黑龙江省是对接俄罗斯、朝鲜、韩国、日本的重要省份，虽然因新冠肺炎疫情交流受阻，但可以借助互联网平台的经济组织方式，实施文化领域平台经济战略，吸收更多的文化资源和文化要素丰富边境文化，畅通文化产业链中的产品流通渠道，拓展文化产业链指向的市场空间，释放文化产业链消费端的潜能，以多元的文化要素和具有大规模覆盖能力的文化平台拓展黑龙江省文化产业链空间维度，实现黑龙江省文化产业链的多维、多元、立体式发展。

（三）深化文化产业改革，推动文化要素与市场结合

黑龙江省要深入研究和贯彻党的十九届五中全会、六中全会对新发展阶段文化建设的战略部署，全面、科学地把握新发展阶段的时代

特征，在新经济社会的文化产业改革中全面贯彻新发展理念，全面落实文化产业高质量发展的要求。

在推进文化产业链现代化发展的进程中，要坚持社会效益第一的原则，不断深化文化产业领域内的供给侧结构性改革，优化现代化的文化产业链结构，完善现代化文化产业的整体规划和建设政策，健全文化产业的现代化发展体系，不断激发文化市场的主体活力，促进形成文化产业发展新格局。第一，要加快文化产业结构优化升级。数字化经济已成为新经济社会的重要形态，在文化产业链的现代化建设中要注重数字产业化和产业数字化的发展趋势，落实数字化发展战略，加快创办新型文化企业，引导新型文化业态的形成，促进新型文化消费模式的构建，提高现代化文化产业链的质量、效益和核心竞争力，促进文化创新创造和文化成果在本地转化。第二，要加大政策扶持引导力度，把国家文化建设政策与地域文化产业建设结合起来。引导文化企业用好国家政策，增加创新投入，积极运用市场化手段推动文化产业加快转型升级。第三，在培育壮大新兴文化产业的同时，加强各个文化企业所掌握的文化要素的协同发展，形成大中小企业相互配套、融通发展的文化产业格局。

（四）探索人才培养模式，完善人力资本激励机制

创新能力是现代化文化产业链的核心能力，其中高端的文化人才更是文化产业链核心能力中的关键要素。在新的经济形态中，要加快建立适应人工智能、大数据时代的多元化、立体化的新型文化人才培养模式，采用这一模式也是提升文化产业链现代化水平，提高文化产业链的创新、研发和设计水平的有效途径。

第一，积极探索“产学研”一体的专业化、高素质人才培养模式。黑龙江省应依托省内高校和科研机构数量多、质量高的优势，着力推进文化产业研究中心的建设，对推进黑龙江省文化产业链现代化

进程的现实问题进行具有针对性的调查研究，通过专业化的系统培训、专门性的联合培养等多种方式，迅速培养一支能够把握市场经济运行规律，善于经营、精通管理的专业化、高端化人才队伍，以“以学带产，以产促学，产学并举，双惠互动”的模式，使文化产业成果及时转化为具体的社会文化生产力，直接创造经济效益和社会效益，实现人才培养与行业需求的有效对接。第二，制定灵活政策。与世界领先传媒集团建立交流合作关系，积极推动人才培训交流，加速培养具有国际视野的行业领军人才。第三，制定激励政策。根据实际情况实施薪资激励、股权激励、福利激励等有效的激励措施，积极解决各类文化人才在工作和生活中所面临的实际问题，完善招才引智的可行性举措，在引入人才的同时留住人才，以人性化、科学化的人才培育政策提高文化产业链的现代化水平，创造适合文化人才创新创业的制度环境。

（五）激发文化创新活力，以前沿理念引领文化科技融合

随着科技高速发展，文化科技融合将形成新的发展格局。“十四五”时期，文化产业需要改造提升传统文化业态，促进“上云用数赋智”，加速发展新型文化业态，推进线上线下融合，培育新业态、新消费、新模式，推进文化产业基础的高级化。在促进传统文化产业结构转型升级的同时，更要从新型基础设施、文化装备建设水平全面提升，到文化产业标准体系、创新创业载体建设，再到更加深层次的创新链、产业链培育等方面，创新发展生态体系，更加注重提升产业链现代化水平和创新链效能。形成技术、产业、创新相互赋能的良性循环，从更深层次来破解产业结构低端的难题。一是要使文化产业链积极参与到创新基础设施建设中，深度运用5G、大数据、云计算、智慧空间等新技术手段，开拓“文化+”“互联网+”战略视野。二是要打造文化产业链与科技融合的重要阵地，深挖数字化时代文化产

业的创新途径，积极探索数字化建设中现代公共文化与文化产业深度融合的保障机制，使数字文化产业链建设发挥重要作用。此外，黑龙江省应结合文旅部发布的《“十四五”文化产业发展规划》，在文化产业的创新发展和产业融合，以及文化产业的结构优化升级、空间布局、国际合作、金融合作等方面，推进文化产业链的高质量发展，为“十四五”时期建设文化强国、文化强省提供良好的思想支撑和文化条件。

B.15
黑龙江省加快发展战略性新兴产业研究

王大业*

摘　要： “十三五”以来，黑龙江省战略性新兴产业基本形成相对完善的政策配套体系，政策环境不断优化，支撑了全省战略性新兴产业的加快发展。当前，黑龙江省战略性新兴产业发展仍存在瓶颈，因此，应进一步提升创新能力、发展产业集群、强化顶层设计、加强人才队伍建设、优化发展环境，以推动战略性新兴产业发展作为全省经济社会高质量发展的突破口。

关键词： 战略性新兴产业　高质量发展　黑龙江省

习近平总书记指出：“加快推进数字经济、智能制造、生命健康、新材料等战略性新兴产业，形成更多新的增长点、增长极。加速发展战略性新兴产业，不仅是促进我国经济增长与可持续发展的关键举措，更是建设现代化强国、应对全球变革与挑战的重大战略抉择。”① 黑龙江省委、省政府高度重视战略性新兴产业在构建现代化经济体中的重要作用，出台一系列相关政策，把推动战略性新兴

* 王大业，黑龙江省社会科学院经济研究所助理研究员，研究方向为产业经济。

① 魏际刚：《在全球变革中加速战略性新兴产业崛起》，“新华网”百家号，2020年8月14日，https://baijiahao.baidu.com/s?id=1674966839943705706&wfr=spider&for=pc。

产业发展作为全省经济社会高质量发展的突破口，以深化供给侧结构性改革为主线，把为重大项目推进开辟绿色通道、加大招商引商投资力度、加强对口合作推动战略性新兴产业项目落地作为“十四五”时期的发展重点。

一　黑龙江省战略性新兴产业发展现状

（一）“质”“量”齐升引领经济发展

黑龙江省目前正处于战略性新兴产业的改革攻坚期，虽然2020年的新冠肺炎疫情和中美贸易摩擦对全省经济社会运行造成一定的影响，但全省战略性新兴产业在省委、省政府的正确领导下全方位快速增长，对全省经济发展的动能持续释放，成为全省经济增长的动力引擎。2019年黑龙江省高技术制造业增加值增长11.2%，快于全省规上工业7.4个百分点，其中工业机器人、数控机床、新材料等领域产业产值高速增长，集成电路增长16.6%，电工仪器仪表增长52.6%，石墨产业发展较快，石墨及碳素制品产量比上年增长18.6%，全省高新技术企业总数达1120家，增长20.5%。2020年全省高技术产业投资比2019年增长11.7%。高技术制造业投资增长13.7%，其中，医药制造业投资增长30.6%，高技术服务业投资增长10.5%，科技成果转化服务投资增长51.2%，生物质发电量增长11.1%。2021年第一季度，黑龙江省高技术制造业增加值增长14.4%，快于全省规上工业10.3个百分点。上半年规模以上工业战略性新兴产业增加值比上年同期增长2.9%，快于同期全部规模以上工业4.2个百分点，上半年高技术制造业增加值同比增长22.6%，两年平均增长13.2%。从总体来看，新能源汽车、工业机器人、集成电路产量同比分别增长205.0%、69.8%、448.1%，两年平均增速均超过30.0%。

（二）营商环境优化助力加速发展

“十三五”以来，黑龙江省战略性新兴产业基本形成相对完善的政策配套体系，政策环境不断优化，支撑了全省战略性新兴产业的加快发展。2018 年，省委、省政府出台《关于深入实施创新驱动发展战略推进科技强省建设的若干意见》，为石墨合成碳晶材料、车辆轻量化车用铝合金开发及部件设计制造等高尖端战略性新兴产业项目的技术突破和成果转化应用提供了政策支撑。2020 年，黑龙江省政府发布的《关于扩大战略性新兴产业投资培育壮大新增长点增长极的指导意见》中明确了黑龙江省战略性新兴产业的中长期发展目标，明确了以加快新一代信息技术产业提质增效、加快生物产业创新发展步伐、加快高端装备制造产业补短板、加快新材料产业强弱项、加快新能源产业跨越式发展作为战略性新兴产业的主要发展方向。同时，政府金融支撑作用不断强化，政府引导金融支持战略性新兴产业发展力度加大，推动银行机构、担保机构、保险机构建立促进战略性新兴产业发展金融合作联盟。2020 年，黑龙江省落实市（地）培育主体责任，全省高新技术企业总数达 1932 家，同比增长 54.0%，全省新成立科技型企业 12000 家左右，全省高技术产业投资比上年增长 11.7%，高技术制造业投资增长 13.7%。

（三）产业布局建设成效显著

黑龙江省目前已经形成以新能源、新材料、高端装备制造、电子信息、节能环保为主体的战略性新兴产业格局，培育了引领和支撑全省经济发展的主导力量。“十三五”期间，全省持续加大对战略性新兴产业重点领域的投资力度，智能制造、无人配送、在线消费、医疗健康等新业态产值、产量呈现快速增长态势，展现出巨大的发展潜力。哈工大人工智能研究院和国家机器人创新中心组建成立，哈工程极地装备与重大基础设施建设大科学项目开工，中国移动哈尔滨数据中心一期工程建成投产，正威新一代材料技术产业园、黑龙江鲲鹏生态创新中心、哈尔滨工业大学人工智能研究院有限公司等落户哈尔滨新区，全省战略性新兴产业产能输出实现高效聚集。2020 年，举办黑龙江省科技成果产学研金对接会，推介可产业化科技成果 96 项，全省共登记技术合同 5127 项，成交金额 267.8 亿元，同比增长 13.54%。2020 年和 2021 年，哈工大、哈工程依托在航天、机器人、船舶海洋等领域优势，共成立 181 家下属科技企业。扶持加快建设以现代中药产业园、新型农机装备产业园、石油石化装备产业园为主的战略性新兴产业特色园区，积极鼓励、引导、刺激省内市场对战略性新兴产业产品的需求。

二　黑龙江省加快战略性新兴产业发展的主要瓶颈

（一）产业体量总体偏小，产业集聚度不高

2021 年全省新兴产业资产总计为 1455 亿元，占全部工业资产的 14.6%，其中主营业务收入 717 亿元，仅占全部工业的 10.4%，新兴产业增加值占全部工业增加值的 7.7%，六大新兴产业增加值占全部工业增加值的 7.7%。产业体量小、集聚度低成为全省战略性新兴产业发展的主要瓶颈。全省目前虽形成一批以高端装备制造、新一代信息技术为代表的战略性新兴产业集群，但从总体来看还没形成全省范围的产业集聚，大多呈现零而散的分布状态，产业集聚度不高制约战略性新兴产业对龙江经济发展的辐射带动作用。

（二）基础研究投入力度不足，自主创新能力较弱

虽然全省 2021 年研究与试验发展（R&D）经费支出 15.9 亿元，

比2020年增长2.8倍，新产品开发经费支出15.8亿元，比2020年增长3.4倍，但是与北京、上海、江苏等发达地区相比还存在一定程度的差距。研发经费不足，导致关键领域的产品附加值不高，一些核心技术和设备对外依存度较高。自主创新内在动力的缺失导致自主研发产品大多数处于产业链的中端环节，高端产品相对较少，国际市场竞争力较弱。核心技术的缺失已经使一些战略性新兴产业陷入高端产能供给不足的窘境，制约了全省战略性新兴产业的发展速度。

（三）产业生态环境有待完善，“双链”失衡问题严重

一方面，人才流失严重、人才梯队结构失衡、高端人才储备不足成为黑龙江省加快战略性新兴产业发展的瓶颈。另一方面，战略性新兴产业发展的相关制度和体制障碍需要捋顺捋清。黑龙江省目前缺乏有效推动各科研主体开展协同创新研究的意识，引导机制和激励机制不健全，尚未营造出“鼓励创新、包容失败”的科研氛围。黑龙江省战略性新兴产业技术链中关键领域的核心技术供给不足，导致技术链和产业链存在断裂现象。以黑龙江省人工智能产业为例，目前突破主要集中在应用层面，在技术层面还存在缺陷。“双链”失衡的问题导致“产学研”转化效率低，对产业链的主导权从关键环节转移到了一些非关键环节，阻碍了全省战略性新兴产业的加速升级发展。

三　“十四五”时期全省战略性新兴产业发展环境分析

（一）国际环境形成新挑战

世界各国正处于国际金融危机后的深度调整阶段，2020年发生的新冠肺炎疫情让世界政治经济格局加速演变趋势更明显，国内经济

市场发展受到了严重的冲击，黑龙江省战略性新兴产业将长期面临挑战与机遇并存的复杂发展环境。一是全球产业合作格局重构，国际上大多数行业的产业链体系开始向研发和创新倾斜，传统的资本型竞争逐渐转化为科研型竞争，而黑龙江省战略性新兴产业中的一些领域的科研创新能力尚未达到国际水准，这对黑龙江省战略性新兴产业加快提高自主创新能力提出了新的要求。二是在新冠肺炎疫情背景下，发达国家为维护本国现存的产业链、价值链优势，加大对产业技术转移、跨国投资的监管力度，部分高端产业的国外市场需求会受到明显冲击，国外市场需求疲软，部分产业被迫转向国内市场进行消化，同行业企业在国内市场的无差别化竞争将给黑龙江省战略性新兴产业发展造成长期的竞争压力。三是美国在关键技术、知识产权、投资、金融多个领域向中国发起单边贸易制裁，从长期角度分析，中美贸易摩擦将影响黑龙江省战略性新兴产业国际化发展的进程和速度，政府和企业需要做好充足准备应对市场冲击。从短期角度分析，中美贸易摩擦可以促使政府引导全省战略性新兴产业加快向技术研发领域倾斜，而非沉溺于技术引进，从而降低全省战略性新兴产业发展的对外依存度。

（二）国内环境形成新机遇

近年来，黑龙江省战略性新兴产业发展迅速，呈现出“质”“量”齐升引领经济发展、营商环境优化助力加速发展、产业布局建设成效显著等诸多特点，在“十四五”时期乃至更长时间内，黑龙江省战略性新兴产业将面临国内环境变化带来的新发展机遇。一是我国社会主要矛盾已经转化为人民日益增长的美好生活需要和不平衡不充分的发展之间的矛盾。社会主要矛盾的转化标志着人民群众在教育、医疗、文化等社会化服务领域需求的转变，市场需求端发生变化，供给端在结构上也会出现调整，整个市场体系新需求的产生是全省战略性新兴产业发展的重要拉力，数字文化、数字教育、数字医疗将成为黑龙江省战略性新兴产业“十四五”时期发展的主要方向。二是当前我国经济步入转型发展期，在构建以国内大循环为主体、国内国际双循环相互促进的新发展格局的时代背景下，供需关系的变化将会导致市场格局的重组，激烈的国内市场竞争将会刺激、拉动黑龙江省战略性新兴产业产品和服务全面提升，黑龙江省工业体系相对健全、消费市场潜力巨大、产业发展纵深等优势将会得到充分发挥。从中长期来看，黑龙江省战略性新兴产业虽然面临着新冠肺炎疫情、中美贸易摩擦等外部因素影响，以及供需体系发生变化、市场竞争激烈等内部因素挑战，但在诸多利好因素叠加以及省委、省政府的科学领导下，将在“十四五”时期迈向新的发展高度。

四 加快发展黑龙江省战略性新兴产业的对策建议

（一）强化顶层设计，形成战略性新兴产业的政策引领

黑龙江省需要加快全省战略性新兴产业的发展速度，需要完善以政府政策为引导、以市场为主要调节手段的区域战略统筹机制。一是根据国家在战略性新兴产业发展中的中长期规划，结合黑龙江省实际情况，进一步明确产业布局和发展重点、方向，为全省相关企业提供良好的发展环境，推动全省战略性新兴产业加快发展。二是从全省视角协调好各市（地）资源，促进生产要素合理流动，引导生产要素向产业集群和优势行业集聚。搭建区域合作交流平台，形成优势资源互补的良好局面。针对现在战略性新兴产业的发展瓶颈，进行重大课题专项攻关，疏通产业链条上的堵点。三是完善黑龙江省所确定的战略性新兴产业的相关发展规划，对于已经制定的战略性新兴产业发展规划，要根据实际情况进一步补充完善，在规划中要充

分引导，更好地发挥政府的宏观协调功能，让水、电、能源等生产要素合理配置，让土地林地、建筑用砂等资源有限保障重大项目工程建设。四是紧跟国家产业发展需求和发展规划，根据不同行业的实际情况制定中长期产业发展指导目录，创造招商引资的良好外部条件和内部环境，争取更多国家政策支持和财政支持。

（二）提升创新能力，塑造战略性新兴产业发展的核心动力

习近平总书记指出："关键核心技术是要不来、买不来、讨不来的。只有把关键核心技术掌握在自己手中，才能从根本上保障国家经济安全、国防安全和其他安全。"① 为了把握"十四五"时期黑龙江省内外部环境变化带来的重大机遇，提升全省战略性新兴产业创新能力，应从以下三方面出发。一是黑龙江省应该以攻克产业核心领域的关键技术为主要工作抓手，加强整合省内生产要素，突出在生物医药、集成电路等领域的问题，联合省内科研机构和高校加强基础研究，开展对"卡脖子"技术的研究突破，改变全省部分战略性新兴产业加速发展受制于人的现状。新能源行业应聚焦水电、风电、核电、地热能等发电项目，新材料行业应聚焦镁合金材料、钛合金材料等特色项目，节能环保行业应聚焦节能产业化项目，生物行业应聚焦基因工程、现代中药方向，信息行业应聚焦信息服务、数据处理方向，装备制造行业应聚焦建设高端装备制造业的电站设备、石油石化、智能农机产业基地方向。二是把不断完善创新体系、提升创新能力作为未来工作重心，在微电子制造、工业机器人等领域取得创新发展并保持领先优势。推动部分重要领域迈向国际市场，如生物安全与应急领域投资、高端仪器仪表、轨道交通装备、航空航天、高效储能

① 刘诗瑶：《人民日报：把关键核心技术掌握在自己手中》，人民网，2018 年 6 月 25 日，http：//opinion. people. com. cn/n1/2018/0625/c1003-30081365. html。

与海洋能发电等领域要加快关键性基础装备的发展，缩小其与国际水平的差距。三是持续推进科技创新中心、综合性国家科学中心等创新平台建设，建设重点领域工程数据中心，为相关企业提供共享式社会化服务，同时加强对科研成果的转化和推广。依托全省“产学研用”单位建设一批工程研究中心、质检中心、技术创新中心、制造业创新中心，提高黑龙江省产业集群创新发展力。支持高等院校和科研机构围绕重点行业的关键领域设立新学科和专业，成立一批省级重点实验室，培养加快全省战略性新兴产业发展所需的人才梯队。

（三）发展产业集群，明确战略性新兴产业的主攻方向

协同发展全省战略性新兴产业产业链和价值链，把培育龙江特色新兴产业集群作为新的发展方向，实现优质生产要素集聚发展，带动龙江区域经济发展转型。一是充分认识到发展战略性新兴产业集群的意义，积极营造全省战略性新兴产业集群的发展环境，优化资源配置，提升全省战略性新兴产业的市场竞争力。二是努力打造世界级产业集群，进一步提升战略性新兴产业的对外开放力和国际竞争力，深度融入全球价值链体系并占据主要环节，培育和打造具有全球影响力的战略性新兴产业基地，发展具备国际竞争力的战略性新兴产业集群，引导和储备具有龙江特色的战略性新兴产业生态。三是依托哈尔滨的人才、科技、地缘优势以及省会城市的辐射带动作用，建立以哈尔滨为核心的高新技术产业群，建设一部分以先进装备制造业为主体的产业集群，形成具有龙江特色、具有国际竞争力的战略性新兴产业集群。四是加强战略性新兴产业园区建设，建设以重大技术装备为依托的基础产业集群，构建一批具有国际水准的服务交流平台，充分利用基础公共设施加强各战略性新兴产业集群之间的联系。持续完善现代中药产业园、石油石化装备产业园、石墨烯工业园等具有龙江特色的战略性新兴产业园区。同时，要在现有工业基础上升级转型，实现

传统产业和战略性新兴产业的互助发展。五是借鉴上海市、广东省加快发展战略性新兴产业的成功经验，推动重点项目建设，延长产业链条，引导全省优质生产要素向产业链中高端有序转移。

（四）加强人才队伍建设，形成战略性新兴产业发展的根本保障

黑龙江省应该不断完善高端人才国际交流机制，吸纳国内外高端人才来龙江发展，从而满足加快全省战略性新兴产业发展的人才需求。一是在省内以哈工大、哈工程等知名高校为依托，开设适合黑龙江省战略性新兴产业发展的专业，建立一批以新材料、新能源为特色的专业技术人才培训基地，加快培养战略性新兴产业发展所需的各类基础性人才。二是加大对以重大项目为载体的科研团队的扶持力度，在政策上给予倾斜，在资金上给予充足的保障。统筹利用好政府出资产业投资基金，拓宽政府资金支持渠道，强化政府对战略性新兴产业的投资牵引作用。三是围绕战略性新兴产业中长期发展需求，继续实施高端人才引进工程，面向国内外吸纳具有行业顶尖水平的高端人才，完善全省有关对人才、项目引进的优惠政策和激励机制，提高高端人才来黑龙江发展的意愿。疏通与国外、省外的人才交流渠道，扩大宣传面，让更多优秀人才认识、了解黑龙江。四是推进“产学研”结合，围绕重大项目关键技术研发建立战略性新兴产业博士后工作站，进一步完善多层次人才梯队建设，培养一批掌握核心技术的本土人才，加大奖惩力度，充分调动本土科研人员的积极性。

（五）优化发展环境，把握好战略性新兴产业的立足之本

一是端正思想态度，立足于以市场为发展导向、尊重市场经济的发展规律，以重大产业项目为支撑、完善体制机制改革为保障，在改革中求创新，在创新中求发展，在发展中求质量，有效解决制约全省

战略性新兴产业加速发展的主要问题。二是将工作落细落实，把战略性新兴产业主要发展指标纳入各市（地）政府的工作考核中，各相关职能部门应切实负起责任，推进落实各项具体工作。三是充分发挥政府的监督作用，对于阻碍企业生存发展、影响项目推进的违法违纪人员要给予严肃处理，情节严重应追究其刑事责任。四是明确全省战略性新兴产业的重点发展行业、重点企业及重点项目，完善反映全省战略性新兴产业中长期发展态势的统计指标体系和统计检测制度，由专人定期对全省战略性新兴产业数据进行统计分析，定期对全省战略性新兴产业发展指导目录进行修订。五是对于国家给予战略性新兴产业涉及行业的税收优惠政策，有关部门要面向全省企业进一步加强宣传解读和落实，让中央的相关工作精神尽快融入全省战略性新兴产业的加速发展中。

参考文献

何立峰：《促进形成强大国内市场　大力推动经济高质量发展》，《宏观经济管理》2019 年第 2 期。

白春礼：《三个重点科学领域的进展和未来趋势》，《上海企业》2019 年第 12 期。

周济：《智能制造——“中国制造 2025”的主攻方向》，《中国机械工程》2015 年第 17 期。

中国工程院课题组：《新一代人工智能引领下的智能制造发展战略研究》，2018。

《国务院关于印发“十二五”国家战略性新兴产业发展规划的通知》，《中华人民共和国国务院公报》2012 年第 21 期。

姜大鹏、顾新：《我国战略性新兴产业的现状分析》，《科技进步与对策》2010 年第 17 期。

罗斯托：《经济增长的阶段》，中国社会科学出版社，2001。

李扬、沈志渔：《战略性新兴产业集群的创新发展规律研究》，《经济与管理研究》2010 年第 10 期。

Zhou Y. et al., "Upgrading Pathways of Intelligent Manufacturing in China: Transitioning Across Technological Paradigms," *Engineering* 5 (2019).

Zhao W. Y. et al., "Superparamagnetic Enhancement of Thermoelectric Performance," *Nature* 549 (2017).

专题研究篇

Reports on Special Subjects

B.16
黑龙江省制造业数字化转型研究

王化冰 *

摘　要： 制造业数字化转型是发展数字经济的主战场。近年来，黑龙江省制造业数字化转型取得可喜成绩，然而与全国平均水平相比差距明显。转型推进体系能力不足是转型存在短板的主要原因，为此要进一步发挥政府在转型中的作用，总体上，要做到行动有方案、推进有机制、监督有指标、转型有标杆。

关键词： 制造业　数字化转型　黑龙江省

制造业是国民经济主体，是立国之本、兴国之器、强国之基，也

* 王化冰，黑龙江省社会科学院农村发展研究所副研究员，研究方向为产业经济。

是新数字经济热潮下孵化催生新技术与新模式的重要载体。制造业是黑龙江省的重要支柱产业，新旧动能转换需求旺盛，制造业数字化转型是发展数字经济的主战场。

一 黑龙江省制造业数字化转型的基本情况

（一）黑龙江省制造业数字化转型稳步推进

1. 合力推进制造业数字化转型

政府、企业、协会在制造业数字化转型中做了大量工作。2018年以来，省委、省政府先后出台《关于“数字龙江”建设的指导意见》、《“数字龙江”发展规划（2019—2025年）》、《黑龙江省大数据产业发展规划（2021—2025年）》、《黑龙江省关于深化新一代信息技术与制造业融合发展的实施意见》（以下简称《实施意见》）。成立黑龙江省大数据产业领导小组，全面推进制造业数字化转型工作；省企业联合会成立省企业智慧化转型发展推进委员会，指导推进制造业数字化转型工作。

2. 信息基础设施支撑力较好

黑龙江省成功申报国家级互联网骨干直联点城市和工业互联网标识解析二级节点建设。5G基站建成1.98万个，平房区在网络基础设施建设上实现5G惠企全面服务。三大运营商华为、浪潮、阿里等行业龙头企业重点支持哈尔滨、大庆等开展云数据中心建设，全省已建设数据中心30个，省际出口总带宽达到9820G。

3. 平台服务取得可喜成绩

培育引进了龙哈工业云、阿里云、用友云等一批工业互联网平台，推动中国一重、珍宝岛药业等开展企业级平台建设；深入实施全省万户企业上云行动，编制了全省工业云平台及服务商名录并对外发布，组织开展了多种形式的企业上云交流对接活动。哈尔滨市已形成哈南国际数据城（中国云谷）和松北科技创新城两个主要的产业集聚区，成为全省大数据发展的资源汇聚中心、产业集聚中心和应用示范中心；大庆市相继建设了大庆油田生产经营管理云数据中心、大庆油田高性能计算云数据中心以及大庆油田科学技术研究云数据中心，大庆油田80%的生产经营管理系统实现了“云化运行”。

4. 企业数字化转型效果显现

2021年第四季度，全省两化融合发展水平指数达到48.1，规上工业企业生产设备数字化率、数字化研发设计工具普及率、关键工序数控化率分别达到44.8%、51.5%、43.6%。累计建设国家级和省级企业技术中心297个、省级数字化示范车间175个、智能化工厂1个。截至2020年5月，兑现奖补资金1.76亿元，涉及装备、食品、医药、冶金、化工等多个行业领域，带动企业数字化改造投入超过17.60亿元，涌现了一批典型示范企业。全省两化融合发展水平指数稳步提升，两化融合管理体系贯标企业61户，推进企业上云2387户。企业积极开展智能制造试点示范，哈尔滨电机厂发电设备远程运维服务等项目被评为国家智能制造试点示范项目，黑龙江飞鹤乳业婴幼儿奶粉智能化工厂建设、哈电集团水力发电设备智能远程运维等项目被评为国家智能制造新模式应用项目。开展“5G+工业互联网”试点，引导项目企业在研发设计、生产制造、经营管理等环节开展“5G+工业互联网”应用，加快培育基于“5G+工业互联网”的制造业新模式、新业态。哈电集团、中国一重等一批装备制造业企业开展工业互联网标识解析二级节点建设。

（二）黑龙江省制造业数字化转型差距明显

从纵向看，黑龙江省通过加快工业互联网技术、产品、平台、服务等的推广应用，逐步提升了工业大数据服务水平。然而，与全国平均水平相比，黑龙江省制造业数字化转型差距明显，大部分指标低于全国，与先进地区相比差距更大。其关键性指标呈现以下三个特征。

1. 从总体水平看，居于全国第三梯队

截至 2021 年 6 月末，黑龙江省制造业数字化转型发展水平排全国第 24 名，属于第三梯队（见图 1）。在体现制造业数字化转型发展水平的两化融合发展水平指数上，黑龙江省为 48.1，远远落后于全国均值 57.8。与第一梯队（指数 60.0 以上）差距更大，第一梯队中的制造业大省江苏（指数 64.8）和山东（指数 64.2），引领着全国制造业数字化转型步伐。黑龙江省在东北三省中居末位。总体看，黑龙江省制造业数字化转型整体水平堪忧。

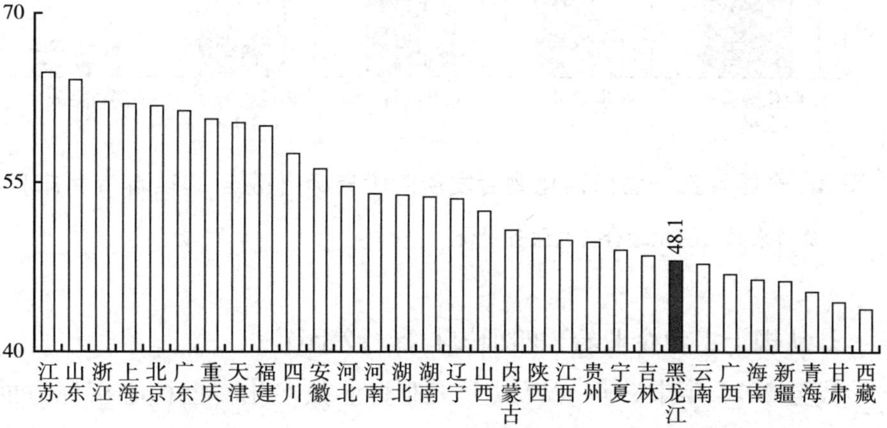

图 1　全国两化融合发展水平指数排序（截至 2021 年 6 月末）

说明：不含港澳台地区。

资料来源：两化融合公共服务平台。

2. 从发展阶段看，两化融合尚处于初级阶段

截至 2021 年 6 月末，黑龙江省制造业数字化转型处于起步建设和单项覆盖阶段，离集成提升和创新突破阶段还较远。黑龙江省制造业数字化转型处于起步建设阶段的比重为 42.2%，约为全

国平均水平的 2 倍，可见黑龙江省制造业数字化转型还处于初级阶段（见图 2）。实施数字化转型的制造业企业，多是在数字化单项覆盖阶段取得一些进展，在集成提升和创新突破阶段与全国平均水平及先进省份相比差距较大。

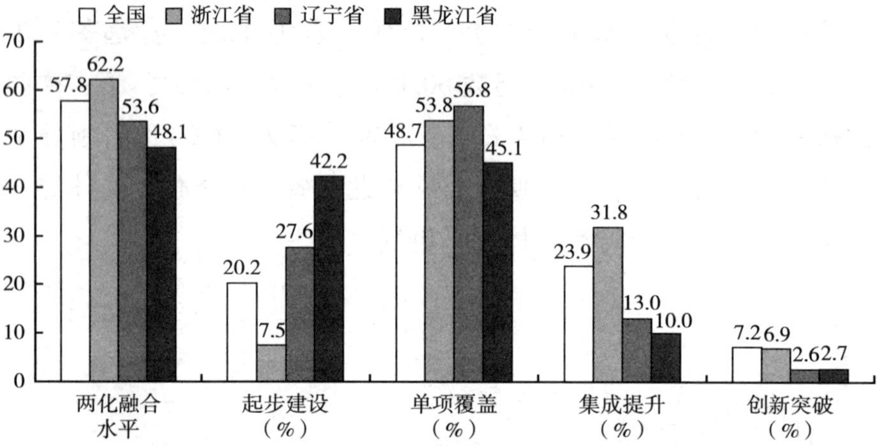

图 2　全国及部分省份两化融合发展阶段指标（截至 2021 年 6 月末）

资料来源：两化融合公共服务平台。

3. 从规上工业企业看，四项核心指标差距较大

截至 2021 年末，在规模以上工业企业数字化转型核心指标方面，黑龙江省生产设备数字化率、数字化研发设计工具普及率、关键工序数控化率、工业云平台应用率四项核心指标均低于全国平均水平。特别是数字化研发设计工具普及率指标差距较大，与全国平均水平相差 23.2 个百分点；关键工序数控化率、工业云平台应用率和生产设备数字化率与全国平均水平分别相差 11.7、9.1 和 6.7 个百分点（见图 3）。

从以上分析可以看出，黑龙江省制造业数字化转型发展水平较低，如果不奋起直追，黑龙江省制造业数字化转型的落后将直接导致制造业整体竞争力的下降，将极大影响工业强省战略的实施。

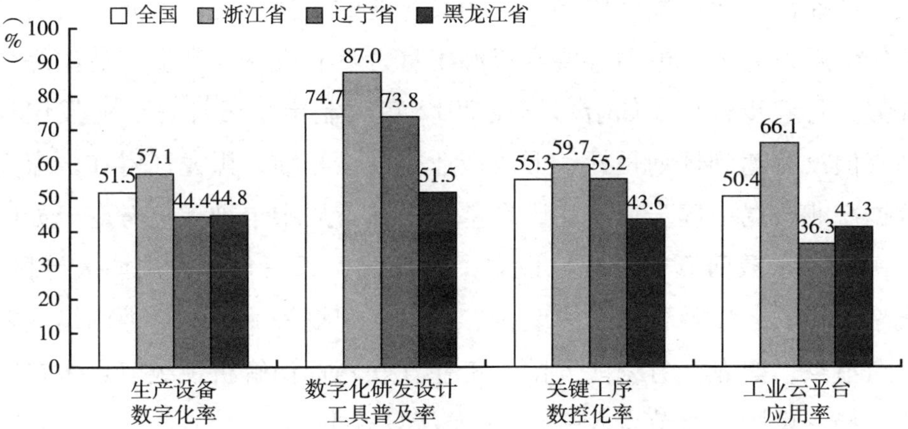

图 3　全国及部分省份规上工业企业数字化转型核心指标（截至 2021 年末）

资料来源：两化融合公共服务平台。

二　黑龙江省制造业数字化转型的瓶颈

转型推进体系能力不足是黑龙江省制造业数字化转型存在短板的主要原因，体现在国家宏观支持、省市政府政策、企业和平台服务及协会链接等方面。体系中制造业企业是数字化转型的主体，政府是推动者也是受益者，其他各方是利益相关者。其中，政府作用关键，其是转型推进体系的能量加速器和速率提升机，是黑龙江省制造业企业数字化转型不想转、不敢转、不会转、不能转的“解锁人”。当前，政府在制造业数字化转型中发挥的作用还有明显不足。

（一）战略缺位，错失先机

大数据产业是推动制造业数字化转型的基础条件，但黑龙江省大数据产业没有形成发展优势，对相关产业的支撑不足。黑龙江省自然条件优越，人才、电力等要素资源丰富，具有发展大数据产业的综合优势，且起步较早，如哈尔滨在 2012 年就制定了云计算产业发展规划，但没有达到规划目标、形成产业规模。当前，黑龙江省在国家大数据产业布局中逐步边缘化，在基础设施布局中未被重点考虑。如国家实施“东数西算”工程，设立了京津冀、长三角、粤港澳大湾区、成渝城市群，以及贵州、内蒙古、甘肃、宁夏等一体化算力网络国家枢纽节点，黑龙江省未能入围；工业互联网标识解析顶级节点未在东北布局，全国二级节点 85 个，黑龙江只有 1 个。

（二）举措缺乏，落地不实

为推进制造业数字化转型发展，国家出台了实施意见，各地先后出台了行动计划，含有总体要求、重点任务、总体思路、转型路径、基础支撑、保障措施等。目前，黑龙江省出台了《实施意见》，谋划了顶层设计，描绘了阶段性蓝图，但与国家和先进省份相比，缺少推进路线图，细化的行动方案和实施机制没有得到具体落实，更没有主要考核指标和推进体系。

（三）机制缺失，推进不畅

“以奖代投”激励政策对企业积极性的激发作用有限。在调查中发现，数字化转型投入大，标准体系不明确，平台企业服务成本较高，这些风险对企业转型构成极大的不确定性，风险预期是影响企业转型的最重要因素。黑龙江省新出台的《实施意见》提出对企业数字化转型采取“以奖代投”激励政策，这种注重结果激励的方式，不能解决企业不想转、不敢转、不会转、不能转的问题。政府激励政策应从结果移到前端，建立政府和企业数字化转型的风险共担机制，降低企业的风险预期，增加转型信心。

三　推进黑龙江省制造业数字化转型落地的建议

作为欠发达省份，黑龙江省制造业数字化转型面临的困难显而易见，但首要的是，政府必须有所作为，否则在双循环新发展格局下，数字经济将进一步加速高端生产要素的流动，制造业将面临重新洗牌，黑龙江省仅有的制造业底子将逐步失去活力和市场。总体上，要做到行动有方案、推进有机制、监督有指标、转型有标杆。

（一）解决实操问题的四个关键

数字化转型，重在实施。制造业企业开展数字化转型，除了需要在战略、组织、意识等方面转型之外，还需要在实施层面有明确的“施工图”。

1. 争取申建国家枢纽节点

一是以哈尔滨为承接主体，积极争取申建大数据中心国家枢纽节点，有序推进超级计算、分布式计算和云计算中心建设，整体提升制造业数字化转型体系支撑能力；二是补齐短板，聚焦发力于关键领域，在工业互联网、数据资源通道、示范基地建设等关键环节和重点领域实现突破。

2. 明晰数字化转型“施工图”

一是在基础保障上，对设施、平台、技术、通道等进行无漏点设计和体系上的链接；二是在推动机制上，为促进《实施意见》落实，要尽快出台实施层面的“行动方案”，尽快制定监督层面的“考核指标体系”，形成闭环推动机制；三是在推进主体上，进一步细化明确政府部门职责，重视发挥协会横向链接作用，发挥企业主动性，调动黑龙江省科研机构参与性，构建“政府推动—平台赋能—龙头引领—机构支撑—多元服务”的联合推进机制，形成各方主体行动合力。

3. 重点细化转型推进环节

一是制定转型梯次推进目标。行动方案要解决好顶层设计的转型目标梯次实现问题，对头部企业、中小型企业的转型要进行板块式操作，同时要重点关注转型中的局部突破和整体梯次演进关系，按照单点应用、局部优化、体系融合、生态重构的路径来优化方案。二是制定一系列实施指南。同时，进一步制定工业互联网网络化改造实施指南、工业互联网平台建设及推广工程实施指南、工业 App 培育专项行动指南、工业互联网安全指导性文件等一系列落地方案，力争实化、细化、精准化。三是制定一系列支持政策。大力支持工业互联网发展，推进工业互联网平台建设及应用。降低中小企业使用工业互联网成本，鼓励和支持企业“上云、用云”，提升中小企业应用工业互联网占比。

4. 提升数据资源通道能力

一是系统谋划新型基础设施建设。加速发展信息网络、算力、信息安全等基础设施，系统谋划“物联网+双千兆网络+IPv6+工业互联网+云计算”的新型基础设施建设。二是重点提升基础性信息服务能力。重点推进新一代移动通信网、大数据中心、工业互联网、物联网、人工智能发展，提升制造业的数字感知、传输、存储、计算及融合应用等基础性信息服务能力，充分发挥数据作为关键生产要素的作用。

（二）聚焦三大实施推进机制

1. 整合多元主体资源，推进风险共担利益共享机制创新

一是以市场换服务，充分利用黑龙江省制造业发展基础牢固、企业数字化转型提升空间大、应用场景多元的优势，整合全省制造

业数字化转型需求带来的市场规模，引进优质服务商，为黑龙江省制造业数字化转型提供高性价比的服务支持。二是以效益兑收益，总体设计政府、企业、平台服务商风险共担利益共享机制，政府设立转型基金，以技术股权投资方式补贴企业转型技术升级资金，并适当补贴平台企业收益，周期为3~5年，企业转型成功后以企业效益回报股权收益。三是以“上云”夯基础，继续探索创新财政资金扶持方式，持续发放“云使用券”，助推企业“上云”，激励中小微企业夯实数字化转型基础，培育一批开放性、差异化、特色鲜明的行业公共服务云平台，打造支撑数字化转型的云服务体系和生态环境。

2. 成立三类数字化转型促进中心，推进联合孵化机制创新

重点创建三类数字化转型促进中心。数字化转型促进中心具体承担推进联合孵化机制创新、产学研用对接、场景应用落地及支撑转型发展等任务，帮助企业提升转型能力、降低转型成本、缩短转型周期。借鉴四川、重庆等地经验，按照黑龙江省数字化转型需求，构建区域型、行业型、企业型三类数字化转型促进中心。一是区域型数字化转型促进中心，主要由产业集群集聚明显、转型需求旺盛的县（市、区）、经济技术开发区、高新技术产业开发区、数字产业园和集聚区等牵头建立；二是行业型数字化转型促进中心，主要由行业中数字化转型成效明显、带动作用突出的企业，以及与本行业相关的行业协会、高等院校、科研机构等牵头建立；三是企业型数字化转型促进中心，主要由具备数字化转型共性技术、关键技术，以及数字化转型服务供给能力强的互联网企业牵头建立。通过数字化转型促进中心建设，打造一批数字化转型服务平台，催生一批数字化转型支撑技术与产品，制定一批数字化转型方案，探索建立数字化转型的标准和规范，形成一批可复制、可推广的数字化转型模式和典型经验，充分激发企业数字化转型积极性。

3. 鼓励第三方技术服务，推进支撑保障机制创新

加强对制造业数字化转型的技术支撑保障，鼓励和支持工业信息工程企业、科研机构、高等院校及其他主体提供制造业数字化转型第三方服务，推动制造业数字化转型。推进工业互联网创新中心、开源社区、省级工业技术软件化创新中心建设，促进工艺、流程、模型、算法等知识和经验的积淀、开放和复用，实现技术扩散和商业化，加速工业技术软件化。支持优秀工业 App 及应用解决方案在行业内推广。

（三）建立两大评估监测体系

1. 建立制造业数字化转型发展标准化评估体系

以标准化支撑数字化转型，提升云智平台化、能力组件化、数据价值化、运营体系化、管理精益化、风控横贯化六大能力。建立健全适合黑龙江省制造业企业数字化转型特点的结构清晰和系统高效的数字化转型发展标准化评估体系，逐个梳理能力指标，定位企业数字化转型发展阶段，对下一步发展方向和路径给出详细指引，以期实现智能敏捷、效益提升、质量保障、业务创新、风控最优、客户满意的转型效果。

2. 建立制造业数字化转型发展监测评价体系

为更好地监测监督转型工作，参照贵州省经验，以转型基础、转型应用、转型创新和转型效益为一级指标，建立体现科学性、系统性、可行性的制造业数字化转型发展监测评价体系，对企业数字化转型的组织和规划、数据采集和管理等能力与水平，企业在研发设计、生产制造、经营等业务环节和跨部门、跨业务环节的数字化转型应用的能力与水平，企业在产品服务和生态共建等方面的能力与水平，数字化转型带来的综合竞争力变化情况和企业经济社会效益水平变化情况等进行科学评价。同时，将制造业数字化转型纳入职能绩效目标考核，促使市（地）将转型工作列入本地区年度目标考核。

（四）发挥两个典型示范作用

1. 加大示范基地建设力度

一是加强智能化转型样板区建设。推进工业互联网产业示范基地建设，打造智能制造哈大齐先导区和东北工业智能化转型样板区。加强现代信息技术在开发区、高新区、工业园区等各类园区的融合应用，完善园区的数字基础设施建设，提升园区数字化管理服务功能，支撑园区内企业数字化转型和数字产业集聚发展。二是加快标识解析体系建设。推动供应链系统和企业生产系统精准对接，实现供应链管理、产品追溯等创新应用，拓展成熟工业互联网标识解析的应用场景。发挥工业互联网平台作用，为中小企业提供低成本、轻量化、模块化的数字化改造，提升服务平台对企业的赋能水平。

2. 打造示范标杆企业

一是构建“产业大脑+未来工厂”。落实《实施意见》的奖励措施，打造示范标杆企业，广泛应用数字孪生、物联网、大数据、人工智能、工业互联网等技术，促进企业生产方式、组织模式和商业模式的变革，构建“产业大脑+未来工厂”。二是带动引领中小企业“上云用数赋智”。按照“设备数字化—生产线数字化—车间数字化—工厂数字化”的转型路径，促进设备和企业“上云”“入网”，深化设计、制造、经营、服务等环节的数字化应用，培育发展个性定制、柔性制造等新模式，打造数字车间和数字工厂。

B.17 黑龙江省保障国家粮食安全研究

孙国徽*

摘　要： 习近平总书记指出“粮食安全是‘国之大者’”，对粮食安全十分重视。面对新时代、新形势和新国际关系，粮食安全的重要性更为凸显。尤其面对粮食进口不断增长、大豆对外依存度高、耕地质量数量提升困难、国际竞争力弱、靠技术增产难度大和粮食生产人员不足等困境，黑龙江省担起保障国家粮食安全重任，将粮食安全上升到政治认知高度，通过不断提升粮食综合生产能力、提升农业科技水平、继续培育和壮大新型农业生产经营主体、建立黑龙江省利用俄粮机制、实施粮食安全产业人才培养战略等措施，筑牢黑龙江省维护国家粮食安全的“压舱石”。

关键词： 粮食安全　“压舱石”　黑龙江省

一　国家粮食安全面临的困境

我国粮食连续丰收的现实仍不能回避和彻底改变粮食安全问题的存在，粮食安全是一个时刻都要被慎重对待的问题。自然灾害、

* 孙国徽，黑龙江省社会科学院农村发展研究所助理研究员，研究方向为农业生态经济与区域发展。

人为因素的影响及农业农村的现状如空心化、边缘化、老龄化，加之国际政治压力带来的粮食贸易不稳定等复杂状况，更是加强了我国对粮食安全的重视。从我国粮食安全状况看，虽然人们已实现饱腹，且风险处于较低水平，但粮食增产量、降成本的难度较大，吃好还需要进口补充，还不是绝对安全的状态。

我国粮食安全依然面临诸多的困境。一是虽然粮食进口量呈现稳定且有增长的趋势，口粮自给率在98%以上，但从粮油糖肉奶等产品的进口数量看，相当于进口了9亿亩耕地的粮食，粮食隐性自给率仅为70%。二是大豆对外依存度达85%，饲料粮不足。大豆自给率仅为15%，作为主要饲料来源，关乎畜禽产业供应安全问题。三是耕地质量和数量仍是要长久面对的问题。过度地使用化学肥料造成耕地质量下降，产生难以恢复的重金属污染、土地退化弱化问题，不断推进的城镇化进程占用大量土地，在当前这种形势下，维持耕地质量和数量是保障粮食安全的根基。四是粮食生产水平仍然很低，国际竞争力弱。占农业经营主体98%以上的小农户经营着70%的耕地，农业的社会化、组织化和专业化程度还不够高，粮食生产比较效益低，种粮积极性不高，农业从业人数骤减。粮食生产成本居高不下，农药化肥使用量基本达到峰值，粮食价格高于国际市场30%以上，高成本高价格与国外粮食低成本低价格形成鲜明对比，竞争能力不足。五是以技术实现粮食增产的难度增大。虽然在育种技术、农药化肥、机械化、农业丰产科技、配方施肥等方面有效地保障了粮食生产，但农业技术进步的难度越来越大，由此带来的增产潜力有限。六是粮食生产的从业人员（农民）不足带来的危机越来越严重。城镇化和现代生活水平的提升，使越来越多的年轻人脱离农村、不再从事农业生产，这种趋势导致农村老龄化严重，“谁来种地、谁来生产粮食”成为未来必须面对的问题。

二　黑龙江省担起保障国家粮食安全重任

黑龙江省作为“大粮仓”、维护国家粮食安全的“压舱石”，是保障我国粮食安全的中流砥柱。积极实施藏粮于地、藏粮于技战略，稳步实现粮食总产量、商品量、调出量、绿色和有机食品认证面积等多项指标均居全国首位，充分显示黑龙江省担起了保障国家粮食安全的重大责任。

（一）具有良好粮食生产资源禀赋

肥沃的耕地资源。黑龙江省拥有世界三大黑土地之一，耕地平坦、土质肥沃，尤其适合规模化生产经营。粮食作物种植面积由2017年的1.77亿亩增加到2021年的2.17亿亩，总耕地面积达到2.39亿亩，位列全国9强，农村人均耕地超过10亩，位居全国之首，且耕地面积呈现增长态势。

丰富优质的水资源。黑龙江省境内水资源丰富，拥有众多河流和水质优良的发达水系，水资源总量达810亿立方米，在全国处于领先地位，是我国北方地区水资源最富集的省份之一。

适宜的气候条件。黑龙江省属中、寒温带大陆性季风气候，常年有效积温1600~2800℃，无霜期100~150天，年降水量370~670毫米，光、热、水同季，适于农作物生长，一年一熟。中、寒温带大陆性季风气候表现出四季分明、雨水充沛、昼夜温差大的特点，有利于作物高质量生长。漫长寒冷的冬季有利于保护资源和降低病虫害发生率。

生态环境优越。黑龙江省作为全国生态建设示范省，凭借大草原、大湿地、大森林的生态优势形成了山清水秀、田地肥沃的优良生态环境。实施退耕还林、退耕还草、退耕还湿政策和减化肥、减农药、减除草剂的"三减"政策，使生态得到进一步恢复。高寒气候带来的漫长冬季，降低病虫害发生率，涵养土地，加之耕地后开发利用年限短，人为侵蚀很少，在绿色和有机食品的开发上具有得天独厚的条件。

（二）粮食综合生产能力持续提升

黑龙江省粮食生产潜力巨大，综合生产能力稳步提升，多项指标居全国第 1 位，是当之无愧的国家粮食安全"压舱石"。

粮食产量不断实现新突破，稳居全国第一。黑龙江省 2010 年粮食产量超 1000 亿斤，2011 年超过河南省居全国首位，之后连续 12 年居全国首位，2021 年产量达到 1573.5 亿斤，实现增产 65.4 亿斤，取得"十八连丰"的佳绩。其中，玉米、水稻、大豆三大粮食作物产量分别占全国产量的 20%、40%和 45%，均位居全国第一。粮食产量连续 4 年超过 1500 亿斤，商品量和调出量多年来位居全国第一。绿色食品种植面积位居全国第一。2020 年绿色食品种植面积 8513.7 万亩，占全国绿色食品种植面积的 20%左右，绿色食品和有机食品的认证面积分别为 7661.5 万亩和 852.2 万亩，均位居全国第一。

（三）粮食结构不断优化

针对适合作物生长的环境，不断形成优势粮食生长的区域结构，建成优势农产品产业带，如松嫩平原优质玉米、三江平原优质水稻和北部麦豆薯生产带，粮食供给能力提升。根据国家粮食安全需求与市场规律，不断优化调整作物的种植结构，鼓励大豆、玉米轮作培肥地力，鼓励生产大豆，弥补国产大豆产量的不足。同时，加快推进"专优特新"品种的推广应用，实现良种覆盖率 98%以上，不断扩大高品质绿色食品的种植面积，提高农产品品质。

（四）粮食生产条件不断提升

加大对“耕地中的大熊猫”的保护力度，耕地质量提升。黑龙江省颁布了《黑龙江省黑土地保护工程实施方案（2021—2025年）》《黑龙江省黑土地保护利用条例》，围绕水土流失治理、农田基础设施建设、耕地质量提升和绿色生产方式利用做了具体要求。在实践探索中，通过开展耕地轮作试点、秸秆翻埋还田和碎混还田、增施有机肥等方式培肥地力，实现了耕地质量提升效果。据统计，试点地区耕层平均厚度在5年间提升了3.5厘米。“十三五”时期，黑龙江省累计落实黑土地保护示范区面积1000万亩，土壤有机质平均含量提高3.60%，耕地质量平均提高0.54个等级，耕地轮作休耕试点面积累计达4050万亩，秸秆综合利用率达91.48%。持续实施“三减”政策，减少农业面源污染。累计实施测土配方施肥面积达21600万亩，化肥利用率达到42.1%，农药利用率达到45.0%。农药包装、废弃物和废旧农膜回收处置率达到70.9%，废旧农膜回收率达到85.0%，粪污资源化利用率达到80.1%。

农田水利建设成效显著。大力推进高标准农田建设。通过土地平整、土壤改良、农田水利建设、田间道路改造、生态建设、输配电等提高农田基础设施建设水平，为粮食增产打牢基础。截至2020年，全省建设完成高标准农田1669.9万亩，累计建成面积8116.5万亩，实现亩均增产粮食100斤以上。水土流失得到有效治理。“十三五”时期，水土流失综合治理面积达到2.11万平方公里，坡耕地和侵蚀沟综合治理等工程治理水土流失619平方公里、侵蚀沟1388条，年增蓄水量1470万立方米，年减少土壤流失量641万吨。

农业机械化率位居全国第一。黑龙江省农业机械化水平在98%以上，比全国平均水平高出30多个百分点，农机装备拥有量和农机利用率均位居全国第一。

（五）粮食仓储能力显著提升

截至2020年底，黑龙江省已建成19家粮食收储中心，总仓储能力达到420.00万吨，加工能力达到83.50万吨，日烘干能力达到2.85万吨，已累计收储国家政策性粮食332.00万吨，粮食仓储能力显著提升，为国家粮食安全奠定了基础。

（六）粮食加工产业稳步发展

黑龙江省致力于粮食加工产业发展，推进“粮头食尾”“农头工尾”项目实施，全省40家企业入围中国农业企业500强，农产品加工转化率达63.0%，粮食加工转化率达68.3%。农业和农产品精深加工产业集群规模达到6000亿元左右。

三　黑龙江省保障国家粮食安全中存在的问题

黑龙江省粮食产量虽稳居全国第一，“压舱石”地位不可动摇，但仍存在不利于粮食安全的诸多问题。

（一）粮食结构性不足问题突出

从黑龙江省粮食种植品种看，以水稻、玉米和大豆为主，占比达90%以上。由于大豆比较效益低，农民种植积极性不高，大豆种植比重较低，虽在补贴制度下能够维持一定的种植比重，但从全国大豆市场需求看，大豆进口仍占85%，从全国粮食安全和市场需求考量，大豆需求缺口较大。从全国角度和粮食安全角度考虑，黑龙江省作为粮食产量第一的大省，应考虑全国粮食安全和市场需求，调整种植结构，弥补这种结构性不足。

（二）种业发展滞后

黑龙江省种业发展滞后于农业发展，科技创新能力弱。总体上表现出种质资源保护不够，存在外来品种多、杂现象。育种创新水平不高，种业企业竞争力不强，商业化育种机制尚未形成，表现为小而散乱的作坊式育种方式，现代化智能育种车间建设不足，种业科技创新环节衔接不紧密，尚未建立起育繁推的一体化、产业化运作模式。企业对育种的投资不足，缺少足够的资金和技术实力支撑。种业市场环境亟待优化，缺少有效的种业市场监管手段。

（三）粮食规模化生产水平仍有提升空间

黑龙江省农业生产方式努力朝着规模化、标准化方向变革，已取得一定成绩，以新型农业经营主体如家庭农场、种田大户、合作社和农业企业为依托的规模化经营已有一定发展。但仍存在规模化水平不够、生产成本过高、生产效率低下的问题。目前，探索农业生产托管服务模式虽在一定程度上能降低生产成本、提高收益水平，但受新的经营主体成分、农户思想认知、耕地状况及各种不确定因素影响，其发展还处于刚刚起步阶段，还未能完全解决规模化生产问题。农业生产方式变革的探索道路仍然是漫长的。

（四）粮食产业人力供给质量差且不足

人力不足是黑龙江省近些年面临的普遍性问题，从事粮食生产的人力不足问题有其特殊性。一是城镇化趋势造成人口流出，农村空心化、农业从业人员不足成为普遍性问题。农村空心化导致未成年人和留守老人比重大、有劳动能力人口少的现象，“谁来种地”成为困扰粮食生产的难题。二是数量有限的青壮劳动力从事粮食生产的技术和经验不足，从事农业生产的稳定性不足，不利于农业生产质量的提升。三是粮食加工产业发展所需的技术管理人员不足，成为阻碍粮食产业发展的因素。四是技术研发推广的人才缺乏，对粮食产业链价值链提升影响较大。

（五）国际市场压力较大

一是国际政治冲突带来的粮食进出口贸易不确定性越来越大。尤其是以美国为主的粮食出口国频繁将政治利益转嫁到出口制裁上，加大了我国粮食进口的不确定性，提高了粮食安全风险。二是国际上粮食主产国的粮食生产成本远远低于我国，价格上占有竞争优势，对承担粮食安全“压舱石”重任的黑龙江省来说，降低成本、提高效益任重道远。三是国外粮食普遍应用转基因技术，转基因产品安全性及遗传风险不确定性也成为粮食安全不可回避的问题，除了转基因品种对我国品种的冲击，口粮安全问题也需要慎重对待。

（六）粮食加工产业链有待完善

粮食加工企业数量多、实力弱。全省从事粮食加工的企业众多，其中小作坊式企业占较大比例，技术水平、加工能力和产品质量都不是很高，而大型加工企业数量少。粮食加工企业产业链短，精深加工不足。多数企业仅从事初级产品加工、简单包装销售，未能形成完整的精深加工产业链，导致粮食的损耗，未能创造更多的价值。多数企业资金投入有限，限制了产业链延长，企业的研发能力不足，也难以支撑精深加工发展。

四　提升保障国家粮食安全能力的对策

（一）将粮食安全上升到政治认知高度

面对复杂的国内外形势、以美国为首的西方国家的打压、俄乌战争及新冠肺炎疫情影响，必须要有较高的政治觉悟，要有敏锐的政治判断力、政治领悟力和政治执行力。一是深刻认识到粮食安全对党中央、对农业农村改革的重要性，以及粮食安全本身的重要意义。二是把粮食安全问题作为乡村振兴战略实施的首要任务来抓，增强责任感和使命感，勇于扛起维护国家粮食安全的政治责任。三是树立“大粮食安全观”，充分考虑现代生活消费结构的多样性，将肉蛋奶等重要副食产品供应提升到粮食安全高度对待。同时，更好满足人民日益增长的美好生活需要，体现新时代的粮食安全观。

（二）不断提升粮食综合生产能力

粮食综合生产能力是粮食安全的基础，提升综合粮食产能是保障粮食安全的根本任务。一是稳定粮食种植面积。严格坚守全省粮食种植面积稳定在 2.18 亿亩以上的底线，落实党政同责、耕地“非农化”，防止“非粮化”，禁止耕地在非休耕情况下出现撂荒状态。二是根据市场供求及粮食安全需要，优化调整农业种植结构。如优化大豆种植结构，扩大大豆种植面积，提高产量水平。因地制宜地选择种植方式和种植品种，以效益优化结构。三是严格落实藏粮于地、藏粮于技战略，加强高标准农田建设，探索休耕轮作、秸秆还田、有机肥肥田等黑土地保护模式，提升耕地质量和产出能力。

（三）提升农业科技水平

一是推进种业振兴行动，开展种业技术攻关，提升良种繁育能力。二是推广现代智慧农业、数字农业，提升农业科技水平。三是坚持农业技术变革理念，不断推进农业技术变革提升。改变传统的农业机械作业模式、耕种方法，推广使用现代智能农业机械，不断提升农业效率、增加产量。四是继续完善测土配方施肥技术、粪肥秸秆还田技术，推动现代农业绿色高质量发展。

（四）继续培育和壮大新型农业生产经营主体

一是完善新型农业生产经营主体进出机制。对新型农业生产经营主体进行严格监管，符合条件给予发展支持，不符合条件督促及时退出，提升新型农业生产经营主体的发展质量。二是鼓励新型农业生产经营主体发挥社会化服务作用。大力发展新型农业生产托管服务，推动小农户与现代大农业有机衔接，提升新型农业生产规模化标准化水平，实现粮食生产降低成本、提质增效的目标。三是探索培育新型农业生产经营主体的现代化企业经营方式和理念。以促使新型农业生产经营主体不仅懂得农业生产和农业经营管理，还具备发展农业产业的理念和能力。

（五）建立黑龙江省利用俄粮机制

在国家"一带一路"倡议实施大背景下，充分利用境外耕地资源，制定政策措施，支持黑龙江省利用毗邻俄罗斯远东地区的地缘优势，建立对俄粮食生产、流通和利用的通道。一方面，在俄罗斯远东地区建立粮食生产基地和粮食产业示范基地，进行小麦、大豆等优质粮食生产，使其成为黑龙江省粮食产量的有益补充。另一方面，畅通俄罗斯与我省粮食等农产品的贸易渠道，确保粮食贸易有保障，能够有序进行。

（六）实施粮食安全产业人才培养战略

一是培养懂农业、会经营的职业农民。通过培训、理论学习、技术指导等形式培育一批热爱农村、热爱农业的职业农民，弥补粮食生产者在数量和质量上的不足。二是实施大学生村官计划，培养有文化有能力的农村管理者，协调服务好农业生产，提升基层从业人员素养。三是推行领导干部乡村挂职锻炼制度。一方面，将最新的粮食生产制度政策有效地落实。另一方面，培养锻炼干部熟悉粮食生产过程，提高其粮食安全意识。

B.18
黑龙江省冰雪旅游产业发展研究

赵　砚*

摘　要： 我国冰雪旅游正处于爆发期，2022 年冬奥会在中国举办，必将促进我国冰雪旅游产业快速发展。冰雪旅游与体育、文化、制造业等产业的融合发展，正在成为冰雪经济发展的大趋势。黑龙江省拥有发展冰雪旅游产业得天独厚的优势，应抓住机遇，依托独特冰雪资源优势，制定符合黑龙江省客观实际、具有可操作性的冰雪旅游产业发展规划，推进冰雪旅游与其他产业融合，延长冰雪旅游产业链，为地区冰雪旅游产业提供发展新动能，做大做强冰雪旅游产业，使冰雪旅游产业成为黑龙江省经济发展的新增长点。

关键词： 冰雪旅游　产业融合　产业链　黑龙江省

冰雪旅游产业是新兴产业形态，也是一种特殊的资源型产业，习近平总书记多次对东北地区冰雪旅游产业发展做出重要指示：“冰天雪地也是金山银山。要推动冰雪旅游、冰雪运动、冰雪文化、冰雪

* 赵砚，黑龙江省社会科学院经济研究所副研究员，研究方向为旅游经济。

装备等加快发展”[①]；“推动我国冰雪运动跨越式发展是实现第二个百年奋斗目标的重要组成部分”[②]；“冰雪产业是一个大产业，也是一个朝阳产业”[③]。这一系列重要指示，为黑龙江省指明了一条充分发挥冰雪资源优势的绿色发展之路。随着2022年北京冬奥会的举办，我国将全面实行冰雪战略，打造“三足鼎立、两带崛起、全面开花”的冰雪新格局。东北作为“三足鼎立”中的“一足”，发展冰雪旅游产业是实现其振兴的重要手段之一。黑龙江省应抓住契机，围绕新战略，形成新思路，拓展新方式，谋求新格局，结合地区实际，努力打造优质的、具有地方独特性的黑龙江省冰雪旅游产业品牌，推进冰雪旅游与其他产业有机融合，努力使黑龙江省冰雪旅游产业链延长，把整个黑龙江省冰雪旅游产业做大做强。

一　黑龙江省冰雪旅游产业现状分析

（一）产业发展优势得天独厚

黑龙江省是中国最北端的省份，也是国内最早开展冰雪旅游的地区，这主要得益于其得天独厚的资源优势。黑龙江省拥有长达120天左右的雪期，优质的天然雪是其最主要的雪资源，大幅度地降低了其发展冰雪旅游和推广冰雪运动的成本。黑龙江省的主要大中型城市均有良好的发展冰雪旅游、开展冰雪运动的气候资源、地质资源和景区

① 《吉林省出台〈冰雪产业高质量发展规划〉积极推动白雪换白银》，“悠游吉林”百家号，2021年11月29日，https：//m. thepaper. cn/baijiahao_ 15601968。

② 《同筑冰雪梦　一起向未来》，“人民日报”百家号，2022年2月3日，https：//baijiahao. baidu. com/s？ id=1723750794582476839&wfr=spider&for=pc。

③ 《牢记殷殷嘱托　推动吉林冰雪产业发展再上新台阶——落实习近平总书记“冰天雪地也是金山银山”重要论述精神系列评论之一》，腾讯网，2022年2月7日，https：//new. qq. com/omn/20220207/20220207A01TGS00. html。

资源，适合冰雪旅游和冰雪运动产业的发展。这些优质的气候资源、地质资源和景区资源是发展冰雪旅游产业的优势所在。因此，与国内其他地区相比，黑龙江省发展冰雪旅游的历史较为悠久，拥有了一批在国内外享有一定知名度的冰雪旅游产业品牌，在旅游产品供给方面有一定竞争力。2022 年 1 月 18 日，为营造冬奥氛围，引导大众参与冰雪旅游，文化和旅游部推出了 10 条全国冰雪旅游精品线路。其中，黑龙江省“北国风光·两极穿越”“白山黑水·冰情雪韵”2 条线路入选，品牌知名度较高。深受青睐的冰雪大世界景区已经成为国内外游客冬季旅游的重要目的地之一；亚布力地区的滑雪场因为优质的天然雪资源和地质资源，深受广大滑雪爱好者的喜爱，特别是吸引了大批的高水平滑雪爱好者成为其拥趸，他们每年滑雪的首选目的地就是亚布力滑雪场；作为中国最北端的城市——漠河市，其举办的极光节品牌知名度和影响力也不断提升，每年来漠河市参加极光节“找北”的游客不断增加。黑龙江省地形特点是“五山一水一草三分田”，18 万平方公里的山林面积占全省总面积的近 60%，其中大部分的地区被森林覆盖，森林覆盖面积接近全省总面积的 50%，有超过 100 座山峰可供开发冰雪旅游项目，特别是这些山林地区降雪量十分充足，地势坡度等自然条件适宜开展冰雪运动项目，同时也适合大型冰雕雪景的建设，是发展冰雪旅游和开展冰雪运动的优良宝地。

（二）与先进国家存在一定差距

黑龙江省冰雪旅游产业发展水平与先进国家相比存在一定的差距。一方面，欧美国家有着悠久的冰雪运动历史。现代滑冰运动早在 1829 年就在欧洲和美国盛行；瑞士、奥地利、法国等欧洲发达国家，依附于经济发展和自然资源等优势开展冰雪运动，已经有超过百年的历史，特别是阿尔卑斯山脉拥有着优势明显的自然资源，是世界知名的滑雪胜地，早在 20 世纪 30 年代欧洲及北美等的发达国家就建成了先进的以滑雪为主要项目的度假区。第二次世界大战结束后，欧美国家将滑雪运动与旅游产业进一步有机结合，推动了冰雪运动的普及，使之深受广大游客的欢迎，进而推进了冰雪旅游产业的快速发展，经过了二三十年的发展，到 20 世纪 70 年代，欧美发达国家的冰雪运动和冰雪旅游产业已经具备了相当的规模。美国和加拿大分别在科罗拉多州和落基山脉建设了一批现代化雪场，每年都能吸引全世界大批游客。日本和韩国的自然条件非常适合开展滑雪运动，20 世纪 60 年代，日、韩两国开始大力推广以滑雪运动为主的冰雪运动，通过冰雪运动的发展进一步推动冰雪旅游产业的发展。综上所述，从整个世界冰雪旅游产业的发展来看，欧洲、北美国家及亚洲的日本、韩国等国家开展冰雪运动的历史悠久，就目前来看，这些国家冰雪旅游产业的发展较为成熟，与我国冰雪旅游产业相比有更强的综合竞争力，这主要得益于其开展冰雪运动进而推进冰雪旅游产业发展的历史较为悠久，也得益于 20 世纪时这些国家经济的高速发展。

另一方面，黑龙江省冰雪旅游产业整体服务及硬件设施落后。加拿大斯勒山滑雪场连续多年被评为“北美滑雪第一胜地”，之所以取得这样的盛誉，主要是因为该雪场拥有超过 1000 条优质雪道、100 多家可以满足游客各种需求的度假酒店、近 100 家能够满足游客不同口味的餐厅，以及 200 多家满足游客购物需求的不同类型的商店，整个雪场占地面积达到 9000 多公顷，不会因为人数过多而影响游客的旅游和滑雪体验。这是国外发达国家冰雪旅游发展的一个缩影，这样的发展规模不用说黑龙江省，即使放眼全国也是没有的。与此相比，黑龙江省由于经济发展水平相对较低和产业起步较晚等，冰雪旅游产业的相关基础设施建设虽取得了一定的进步，但差距还很大，包括交通、场地、运动设备、住宿、餐饮、购物等一系列基础设施和配套服务都还比较落后，而这些恰恰是影响游客体验的重要环节和因素。

二　推进冰雪旅游产业链延伸

（一）冰雪旅游与体育产业的融合发展

一是举办高水平专业体育赛事，这是快速提高地方知名度、促进基础设施提档升级的重要手段和方法。1996 年第 3 届亚洲冬季运动会和 2009 年第 24 届世界大学生冬季运动会在哈尔滨举办，极大地推动了哈尔滨乃至黑龙江冰雪运动的开展和冰雪旅游产业的发展。因此，应积极主办和承办各类高级别、高水平的综合或单项专业冰雪体育赛事，运用现代化信息技术和手段，提升办赛水平，带动相关产业的发展，通过冰雪体育产业的拉动力，提升黑龙江省冰雪旅游知名度，促进冰雪相关的基础设施建设，吸引更多的群众关注并参与冰雪旅游和冰雪运动。

二是通过举办参与性和观赏性强、丰富多样的业余冰雪体育赛事，培养群众对冰雪运动的兴趣，引导群众参与到冰雪运动中来。特别是要用科学的方式打造一批知名度高的业余冰雪体育赛事品牌，扩大冰雪运动在群众中的社会影响力。要合理引导社会资本和社会力量参与冰雪体育俱乐部的建设和发展，支持冰雪健身、旅游、培训、会展、器材销售等业态发展，引导群众积极参与冰雪运动消费。

三是推动冬季全民健身活动的开展，积极挖掘群众性冰雪活动的市场潜力，开展群众喜爱、参与性强、市场潜力巨大的冰雪健身休闲活动，培养和激发大众参与诸如雪地足球、冰壶、单板滑雪、越野滑雪、冰上龙舟和滑冰等休闲健身项目的兴趣。同时，通过组织力量下沉社区进行免费培训等，降低冰雪运动入门门槛，促进初学者向深度冰雪运动爱好者转化。尽量创造条件在社区、公园、商业综合体等地打造方便普通居民和游客使用的冰雪嬉戏场地，让民众能够很容易地感受到冰雪游戏的乐趣。

四是培养青少年对冰雪运动的热爱，这也是对未来冰雪旅游产业市场的培育。黑龙江省大部分地区一年当中有3~5个月处在冰雪期，青少年参与冰雪运动有得天独厚的优势。应制定相关政策推动教育、体育和旅游等相关部门联手，抓住国家实施教育改革的契机，大力推进冰雪运动进入各级学校，更新教学计划和教育内容，培养一批专业的冰雪运动辅导员，引导青少年融入冰雪运动当中。同时，要注重高水平冰雪运动教育的发展，在高校当中开展高水平冰雪运动教育，鼓励冰雪运动社团在高校广泛成立，酌情考虑建设冰雪运动特色学校或设立冰雪运动专业，为冰雪运动的发展培养和储备人才。

（二）冰雪旅游与装备制造业的融合发展

黑龙江省作为传统的装备制造业基地，其装备产业具有一定的基础。随着全国冰雪旅游产业的发展蒸蒸日上，黑龙江省也迎来了发展冰雪装备产业的新机遇，要依托国家相关的产业政策和黑龙江地区装备制造业的基础，加快培育和发展冰雪运动装备制造业，把黑龙江省冰雪经济做大做强。

1. 谋划长远发展

一是帮助现有优质企业进行改造升级。采取切实措施扶持相关领域的企业，特别是有前景的中小企业进行技术设备更新换代，使之尽快融入冰雪运动装备制造业，鼓励企业开展相关产品的核心技术研发，参照国际高标准进行技术改造，开拓和抢占国内市场空间。二是推动滑雪装备制造业的发展。滑雪是以冰雪运动为核心的冰雪旅游产业中最重要的组成部分，无论是个人装备还是滑雪场大型设备，都属于高技术、高附加值产品。因此，要在推动滑雪装备制造上下功夫，推进滑雪装备设备的研发和量产；鼓励优秀企业与科研院所进行技术合作；鼓励企业加强技术研发，并引进国外的先进装备技术；鼓励国有大型企业通过投资、参股等方式，参与滑雪装备的研发制造；鼓励小微企业以“小精尖”的产品参与大型装备零部件的研发和生产，提升生产数量和技术实力。加大力度培育本地区集技术研发和生产于一体的优质企业，要尽快投入成熟的产品抢占市场，扩大市场份额，形成产业规模。三是推进冰雪场地装备制造业服务业的发展。鼓励更多的企业通过售后维修、工程设计、装备运营、市场推广等业务参与装备制造业的产业链，提升和延长整个冰雪装备产业的价值链，使装备制造业和服务业有机结合起来，互相补充、互相带动，获取更多的产品价值。

2. 融合发展，打造知名品牌

依托黑龙江省现有装备制造业的基础，通过合资、入股、合作的方式积极引进符合黑龙江省发展实际的国外先进冰雪装备制造企业，与本地区企业共同研发制造大型装备，如造雪机、索道、压雪机、雪地摩托等专业冰雪设备，提高产品质量、扩大市场份额。同时要注重品牌塑造，实施精品品牌战略，做好设计、生产、销售、售后服务等全产业链，提高品牌知名度和市场认可度。支持企业与各单项运动协会等行业组织合作，通过赛事赞助等营销手段将黑龙江省冰雪装备制造业向外扩展，延伸产品辐射广度和深度，提高产品销售能力、提升品牌知名度。

3. 实施创新驱动发展战略，推动产业升级

“创新是引领发展的第一动力”，冰雪运动装备制造业的发展需要科学技术创新作为第一助推力。黑龙江省冰雪运动装备制造业要实施创新驱动发展战略，推进以科技创新为核心的全面产业创新，通过建立产业科技研发孵化中心、设立科研创新发展基金等方式，组织和引导科研院所、高校、骨干企业等投入科技开发、产品创新。在产品的设计、制造、销售、售后以及其他服务等产业链的各环节中都要实施科技创新战略、体现科技创新力量。加快物联网、云计算、大数据

等现代信息技术在全产业链当中的应用，打造智能生产、销售、服务模式。引进国外先进技术，推进新材料、智能穿戴等新技术在冰雪器材和装备上的应用，促进冰雪运动器材和冰雪运动装备制造业传统产业的转型升级。加强行业及产品标准体系的建设，推动企业标准、国家标准和国际标准的衔接，全面提升器材装备的品质和性能。

（三）冰雪旅游与互联网的全产业链融合发展

互联网与旅游产业的融合发展已是大势所趋，互联网产业在旅游产业的发展中起到了举足轻重的推动作用。旅游产品的推广、旅游市场的开发、旅游资源的统筹、旅游项目的建设、旅游企业的运营管理、旅游营销模式和旅游周边服务的创新等方面都需要互联网的加持和助推，可以说互联网产业已经成为旅游产业快速发展的重要引擎之一。因此，应将互联网产业链与黑龙江省冰雪旅游产业链全面融合。

1. 提高冰雪旅游公共信息传播和服务水平

在互联网信息传播十分发达的今天，人们有更多的信息需求需要通过互联网来满足。在旅游产业中，消费者的整个旅游消费过程同样需要借助互联网来提升品质，例如，在出行前要借助互联网做大量的“功课”为出行做准备，在旅游的过程中要通过互联网安排行程住宿和饮食，在行程结束后还要借助互联网对整个行程进行总结、存档和分享。总之，互联网已经成为当今游客出行必须依靠的工具。因此，作为冰雪旅游产品的提供方，应该利用好互联网这个工具，把满足游客对旅游信息服务的需求作为首要目标。一方面，加强与相关网络服务公司、运营商、新媒体等的深度合作，建立高效、及时、准确的信息发布渠道。另一方面，还要建立一套科学合理的冰雪旅游数据采集机制，推动冰雪旅游基础信息数据库的建立，以标准化的信息资源推进冰雪旅游产品和服务的优化。

2. 发展电子商务活跃冰雪旅游市场

冰雪旅游产业的发展离不开互联网，让互联网技术嵌入企业营销运营的每一个环节，是企业提档升级、快速发展的必然选择。应鼓励冰雪旅游相关从业企业进行互联网化改造，积极开发网上预订、网络销票、网上支付、在线服务、网络营销等信息手段，提高企业经营能力。扶持和培育一批专业性网络技术服务企业为旅游企业提高网络服务和技术服务水平。

3. 推进建设高水平旅游信息网站

推动旅游信息网站的建设和升级，通过建立高效的信息采集和发布网络体系，实现全方位立体的信息资源共享。在网站建立、改造和升级过程中，各方应针对不同群体、结合自身实际、明确定位方向、树立良好形象、注重用户体验、提升吸引力和影响力，使浏览者能够有立体、丰富、美好的感受，有想出发的冲动。

三　提升冰雪旅游产业高质量发展水平的对策建议

（一）打造高效的立体交通网络

一套完善的包括高速公路、高速铁路和机场等交通基础设施在内的立体交通网络，是旅游产业发展的重要保障。黑龙江省应重点围绕景区，结合现有交通网络体系和未来交通网络建设计划，针对冰雪旅游的特点，统筹建立健全旅游景区交通集散体系，加强不同景区和旅游点的连通，完善不同交通体系之间点对点的衔接，使景区之间实现无障碍、快速通达。也可以根据实际情况，因时、因地地考虑开发有针对性的特色服务，如在旺季增开旅游专列、旅游航班等。在完善交通体系的过程中，首先，要明确公路对旅游的支撑作用，特别是国道、省道往往是通往景区的最后交通，对于提高景区的可达性非常重要，在自驾游已经越来越普及的情况下，方便、舒适、安全的公路体系是推动黑龙江省冰雪旅游产业发展的重要保障。其次，要加快铁路建设。铁路具有运力大的优势，随着全国高速铁路网的不断发展，与飞机相比，铁路的速度差距逐渐缩小，甚至在小范围区域内，铁路反而比飞机更方便快捷。黑龙江省在加快与区域外高速铁路连接建设的同时，更要加强内部连接，要开通或增加省内城市与城市之间、城市与景区之间、景区与景区之间的快速列车车次，建设和完善区域内高速便捷的铁路运输网络，全面提升区域内的铁路客运能力和服务水平。

（二）壮大市场主体，培育龙头企业

龙头企业是推动产业高质量发展的重要保障。冰雪旅游产业能否做大做强，取决于冰雪旅游产业企业能否做大做强。在黑龙江省冰雪旅游产业的发展过程中，政府主导一直是主要的发展模式，市场的作用不明显，更缺少龙头企业的带动。因此，黑龙江省要着力培育冰雪旅游龙头企业，鼓励资源整合，通过股份改革等方式，推进国企和非国企联合经营，把国有企业资源优势与非国有企业经营优势有机结合，培育具有现代企业制度和优质资源的经营主体。鼓励多层次资本进入冰雪旅游市场，引进国内外战略投资。通过集团化发展，使黑龙江省冰雪旅游主体完全实现市场化、专业化、规模化发展。加快高质量场馆设施的建设与完善，开发一系列可玩性高的冰雪项目，提升游客的体验感。同时，政府职能部门要提高管理和服务水平，为企业打造安全放心的发展环境。各职能部门应规范市场秩序，落实冰雪旅游产业综合监管机制，引导企业守法、诚信，对违法经营、伤害市场环境、侵害消费者合法利益的行为坚决严惩，为企业和游客打造一个安心、安全的冰雪旅游产业发展环境。

（三）实施人才战略，推进专业队伍建设

实施人才战略，推进冰雪旅游产业专业队伍建设。制定相关政策推动教育、体育和旅游等相关部门联手，抓住国家实施教育改革的契机，更新教学计划和教育内容，建设冰雪运动特色学校或在高校设立冰雪运动专业，大力培养冰雪体育专业人才，为冰雪运动的发展培养和储备人才。推进冰雪人才体系建设，围绕冰雪旅游产业发展搭建人才梯队，实施冰雪旅游产业人才工程，构建教练、运营管理、创意设计、科研、中介等人才培养体系，强化冰雪旅游产业发展智力支撑。

B.19

黑龙江省建设生态康养旅游目的地研究

宋晓丹*

摘　要：　黑龙江省建设生态康养旅游目的地，应依托得天独厚的气候、生态环境、区位等优势，满足南北方全龄化人群在黑龙江省实现夏季避暑养生、冬季赏冰乐雪的需求，建设生态康养旅游目的地集中分布区域，持续提升“北国好风光·尽在黑龙江”和“北国养生福地”的生态康养旅游品牌影响力。推进黑龙江省生态康养旅游目的地建设，也必须坚持可持续发展、可融合发展的原则，打造轻旅、宜居、重养，兼具文化性、研学性、体验性等的经营模式。建设生态康养旅游目的地，将形成黑龙江省新的经济增长点，进一步促进振兴发展。

关键词：　生态康养旅游目的地　生态保护　沉浸式旅游　黑龙江省

《黑龙江省全域旅游发展总体规划（2020—2030年）》提出：“将黑龙江省打造成为中国北方中医药养生、矿泉疗养、森林康养旅游目的地。”近年来，全球生态康养旅游以年均7%的增速蓬勃发展，蕴含重大市场机遇。生态康养旅游通过利用旅游目的地现有的丰富资源和良好的生态环境，进一步对其进行养生保健设施和项目的开发，

---

* 宋晓丹，黑龙江省社会科学院经济研究所助理研究员，研究方向为发展经济学。

使消费者达到增益身心健康的消费目的，它包括了保健旅游、养生旅游和部分医疗旅游。生态康养旅游产业的特点是以生态资源为依托，借助体验、观光、学习相关文化等手段，以达到休养身心的目的。黑龙江省着力建设生态康养旅游目的地，将形成新的经济增长点，促进振兴发展。

一　黑龙江省生态康养旅游目的地发展现状

黑龙江省有着发展生态康养旅游的优越条件，森林覆盖率高、空气质量优良、水质达标率在90%以上，国家生态文明建设示范市县、国家级生态乡（镇）、自然保护区、自然公园等数量众多，具备把自身打造成为全国一流、世界知名的生态康养旅游目的地的丰厚基础。

（一）黑龙江省生态康养旅游目的地基本现状

1. 生态环境总体情况

生态环境的好坏是判断一地区是否适宜打造生态康养旅游目的地的首要因素。根据《2020年黑龙江省生态环境状况公报》，2020年黑龙江省环境空气质量总体良好，优良天数比例由2015年的86.9%上升至2020年的92.9%，平均重度及以上污染天数比例由2019年的1.5%下降至2020年的1.3%。环境空气质量综合指数排名前三的分别是大兴安岭地区、黑河市和伊春市。地级及以上城市集中式生活饮用水水源地水量达标率由2015年的79.3%上升至2020年的93.5%。受污染耕地安全利用率达92.0%。自然生态质量县域面积比为21∶52∶2（优、良、一般）。

2. 国家级生态旅游目的地

依照全国生态旅游发展总体布局，黑龙江省被划入全国生态旅游发展8个片区中的东北平原漫岗生态旅游片区，重点发展方向是依托森林、湿地、草原及冰雪旅游资源，打造集森林观光度假、冰雪运动休闲、界江界湖界山观光、民俗体验于一体的，辐射东北亚的生态旅游片区。在全国范围内遴选出的200个重点生态旅游目的地中，有黑龙江省的五大连池、汤旺河、镜泊湖、亚布力、大兴安岭、乌苏里江和绥芬河。打造的25条国家生态风景道中，在黑龙江省域内的有3条（见表1）。

表1　黑龙江省国家生态风景道情况

名称	线路
大兴安岭风景道	内蒙古阿尔山、呼伦贝尔—黑龙江加格达奇、漠河
东北边境风景道	辽宁丹东—吉林集安、长白山、延吉、珲春—黑龙江绥芬河
东北林海雪原风景道	吉林敦化、吉林—黑龙江牡丹江、鸡西

资料来源：《全国生态旅游发展规划（2016—2025年）》。

黑龙江省注重生态功能保护区建设，是全国自然保护地最多的省份之一（见表2），已建成4个国家生态文明建设示范市县，126个国家级生态乡（镇）。2020年，黑龙江省有44个县（市、区）被列入国家重点生态功能区县域生态环境质量考核，大兴安岭地区漠河市、省农垦建三江管理局获得“国家生态文明建设示范市县”荣誉称号。

表2　2020年黑龙江省自然保护地统计情况

单位：处

<table>
<tr><th>名称</th><th colspan="5">数量</th></tr>
<tr><td>国家公园</td><td colspan="5">1</td></tr>
<tr><td rowspan="2">自然保护区</td><td rowspan="2">134</td><td colspan="2">国家级</td><td>省级</td><td>地市级</td></tr>
<tr><td colspan="2">47</td><td>75</td><td>12</td></tr>
<tr><td rowspan="2">自然公园</td><td rowspan="2">196</td><td rowspan="2">森林自然公园</td><td rowspan="2">100</td><td>国家级</td><td>地市级</td></tr>
<tr><td>62</td><td>38</td></tr>
</table>

续表

名称	数量				
自然公园	196	地质自然公园	14	国家级	地市级
				5	9
		湿地自然公园	79	国家级	地市级
				54	25
		草原自然公园	3	国家级	地市级
				1	2

资料来源：《2020 年黑龙江省生态环境状况公报》。

3. 生态康养旅游目的地建设

黑龙江省生态康养旅游目的地建设需要依托全省得天独厚的气候、生态环境、区位等优势，满足南北方全龄化人群在黑龙江省实现夏季避暑养生、冬季赏冰乐雪的需求，建设生态康养旅游目的地集中分布区域，持续提升“北国好风光·尽在黑龙江”和“北国养生福地”的生态康养旅游品牌影响力。黑河市主打“中俄双子城，北国养生地”旅游品牌，着力打造中国全域生态康养旅游目的地。未来，五大连池风景区将被发展成为四季生态康养旅游目的地。2022 年，黑龙江省重点围绕“三江（黑龙江、乌苏里江、松花江）、四湖（兴凯湖、镜泊湖、连环湖、长岭湖）、两泉（五大连池冷泉、林甸温泉）、两林区（伊春林区、大兴安岭林区）”生态景观资源，开发建设一大批突出生态康养旅游度假功能的地产项目。为更好地满足生态康养旅游的需求，黑龙江省还划定了生态旅游优先区域（见表 3）。

（二）生态康养旅游目的地建设的特征

《黑龙江省全域旅游发展总体规划（2020—2030 年）》提出优先发展冰雪旅游、生态旅游、户外运动三大全谱系旅游产品，重点培

表 3　黑龙江省生态旅游优先区域

· 五营 NFP	· 太阳岛 NWP	· 镜泊湖 NG
· 亚布力 NFP	· 明星岛 NWP	· 五大连池 NG
· 中国雪乡 NFP	· 碾子山雅鲁河 NWP	· 嘉荫恐龙 NG
· 兴隆 NFP	· 黑瞎子岛 NWP	· 东北虎豹 NP
· 香炉山 NFP	· 大庆黑鱼湖 NWP	· 扎龙 NNR
· 凤凰山 NFP	· 安邦河 NWP	· 珍宝岛湿地 NNR
· 火山口 NFP	· 饶河乌苏里江 NWP	· 挠力河 NNR
· 三道关 NFP	· 新青 NWP	· 南瓮河 NNR
· 大亮子河 NFP		· 碧水中华秋沙鸭 NNR
· 日月峡 NFP		· 兴凯湖 NNR
· 小兴安岭石林 NFP		
· 金龙山 NFP		
· 勃利 NFP		
· 龙江三峡 NFP		
· 大沾河 NFP		
· 望龙山 NFP		
· 黑龙江呼中 NFP		

注：NFP = 国家森林公园；NWP = 国家湿地公园；NG = 国家地质公园；NNR = 国家自然保护区；NP = 国家公园。

资料来源：《黑龙江省全域旅游发展总体规划（2020—2030 年）》。

育自驾旅游、生态康养旅游两大新兴旅游产品。黑龙江省的生态康养旅游目的地有着几个显著的特征。

1. 以森林资源为主的生态康养旅游目的地

黑龙江省森林覆盖率为 47.3%，草原综合植被覆盖度为 75.0%，是中国拥有最大连片森林的生态大省，也是中国国家级森林公园数量最多、面积最大的省份，还有世界上占地面积最大的森林城市和世界上面积最大的红松原始森林。通过科学量化和评价森林生态康养旅游功能，五大连池风景区最终形成了 5 个一级区划单元、17 个二级区划单元、26 个重要生态功能点。在第四届黑龙江省旅游产业发展大会上，牡丹江镜泊湖风景名胜区被宣布成为“中国夏季森林康养产业发展大会永久会址”。

2016~2020 年，黑龙江省入选全国森林康养基地试点建设单位名单的单位有 33 家，有 6 家单位入选“2020 年中国森林康养人家名单”。2020 年，黑龙江省文化和旅游厅推出 28 个森林康养目的地（见表 4），主要分布在伊春、哈尔滨、大兴安岭、牡丹江等地，其中伊春桃山玉温泉森林康养基地入选第一批国家中医药健康旅游示范基地创建单位。

表 4　黑龙江省森林康养目的地

伊春五营国家森林公园	伊春汤旺河林海奇石景区	伊春上甘岭溪水国家森林公园	伊春茅兰沟国家森林公园
伊春桃山国家森林公园	大兴安岭漠河国家森林康养基地	伊春宝宇（天沐）森林生态小镇	伊春桃山玉温泉森林康养基地
哈尔滨亚布力森林公园（亚布力滑雪旅游度假区）	哈尔滨凤凰山国家森林公园	哈尔滨金龙山国家森林公园	哈尔滨平山旅游区
哈尔滨帽儿山森林公园	哈尔滨二龙山风景区	牡丹江威虎山九寨景区	牡丹江三道关国家森林公园
牡丹江火山口国家森林公园	牡丹江绥阳双桥森林康养基地	佳木斯大亮子河国家森林公园	鸡西麒麟山风景区
鸡西铁西森林公园	鸡西蜂蜜山景区	双鸭山青山国家森林公园	双鸭山大顶子山森林公园
鹤岗鹤北林业局森林康养基地	黑河大沾河国家森林公园	黑河高峰森林公园	黑河胜山国家级自然保护区

资料来源：李晶琳《黑龙江推出 28 个森林康养目的地》，《黑龙江日报》2020 年 7 月 4 日。

2. 以温泉资源为主的生态康养旅游目的地

黑龙江省的温泉生态康养旅游冬夏皆宜，哈尔滨、大庆、伊春、齐齐哈尔等地都有着丰富的温泉资源。温泉水中富含多种对人体有益的微量元素，对治疗关节炎、风湿病、皮肤病、心脑血管后遗症、神经系统疾病等有一定作用，哈尔滨优质的寒地温泉水或含氟高或含锶高，有着养心护脑、理肤养颜的功效，因此温泉康养既具有治病功效又具有美容保健的功能。2021 年，黑龙江省文化和旅游厅以“北国春光　花开龙江”为主题推荐了 14 个省内优质温泉旅游度假胜地（见表 5）。

黑龙江省林甸县被中国矿业联合会和世界温泉养生大会组委会誉为“中国温泉之乡”“世界温泉养生基地”。五大连池风景区具有以“负离子+泉水+地磁”为主导的生态康养功能，“格拉球山—老黑山—温泊—药泉”是生态康养功能最多线路，具有五行汤洗泡、泥浴洗泡和草本池洗泡等 72 种洗泡功能，可以满足养生人士不同的需求。

表 5　黑龙江省优质温泉旅游度假胜地

新海都半山温泉城	哈尔滨枫叶小镇温泉度假村	哈尔滨英杰温泉酒店
哈尔滨汤合宫温泉	哈尔滨大顶子山温泉旅游区	哈尔滨亚布力森林温泉酒店
齐齐哈尔北纬 47°城市温泉家园	齐齐哈尔水师森林温泉度假区	大庆连环湖温泉景区
大庆飞泷四季温泉	大庆林甸北国温泉	大庆林甸鹤鸣湖温泉
伊春宝宇（天沐）森林生态小镇	伊春桃山玉温泉	—

资料来源：《黑龙江：优质温泉旅游度假胜地欢迎您》，“食安龙江”百家号，2021 年 3 月 24 日，https：//m. thepaper. cn/baijiahao_ 11859813。

3. 以冰雪资源为主的生态康养旅游目的地

2022 年北京冬季奥运会的召开，带动了新一轮的冰雪运动热潮。《中国冰雪旅游消费大数据报告（2022）》显示，2021~2022 年冰雪季热门省份前 10 名中，黑龙江省位居第一。黑龙江省拥有全国数量最多的滑雪场和世界雪道面积最大的室内滑雪场，冰雪大世界、雪博会、雪乡，以及各种体验式的冰雪项目都极大地吸引着中外游客的目光。

《黑龙江省冰雪旅游产业发展规划（2020—2030 年）》提出，

打造5个符合国际游客需求的四季旅游目的地，谋划冰雪温泉度假区、冰雪博物馆等新型冰雪旅游项目。2022年，黑龙江省以迎接北京冬奥会为契机，推出了冰雪观光、冰雪体验、冰雪文化三大冰雪旅游主题产品，重点打造“冰城”哈尔滨、“雪城”牡丹江、“冰雪森林之都”伊春、“中俄双子城”黑河、“神州北极”漠河5个冰雪旅游城市，规划了东线探秘雪国秘境、西线欣赏鹤舞雪原、中线感受冰雪森林、北线追寻神州北极等6条冰雪旅游精品线路，主打世界最大的冰雪主题乐园——哈尔滨冰雪大世界、中国滑雪旅游胜地——亚布力滑雪旅游度假区、中国最具雪韵的地方——中国雪乡等15个最具特色的冰雪景区景点。[①]

（三）生态康养旅游的需求动因

中国健康大数据显示，中国人的健康情况不容乐观，慢性病死亡率高达86%，白领亚健康率高达76%，有过劳死危险的国人占比多达70%。北京中医药大学教授侯胜田指出，新冠肺炎疫情将在一定程度上改变人们对自身健康的认知。伴随着科学技术的发展，劳动时间缩短，人们必然会对康养旅游产生更大的需求。数据显示，生态康养旅游的主要需求人群的占比分别为亚健康人群占70%，追求高品质生活的健康人群占23%，老年人群和疾病人群仅占少部分的17%和15%。《2021年中国旅居康养产业发展白皮书》显示，预测全球康养旅游市场规模到2022年将达到9190亿美元。目前，我国中等收入群体已超过3亿人，大致占全球中等收入群体的30%以上，中产阶级掌握的财富总量达28.3万亿元，中国超过美国和日本跃居世界首位。[②] 因此，生态康养旅游面向的主要人群既具有消费需求，也具有消费能力。

---

① 杨同玉：《黑龙江冰雪旅游抢抓冬奥契机》，《中国经济时报》2022年2月11日。

② 汪慧：《〈2021年中国旅居康养产业发展白皮书〉发布》，“三亚发布”百家号，2021年5月9日，https：//m. thepaper. cn/baijiahao_ 12592236。

“十四五”时期，中国进入大众旅游时代，出行和消费需求向高品质和多元化转变，生态优先、绿色发展的特色旅游方式将会使旅游业进入更加高质量、更加公平、更加可持续、更加安全的发展轨道。作为一种绿色消费方式，生态康养旅游既彰显了人民大众对幸福生活的追求，也表明了人们对生态保护的重视。黑龙江省是心脑血管疾病、慢性呼吸系统疾病、糖尿病等慢性疾病的多发地区，因此居民也相对重视医疗保健。根据全省常住居民人均生活消费支出的数据，2020 年，黑龙江省居民医疗保健消费占比较大，紧随食品烟酒消费、居住消费、交通和通信消费之后（见图 1）。

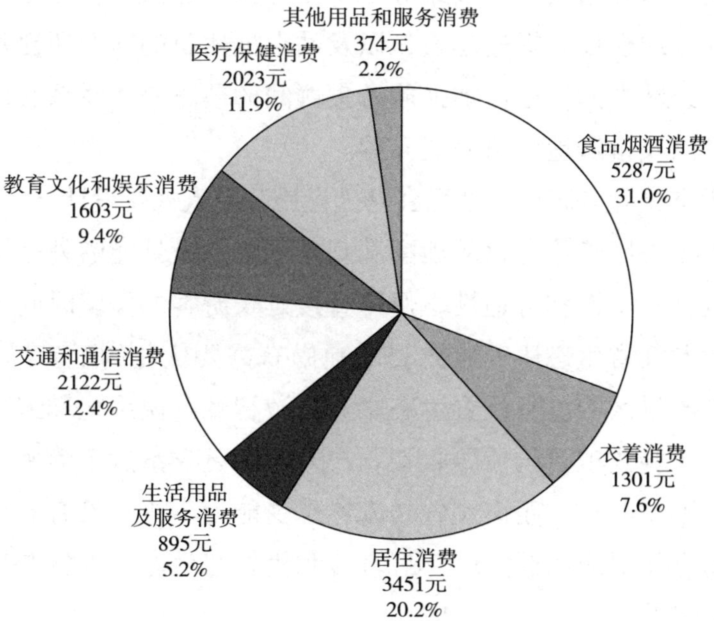

图 1　2020 年全省常住居民人均生活消费支出及其构成

资料来源：《2020 年黑龙江省国民经济和社会发展统计公报》。

二　制约黑龙江省生态康养旅游目的地建设的主要因素

（一）优质旅游服务条件和水平尚有待提升

1. 公共交通基础设施仍需继续完善

就现有涉旅公共交通基础设施条件看，黑龙江省公共交通目的地可达性还有需要提升的方面。航空方面，与旅游目的地城市机场间的直飞航班数量还可以增加，省内部分旅游目的地城市机场同国内重点城市间仍有未开通的直飞线路等；铁路方面，还需完善旅游目的地城市之间的专线建设、提速建设，以及站点抵达目的地的便捷基础设施建设等；公路方面，还需加强旅游集群间的公路交通联系、内部道路网络建设以及偏远地区道路提升等。

2. 生态康养旅游目的地配套基础设施欠缺人性化设计

如果生态康养旅游目的地配套基础设施的设计能够处处体现着人性化，具有安全性和舒适性，便可直接延长游客的停留时间、提升复游率。黑龙江省生态康养旅游目的地尚有需要优化的配套基础设施，如某些旅游景区内没有设置生态康养旅游智慧解说系统和道路标识指引系统，体验式项目均需要收费，户外温泉更衣室过于简陋，公共卫生间标识不够明显，距离设置与人体承受能力不符，没有同残障人士和母婴需求相对应的服务，产品宣传和销售与生态康养旅游目的地结合不够紧密等。

（二）专业型康养人才不能满足需求

1. 尚无培养专业型康养人才的高等院校

目前，专业型康养人才短缺是全国的共性问题，国内培养专业型康养人才的高等院校或设有康养专业的高等院校很少，现有的也是近几年才刚刚成立的。西南财经大学天府学院是国内最早围绕养老产业提出并设立康养专业集群（老年福祉专业群）的高校之一，其康养护理学院是“产学研”一体化办学的试点学院，2015 年开设了专科层次的社区康复专业。攀枝花国际康养学院从 2017 年开始实施首批招生计划。武汉轻工大学康养产业研究院成立于 2020 年 12 月。贵阳康养职业大学于 2021 年 9 月揭牌。2021 年底，黑龙江省依托哈尔滨技师学院（哈尔滨劳动技师学院）成立了“黑龙江省医药康养业‘政校企’技能人才培养联盟”。在此之前，东北三省范围内还没有培养专业型康养人才的高等院校。

2. 健康管理师等新型健康管理人才缺乏

健康管理师承担着健康管理、检测、维护等与人体健康相关的工作，是医学信息管理人员、预防医学医生、营养师、康复师、心理咨询师、健康教育专家、体检医生的综合体，也是优质生态康养旅游目的地应该配备的高端人才。但保守估计，中国现在持有健康管理师资格证的仅有 8 万~10 万人，对于有着 14 亿多人口的中国来说，这个行业的人才缺口是巨大的。不仅是健康管理师，森林疗养师、睡眠师、运动康复理疗师、健康管家等也是生态康养旅游人才队伍中的重要组成部分。但这些人才的培养都没有形成一定规模，他们中的绝大多数服务于各大、中型的医疗机构、养老机构等，工作在生态康养旅游目的地的专职人员少之又少，这是打造优质、高端生态康养旅游目的地必须重视的内容。

（三）生态康养旅游目的地开发力度小

1. 少数民族地区生态康养旅游目的地较少

黑龙江省有着丰富的少数民族旅游资源，少数民族居住地自然环境优美，少数民族有着英勇善战的渔猎精神、喜歌善舞的传统、舌尖上的民族美食等，这些都非常适宜发展生态康养旅游。但黑龙江省少数民族旅游由于整体知名度较低、路线设计优化不够、宣传投入不足、历史文化内涵挖掘不够等尚处于小众旅游阶段，还未形成一定的规模，少数民族生态康养旅游目的地也较少。

2. 冰雪运动的康养项目尚未获得全面开发

黑龙江省尚未充分利用冰雪资源带来的红利，在冰雪生态康养旅游开发上还有很多路径可以选择。国家号召“带动三亿人参与冰雪运动”，以哈尔滨为例，常住居民除了能使用有限的几个政府免费开放的冰场和冰滑梯外，可免费参与的冰雪运动项目不多。可以参考其他省份的做法，开展相关活动，如百万青少年上冰雪冬令营、趣味冰雪运动会、雪地马拉松等，让冰上龙舟、雪地拔河、雪地足球、雪地迷宫、雪地跳绳、雪上飞碟、雪上抽冰尜等这些普通民众喜闻乐见的冰雪运动项目成为大家在冬日里强身健体的首选。

三 推进黑龙江省生态康养旅游目的地建设的对策

生态康养旅游体现了产业的联动与融合发展，如与体育旅游、研修旅游等旅游业态的联动，与医疗业、绿色和有机农业、养老产业的融合。因此，黑龙江省生态康养旅游目的地建设也必须坚持可持续发展、可融合发展的原则，打造轻旅、宜居、重养，兼具文化性、研学性、体验性等的经营模式。

（一）实现生态康养旅游的可持续发展

1. 加强对生态康养旅游资源的保护

《2022年黑龙江省政府工作报告》提出要推进生态保护和生态产品价值转换。生态康养旅游的突出特色就是原汁原味的生态美。黑龙江省的生态美有着它独特的颜色，肥沃的黑土地，营养丰富的绿色和有机食品，晶莹洁白的冰与雪，绿、白、黄、红、紫的五花山……大森林、大湿地、大界江、大湖泊、大冰雪等都展现着黑龙江的生态优势。根据调查统计，黑龙江省域内有国家重点保护野生植物15种、兽类88种、鸟类390种。因此，要制定生态康养旅游指南和观赏野生动物指南，在保护区内进行的生态康养旅游可以考虑收团规模的小型化，让游客观光质量具有可控性，做到最大限度地减少生态足迹、碳足迹。支持和倡导保护黑龙江省独特的原生态环境，无论是以哪类形式出现的生态康养旅游项目，都要以坚持保护自然环境为底线，保护好生态资源就是留有最好的底牌。

2. 建设具有生态兼容性的基础设施

《全国生态旅游发展规划（2016—2025年）》提出，要大力推进生态旅游交通服务设施建设，构建重点生态旅游目的地与主干线之间的便捷交通网络体系；鼓励生态旅游宣教中心、生态停车场、生态厕所、绿色饭店、生态绿道等生态设施建设。黑龙江省建设生态康养旅游目的地应遵循国家规划要求，因地制宜，根据游客群体的康养需求设计建设符合寒地气候的基础设施，如在景区设置无机动车车道或绿道、使用微生物降解公厕等，让想要实现旅居康养的消费者冬夏都可在黑龙江满足需求。

（二）实现生态康养旅游的融合发展

1. 着力发展中医药资源和优势生态康养旅游项目

黑龙江省有着巨大的中医药资源优势，全省中药材产业发展势头强劲。2021年，黑龙江省中药材成为全省播种面积最大的经济作物品类，播种面积达244.7万亩，增长38.6%。中医药生态康养旅游既不受季节变化的约束，也不会完全受制于经济的起伏。形神共养、药食同源，通过养身、养心，使人的生理、心理和精神各方面相互协调，是最佳的康养理念。《黑龙江省全域旅游发展总体规划（2020—2030年）》提出，黑龙江省银发旅游战略性产品方向中同中医药有关的包括医疗旅游之旅：中医医疗（少数民族文化）、健康体检；中医药体验之旅——中医药康复理疗、中医药养生保健、中医药文化体验、中药材种植基地参观采摘、药膳食疗。

2. 着力建设生态文化主题公园

在《中国生态文化发展纲要（2016—2020年）》中，生态旅游、休闲养生等生态文化产业被认为是最具发展潜力和普惠民生的新兴产业之一，该纲要同时提出要将生态文明教育普及率提高到85%。黑龙江省建设生态康养旅游目的地，应考虑打造符合目的地生态文化的，具有教育、科普、体验功能的教学场地，举办具有生态文化内涵的表演活动，展示具有地方特色的生态文化作品等，在生态康养旅游的过程中提升生态文化理念。应把黑龙江省打造成为中国冰雪旅游体验、教育、培训及冰雪装备制造等产业基地，夯实优势体育项目的基础，打造以乒乓球为主题、以围棋为主题和以冰上项目为主题的体育公园等，为市民增设更多的体育锻炼场地，激发民众对体育的热情和参与度。

（三）实现生态康养旅游特色产品的有效供给

1. 针对主要康养人群打造沉浸式康养体验

沉浸式体验是一种正向的、积极的心理体验，既包括丰富的感官体验又包括丰富的认知体验活动，能给参与者带来愉悦感从而使其对反复进行的同种活动不感到厌倦，迪士尼乐园就是较为典型的案例。沉浸式旅游体验是一种伴随体验经济出现的新的旅游方式，它打破了走马观花的旅游常态，通过全景式的视、触、听、嗅觉交互体验，使人们在特定的场景中感受未曾有的生活经历，如园艺、养殖、DIY伴手礼、入住民宿等。文旅部也提出鼓励打造沉浸式体验新场景。因此，根据主要康养人群的自身需求，结合现代流行元素打造沉浸式康养体验项目，必将会带动地方经济发展。

2. 结合目的地特色推介龙江绿色和有机食品

健康饮食是建设生态康养旅游目的地的基础条件，吃得营养、有品质是其一个加分项，在绿色和有机食品供给上，黑龙江省在全国始终处于领跑位置。黑龙江省拥有顶级的生态农业资源（世界三大黑土地之一、中国最大的粮食产区），绿色和有机食品认证面积在全国一直占据领先地位，2021年绿色和有机食品认证面积继续位居全国第一，食品工业增长6.1%。充足的绿色和有机食品供给，也为黑龙江省零售业带来了可观的效益。2021年黑龙江省餐饮收入538.4亿元，增长8.2%；全省网上零售额实现714.5亿元，比上年增长30.0%，居全国第9位。黑龙江省的每个生态康养旅游目的地都有其各自的特色美食，如五大连池的冷泉豆腐宴，伊春的山珍海味宴，哈埠菜，伏尔加庄园的俄式西餐，同江、抚远的赫哲全鱼宴，伊春宝宇的雪猪宴，等等。应充分利用微信小程序、网络购物平台、电商平台等销售渠道，搭配高效率的物流通道，满足消费者“在哪吃好就能在哪买好”并快速配送到家的需求。

参考文献

国家发展和改革委员会、国家旅游局：《全国生态旅游发展规划（2016—2025年）》，2016年8月。

国务院：《“十四五”旅游业发展规划》，2021年12月。

黑龙江省人民政府：《黑龙江省冰雪旅游产业发展规划（2020—2030年）》，2020年8月。

国家林业局：《中国生态文化发展纲要（2016—2020年）》，2016年4月。

B.20
黑龙江省加快科技成果高质量就地转化研究

尹　岚*

摘　要： 科技成果转化对于经济发展至关重要，将科技成果与经济发展有机融合，可促进国家战略驱动的发展，科技成果转化日益成为各地区提高经济发展内核动力的重要力量，受到各地政府越来越多的重视。加快黑龙江省科技成果转化能够促进产业结构升级、推进经济现代化发展进程。黑龙江省在深入实施创新驱动发展战略，促进新技术、新产业、新业态、新模式发展方面取得进展，在由“科创大省”向“科创强省”迈进的过程中，重视科技成果转化，并取得一定成效，但是针对科技成果进行高质量就地转化，仍然存在亟待破除的制约因素，需要进一步激发科技创新成果转化内生动力，加大成果转化的力度。

关键词： 科技成果　高质量就地转化　黑龙江省

党的十九大提出重点实现社会现代化发展，实现创新性国家发展战略。重点应当实现“产学研”融合发展，构建国家创新体系，实现科技成果就地转化。在国家发展背景下，黑龙江省应当顺应时代发

* 尹岚，黑龙江省社会科学院经济研究所研究实习员，研究方向为发展经济学。

展趋势，实现科技成果高质量就地转化，充分发挥科技成果的经济带动作用，促进经济现代化。

一 黑龙江省科技成果高质量就地转化取得的成效

（一）扎实推进全社会研发经费投入，实现数量、强度双提升

根据《2020 年全国科技经费投入统计公报》，2017~2020 年黑龙江省研发经费投入整体呈上升的趋势，2020 年共计 173.16 亿元，同 2019 年相比增长 26.61 亿元（见图 1），研发投入强度即研发经费投入占地区生产总值（GDP）的比重达到 1.26%，同 2019 年相比增加 0.18 个百分点。说明在研发经费投入方面，黑龙江省重视程度不断提升。

近年来，黑龙江省在加速经济发展方面紧跟国家发展战略，不断提升创新能力。2020 年，省委、省政府主要领导组织专题会议，研究全省研发经费投入工作。省委经济工作会议对打好全社会研发经费投入提升攻坚战做出部署。《黑龙江省国民经济和社会发展第十四个五年规划和二〇三五年远景目标纲要》和《黑龙江省“十四五”科技创新规划》确定了到 2025 年全省研发经费投入占地区生产总值的比重达到 2.5%的目标。

为打好全社会研发经费投入提升攻坚战，顺利实现“十四五”目标，黑龙江省采用超常规举措，在政府支持方面不断加大力度，增强科技创新主体发展活力，加大对科技创新主体的支持力度，提升研发经费投入，调动各类主体创新发展积极性。

一是成立提升研发经费投入专班。2020 年，省科技厅成立提升研发经费投入专班，开展研发经费投入情况调查和数据分析，摸清底

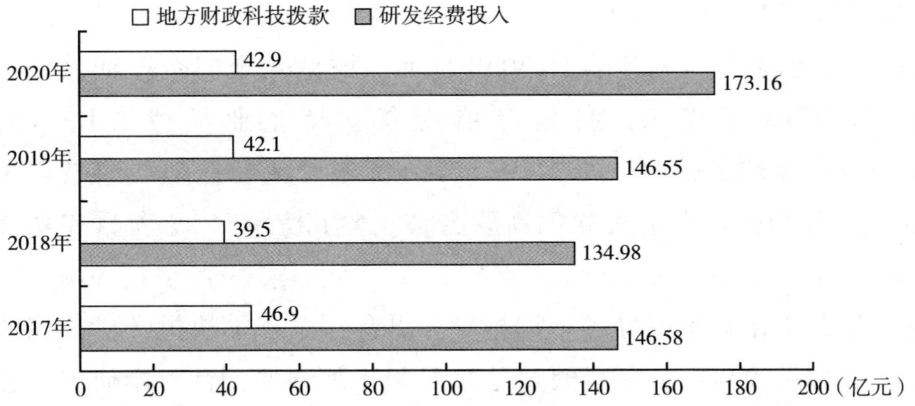

图 1　2017~2020 年黑龙江省地方财政科技拨款与研发经费投入

资料来源：《2020 年全国科技经费投入统计公报》。

数，找准问题，聚焦重点，统筹推进全社会研发经费投入提升工作。联合省教育厅、省统计局等 8 个部门，组织市（地）及重点高校院所，研究提升全省研发经费投入工作，形成合力，多措并举，激励各类创新主体开展研发活动，加大研发经费投入力度，规范研发经费投入归集统计，不断提升全省研发经费投入工作水平。

二是加大财政资金投入力度。2018~2021 年科技专项资金年均增幅 40%。其中，从 2018 年启动实施“企业研发投入后补助”以来，省财政累计投入资金 5.7 亿元，补助企业 1561 户（次）；2019 年启动实施省级科技重大专项，3 年来立项支持 75 个项目，财政资金投入 4.07 亿元，引导企业自筹经费投入 8.07 亿元；2021 年，全省财政科技投入较上年增长 20%，通过支持省级各类科技计划项目、科技创新平台建设等，发挥财政资金“四两拨千斤”的作用，引导带动全社会研发经费投入大幅提升。

三是强化企业创新主体地位。连续实施三轮科技型企业三年行动计划，大力培育高新技术企业，支持企业设立研发机构，推动企业数量、质量双提升。2020 年，高新技术企业达到 1932 家，同比增长 54.6%，其中，规上工业企业 542 家，新认定规上高企 118 家，营业收入初步合计 3040 亿元。财政资金向企业加大倾斜力度，2018 年以来，科技专项资金支持企业经费占比达到 67.6%，年均增幅 39.9%。2021 年，实施“揭榜挂帅”科技攻关项目，鼓励企业牵头成立创新联合体，5 个榜单 32 个项目成功揭榜，经费总计 3.6 亿元。

四是强化政策引导和培训指导。出台《关于加快提升科技创新能力支撑引领高质量发展的意见》及关于加强原创性科学研究、促进新型研发机构发展、鼓励企业创新等“1+N”政策体系。联合省统计局，深入开展业务指导，加强对相关指标的测算和考核，加强培训辅导，不断规范研发经费投入统计归集。2021 年已开展调研 11 次、培训辅导 8 次，培训人数 8.5 万人（次）。

“十四五”时期，黑龙江省将继续落实“1+N”政策体系，进一步增强创新发展理念，持续推进全社会研发经费投入提升攻坚战，确保全省科技创新能力取得跨越式突破，支撑全省经济社会实现高质量发展。

（二）推进技术转移机构优化

为支持和鼓励从事科技咨询、技术评估、技术转移、成果转化等专业化服务活动的机构开展科技成果转化活动，促进科技成果转移转化，加快黑龙江省技术市场建设步伐，省科技厅组织开展了 2021 年度省技术转移机构备案工作。经过机构申报、市（地）审核推荐、省科技厅复核审定等程序，2021 年，黑龙江大学技术转移中心、齐齐哈尔二机床（集团）有限责任公司技术转移中心等 8 家机构备案省技术转移机构，这 8 家机构在 2020 年完成促进技术转移成果转化项目 301 项，成交额 4.2 亿元。截至 2021 年，全省技术转移机构总数达到 61 家，其中，国家级 11 家。2020 年，全省登记技术合同

5127 项，同比增长 34.93%；成交额 267.80 亿元，同比增长 13.54%。为了促进黑龙江省技术转移机构的健康发展、规范管理，2021 年省科技厅修订出台了《黑龙江省技术转移机构管理办法（试行）》（黑科规〔2021〕2 号），规定了备案制度，明确了年报要求，完善了有进有出的动态管理机制。同时，为方便企业和科技人员办事，省科技厅组织开发了省技术转移机构管理系统，实现备案申报、年度报告、绩效评价“一网通办”。

（三）推进科技重大专项服务，重点发展产业创新

为促进科技发展步伐加快，黑龙江省针对科技创新提出新规划，在《黑龙江省“十四五”科技创新规划》中，提出黑龙江科技创新的发展重点在于紧跟国家、全省发展需求，不断推进产业创新升级，在以传统产业创新为根本的基础上，不断推进新兴产业的创新发展，促进新兴产业发挥带动效应，打破技术壁垒，增强黑龙江省高新技术产业的创新助推效果。

“十三五”期间，黑龙江省发展步伐紧跟《黑龙江省“百千万”工程科技重大专项支撑行动计划》，重点发展装备、能源化工、食品、新材料、生物医药及医疗器械、新一代信息技术、种业及农机装备七大领域，重点发展 17 个科技创新项目。其中，2019~2020 年，发展项目数量达到 51 个，政府在科技创新上投入的资金达到 2.97 亿元。2020 年，技术研发新工艺数量达到 22 项，研发新产品的总数达到 104 项，专利技术共计 51 项，在专利中，能够达到国际标准的项目共有 4 个，获得专利授权的项目共有 8 个，获得国际发明专利授权的项目共有 3 个，实现这些专利的相关企业的营业收入达到 788.6 亿元。

“十四五”时期，黑龙江省充分考虑前后两个阶段的任务衔接，更好地完成国家创新项目，根据省内科技水平以及发展现状，优化产

业创新发展布局，重点实现科技成果高质量就地转化。除在国家创新驱动战略基础上的产业外，结合省内产业发展趋势，重点发展先进制造业，推动全省的科技成果产出，助推黑龙江省经济发展。黑龙江省科技创新在新材料领域有一定的成就，石墨绿色加工制造成为发展的重点领域，在此领域发展的基础上，针对复合材料的发展也在不断推进。在新能源领域，黑龙江省也增加了碳达峰、碳中和专项资金投入。作为农业大省，黑龙江省不断完善食品加工业，推动了原玉米加工产业的发展。依据技术产业发展状况，在新增产业加工的基础上，也适当对一些不适宜继续推进的项目进行终止，其中包括金属新材料和煤及煤化工项目，也会针对部门项目进行适当调整，以促进形成新兴产业创新的合理发展布局。

目前，黑龙江省锁定重点发展目标，着力打造重点项目，促进产业链联动发展，加大“产学研”创新驱动力度。根据资源与产业优势，发挥重点企业的带动效果，推动产业链协同发展，凸显产业集群优势，增强科技成果创新能力的带动作用。

在全省整体布局的基础上，根据发展现状，及时调整，动态发展。分阶段执行布局战略，落实各个阶段任务，实现多元化发展并进，优化省市联动性发展战略，增强重点产业的带动效应，以及省会城市的带动作用，实现全省协同发展。

在 2021 年即“十四五”开局之年，黑龙江省科技创新项目实现新突破，5 个转型项目取得阶段性成功，包括现代交通运输装备、机器人及智能装备、大数据及新一代人工智能、食品及农副产品精深加工、生物医药及医学工程，主要涵盖的项目数量达到 24 个，涉及投入资金 1.1 亿元。对于重点领域技术创新，黑龙江省重点打造产业技术项目 24 个，涉及投入资金 1.2 亿元。在汽车、航空航天领域进行重点扶持，促进动力系统、传动系统等重要技术实现高质量就地转化。

（四）聚焦“四个面向”全链条布局

为深入贯彻落实习近平总书记关于科技创新的重要论述和对黑龙江省的重要讲话、重要指示批示精神，紧跟国家发展步伐，黑龙江省应当顺应时代发展趋势，实现科技成果高质量就地转化，充分发挥科技成果的经济带动作用，促进经济现代化。坚持“四个面向”，服务“五大安全”和“六个强省”建设。发展重点领域，重点扶持汽车、航空航天领域，促进产业集群发展以及产业链升级，增加科技研发投入，助推重点项目技术研发，促进全省实现产业一体化发展，实现技术创新自给自足。

在基础研究领域，发展国家重点项目，在航空航天领域进行重点发展，政府大力支持，结合页岩油等地域优势产业进行科技创新，加强基础研究领域创新，助推经济现代化布局。

实现“四个布局、四个支撑”。围绕黑龙江省地域发展优势，结合农业大省的资源优势，将农业发展与现代化技术结合，发展数字化农业、智慧农业，推动绿色产品生产，扩大产业布局规模；在传统制造业基础上，与现代化技术相融合，实现新能源、新材料等7项现代化制造业发展指标取得新突破；推动绿色发展，布局能源资源，实现科技成果绿色协同发展目标。

二 黑龙江省科技成果高质量就地转化存在的问题

（一）科技成果生命力弱，引领产业创新发展的重大科技成果不足

科技成果源自创新，科技成果只有实现转化，才能成为经济发展的动力。科技成果的产生基于市场的发展需求，在转化中依据市场发

展形成合力。但是目前，大多数科技成果缺乏实际价值，对于现实发展没有实际意义。目前，“产学研”协同发展是经济发展趋势，但在实际发展中“产学研”脱离发展的情况较为严重，科技成果对于企业发展的实际价值较低。目前，科技成果在研发过程中与市场实际需求存在一定的脱钩现象，不能在转化中创造企业价值。科研人员研发目的性存在一定的偏差，很多科研人员出于完成科研任务、获得科研奖励等目的，自身利益性较强，没有真正与产业发展以及市场需求相融合。因此，目前黑龙江省科技成果虽然较多，但其为市场经济创造的价值较少。“十三五”以来，黑龙江省科研项目超过3000个，但是缺乏国家重大项目的主持工作，缺乏原创性成果，实际价值较低。

（二）科技成果转化“最后一公里”问题显著

科技中介机构是连接高校、科研机构和企业的重要纽带，但是目前，黑龙江省科技中介机构存在一定的局限性，针对科研机构的科技成果在“最后一公里”转化中存在分割性。首先，科技中介机构在专业度方面有待提高，其更多的是提供服务，但是在具体专业方面，不能提出相应的发展建议；其次，科技中介机构对工作人员的综合素养要求较高，但是目前的科技中介机构无法实现；最后，虽然目前黑龙江省科技中介机构较多，但是具有规模的科技中介机构较少，对科研项目的评估咨询工作不能高质量完成，降低“最后一公里”的实现效果。

（三）高校及科研机构学术评价体制存在导向性问题

目前，针对科研人员的考核体制存在一定的缺陷，造成科研人员的科技成果研发存在一定的利益偏差，高校以及科研机构将相关人员的职称评定以及科研奖金与科研成果直接挂钩，导致一些科研人员出于自身利益，进行无效率的科研工作，科研成果数量较多，但是能够产生实际经济价值的成果较少。而在黑龙江省“产学研”合作过程中，利益如何进行分配成为发展的阻碍因素之一，在进行科研成果转化时，高校与科研机构能够实现的利益分配较少，这在一定程度上降低了科研人员的研发动力。部分单位的人才评价机制存在偏差，有些科研人员仅仅是抱着获奖、职称职务晋升的目的做科研，缺乏成果转化意识，更缺乏市场意识。这直接导致了科研成果脱离市场需求，影响了转化速率和质效。

三　推进黑龙江省科技成果高质量就地转化的对策建议

（一）强化原创研究，主动对接国家重点项目

目前，黑龙江省国家重点项目的科研工作相对薄弱，未来科技成果发展的重点方向应当以国家重点项目为导向，主动承接国家重点项目，鼓励科研人员申请国家基金项目，紧跟国家科研方向，创造有价值的科研成果。目前，广东省的科研采取多地域联动发展模式，黑龙江省可以借鉴广东省的发展模式，通过多省联动，利用资源共享模式进行重点科研项目合作，增强技术成果转化新动能，增加国家重点项目的申请量，利用黑龙江省高校、科研机构优势，获取国家项目资金，在完成国家项目的过程中，促进科技成果高质量就地转化的实现。

（二）架起科技创新供给和需求之间的桥梁

目前，黑龙江省科技成果在供给和需求之间存在一定的偏差，造成科技成果转化为实际经济价值的效率较低。因此，未来科技成果发展应当实现市场供需平衡，在满足市场需求的基础上，实现科技成果

供给与企业需求之间的有机对接。黑龙江省虽然在科技成果研发方面具有一定的优势，具有高校以及科研机构资源，但是目前高校以及科研机构的科技成果绝大部分被搁置，真正转化为实际经济价值的成果较少。高校、科研机构与企业之间的沟通较少，欠缺市场化意识。黑龙江省科技成果转化应当解决“两张皮”的问题，在针对高校以及科研机构的评价系统中，增加社会化、市场化的评价指标，引导科技成果研发的市场化以及社会化，促进科技成果研发以经济市场需求为导向，研发能够针对企业转化为实际经济价值的科技成果。

推进职务科技成果权属混合所有制改革。实现科技成果高质量就地转化，需要从机制层面发挥功效，突破传统科研工作人员研发模式，激发研发人员科技创新动力。目前，黑龙江省在相关政策方面，增强科研人员自主性，针对科研人员进行权力下放。黑龙江省应当深化职务科技成果权属混合所有制改革，发展科技成果高质量就地转化新方式。以哈尔滨工业大学为例，可以进行职务科技成果权属混合所有制改革，在研发前，通过产权激励的形式增强科研人员的研发主动性与积极性，在科技成果转化前实现权利的明确，对于科研人员的研发动力有正面的推动作用，能够增强科研人员研发的市场性以及社会性，促进黑龙江省科技成果高质量就地转化。

（三）激发科技创新成果转化内生动力，加大成果转化突出贡献的奖赏力度

改变针对科研人员的激励方式，将原有形式进行改革，激发科研人员的科研动力，提升科技成果转化的实际经济价值，与市场经济发展动态相一致，提升科技成果数量以及科技成果质量，改变科研人员的研发目的，以市场需求为主导，真正满足科技成果的社会化需求以及市场化需求。

针对高质量科技成果严重不足的问题，应调整黑龙江省国家科学

技术奖的地方配套奖励额度，对获得国家科学技术奖第一单位第一完成人均属黑龙江省的，针对具有突出贡献的科研人员进行特殊津贴奖励，提高重大科研项目的奖励额度，激发科研人员进行高质量科技成果研发的动力。

增强科研人员的科研主动性与积极性，以团队为整体，完善科研团队的研发激励机制。目前，黑龙江省高质量科研人才存在一定的短缺，黑龙江省应当完善科研人员的引进以及培养机制，从科研人员内生发展动力的角度出发，提高科技成果质量，在科技成果转化前实现权利的明确，只有高质量的人才才能创造高质量的科技成果，提升科技成果质量。为此，黑龙江省应当提高对有突出成果的科研团队的奖励额度，在“产学研”融合的过程中，调整企业与科研机构利益分配，增加科研团队的利益分配占比。

科技成果的质量直接影响科技成果转化的实际经济价值，在黑龙江省发展的过程中，应当注重科技成果质量的提升，完善“产学研”融合机制，提高科研人员的创新能力以及利益奖励额度，从内生发展动力的角度出发，实现科技成果在黑龙江省高质量就地转化，促进黑龙江省经济发展，推动现代化发展进程。

参考文献

郑学党、汪春雨、赵乐祥：《新时代推进高校科技成果转化的财税激励政策研究》，《高校教育管理》2019 年第 2 期。

沈健：《我国大学专利转化率过低的原因及对策研究》，《科技管理研究》2021 年第 5 期。

《关于完善科技成果评价机制的指导意见》，《人民日报》2021 年 8 月 3 日。

《习近平在中国科学院第十九次院士大会、中国工程院第十四次院士大会上的讲话》，《人民日报》2018 年 5 月 29 日。

《国家知识产权战略纲要》，知识产权出版社，2008。

《“科技成果转化率”辨析》，《科技日报》2015 年 2 月 2 日。

徐晓阳、李晓轩：《成果权属事关科技成果的产出和转化——我国财政资助科技成果权属政策的演进与局限》，《中国科学院院刊》2014 年第 5 期。

龙镇辉、杨华波：《科技成果商业化运作模式研究》，《科技管理研究》2014 年第 13 期。

张权：《中国科技成果转化效率比较及对策研究》，《科技管理研究》2014 年第 13 期。

毕普云：《海南省科技成果转化问题及对策研究》，《新东方》2014 年第 3 期。

皮 书

智库成果出版与传播平台

皮书定义

皮书是对中国与世界发展状况和热点问题进行年度监测，以专业的角度、专家的视野和实证研究方法，针对某一领域或区域现状与发展态势展开分析和预测，具备前沿性、原创性、实证性、连续性、时效性等特点的公开出版物，由一系列权威研究报告组成。

皮书作者

皮书系列报告作者以国内外一流研究机构、知名高校等重点智库的研究人员为主，多为相关领域一流专家学者，他们的观点代表了当下学界对中国与世界的现实和未来最高水平的解读与分析。截至 2021 年底，皮书研创机构逾千家，报告作者累计超过 10 万人。

皮书荣誉

皮书作为中国社会科学院基础理论研究与应用对策研究融合发展的代表性成果，不仅是哲学社会科学工作者服务中国特色社会主义现代化建设的重要成果，更是助力中国特色新型智库建设、构建中国特色哲学社会科学“三大体系”的重要平台。皮书系列先后被列入“十二五”“十三五”“十四五”时期国家重点出版物出版专项规划项目；2013~2022 年，重点皮书列入中国社会科学院国家哲学社会科学创新工程项目。

皮书网

（网址：www.pishu.cn）

发布皮书研创资讯，传播皮书精彩内容
引领皮书出版潮流，打造皮书服务平台

栏目设置

◆ **关于皮书**

何谓皮书、皮书分类、皮书大事记、
皮书荣誉、皮书出版第一人、皮书编辑部

◆ **最新资讯**

通知公告、新闻动态、媒体聚焦、
网站专题、视频直播、下载专区

◆ **皮书研创**

皮书规范、皮书选题、皮书出版、
皮书研究、研创团队

◆ **皮书评奖评价**

指标体系、皮书评价、皮书评奖

◆ **皮书研究院理事会**

理事会章程、理事单位、个人理事、高级
研究员、理事会秘书处、入会指南

所获荣誉

◆ 2008 年、2011 年、2014 年，皮书网均在全国新闻出版业网站荣誉评选中获得“最具商业价值网站”称号；

◆ 2012 年，获得“出版业网站百强”称号。

网库合一

2014年，皮书网与皮书数据库端口合一，实现资源共享，搭建智库成果融合创新平台。

皮书网　　“皮书说”微信公众号　　皮书微博

S 基本子库
SUB DATABASE

中国社会发展数据库（下设 12 个专题子库）

紧扣人口、政治、外交、法律、教育、医疗卫生、资源环境等 12 个社会发展领域的前沿和热点，全面整合专业著作、智库报告、学术资讯、调研数据等类型资源，帮助用户追踪中国社会发展动态、研究社会发展战略与政策、了解社会热点问题、分析社会发展趋势。

中国经济发展数据库（下设 12 专题子库）

内容涵盖宏观经济、产业经济、工业经济、农业经济、财政金融、房地产经济、城市经济、商业贸易等12个重点经济领域，为把握经济运行态势、洞察经济发展规律、研判经济发展趋势、进行经济调控决策提供参考和依据。

中国行业发展数据库（下设 17 个专题子库）

以中国国民经济行业分类为依据，覆盖金融业、旅游业、交通运输业、能源矿产业、制造业等 100 多个行业，跟踪分析国民经济相关行业市场运行状况和政策导向，汇集行业发展前沿资讯，为投资、从业及各种经济决策提供理论支撑和实践指导。

中国区域发展数据库（下设 4 个专题子库）

对中国特定区域内的经济、社会、文化等领域现状与发展情况进行深度分析和预测，涉及省级行政区、城市群、城市、农村等不同维度，研究层级至县及县以下行政区，为学者研究地方经济社会宏观态势、经验模式、发展案例提供支撑，为地方政府决策提供参考。

中国文化传媒数据库（下设 18 个专题子库）

内容覆盖文化产业、新闻传播、电影娱乐、文学艺术、群众文化、图书情报等 18 个重点研究领域，聚焦文化传媒领域发展前沿、热点话题、行业实践，服务用户的教学科研、文化投资、企业规划等需要。

世界经济与国际关系数据库（下设 6 个专题子库）

整合世界经济、国际政治、世界文化与科技、全球性问题、国际组织与国际法、区域研究 6 大领域研究成果，对世界经济形势、国际形势进行连续性深度分析，对年度热点问题进行专题解读，为研判全球发展趋势提供事实和数据支持。